中国共产党百年历程丛书

中国共产党与经济建设

蔡万焕◎著

清华大学出版社

北 京

内 容 简 介

中国共产党自成立以来，交出了一份光辉的经济建设成绩单。在新民主主义革命时期，中国共产党在农村根据地、抗日根据地和解放区进行了卓有成效的经济建设，促进了当地经济发展，为新中国的成立奠定了物质基础。新中国成立后，我们党建立了新民主主义经济制度，并进行了社会主义改造，探索社会主义经济建设道路。这期间，中国实行了第一个五年计划，并走出了符合中国国情的工业化道路。在经历国民经济全面调整之后，国民经济加速发展，初步建立了较为完整的工业体系。"文化大革命"中，经济发展受到很大冲击。"文化大革命"结束后，党中央拨乱反正，作出了"以经济建设为中心"的重大决策，中国改革开放拉开了序幕。这期间，社会主义初级阶段、社会主义本质、社会主义市场经济体制等一系列理论的提出，标志着中国特色社会主义理论的逐渐成熟。2012年之后，中国特色社会主义发展进入新时代，新形势下中国经济发展过程中机遇和挑战并存，我们要以供给侧结构性改革适应和引领经济新常态，重新探索社会主义市场经济体制下政府与市场的关系，并在经济发展过程中贯彻新的发展理念，在实践基础上凝炼、总结经验，并将之升华为新时代中国特色社会主义政治经济学。

图书在版编目（CIP）数据

中国共产党与经济建设 / 蔡万焕著. -- 北京：清华大学出版社，2025. 8.
(中国共产党百年历程丛书). -- ISBN 978-7-302-69041-2

Ⅰ. D25；F124

中国国家版本馆CIP数据核字第2025VY8610号

责任编辑：严曼一　刘志彬
封面设计：李召霞
版式设计：方加青
责任校对：宋玉莲
责任印制：杨　艳

出版发行：清华大学出版社
　　　　网　　址：https://www.tup.com.cn，https://www.wqxuetang.com
　　　　地　　址：北京清华大学学研大厦A座　　　　邮　　编：100084
　　　　社 总 机：010-83470000　　　　　　　　　邮　　购：010-62786544
　　　　投稿与读者服务：010-62776969，c-service@tup.tsinghua.edu.cn
　　　　质 量 反 馈：010-62772015，zhiliang@tup.tsinghua.edu.cn
印 装 者：三河市东方印刷有限公司
经　　销：全国新华书店
开　　本：148mm×210mm　　　印　　张：8.375　　　字　　数：194千字
版　　次：2025 年 8 月第 1 版　　　印　　次：2025 年 8 月第 1 次印刷
定　　价：79.00元

产品编号：086045-01

　　2021年是中国共产党成立一百周年，一百年来，中国共产党带领全国各族人民在革命、建设和改革的奋斗历程中取得了巨大成就，积累了宝贵经验。值此建党百年到来之际，在全党开展党史学习教育，是以习近平同志为核心的党中央立足党的百年历史新起点，统筹中华民族伟大复兴战略全局和世界百年未有之大变局，为动员全党全国满怀信心投身全面建设社会主义现代化国家而作出的重大决策，正当其时，意义重大。

　　建党百年之际在全党范围内广泛开展党史学习教育，是牢记初心使命、推进中华民族伟大复兴历史伟业的必然要求。自成立之日起，中国共产党人就将为中国人民谋幸福、为中华民族谋复兴作为初心和使命。百年来，中国共产党团结带领中国人民取得了新民主主义革命的伟大胜利，完成社会主义革命，进行社会主义建设，开启改革开放新的伟大革命，推动中国特色社会主义进入新时代，中华民族迎来从站起来、富起来到强起来的伟大飞跃。当前，全面建成小康社会取得伟大历史成果，中华民族伟大复兴向前迈出了新的一大步，在此背景下开展党史学习教育，能够引导广大党员干部站在中华民族伟大复兴百年进程中，深刻认识党的性质宗旨，牢记初心使命，在新时代新阶段将党和人民事业推向新的历史高度。

　　建党百年之际在全党范围内广泛开展党史学习教育，是坚定信仰信念、在新时代坚持和发展中国特色社会主义的必然要求。

百年来，我们党之所以能够历经艰难困苦不断创造新的辉煌，很重要的一个原因就是始终重视思想建党、理论强党，坚持用科学理论武装广大党员、干部的头脑，使全党始终保持统一的思想、坚定的意志、强大的战斗力。党的十八大以来，以习近平同志为核心的党中央从理论和实践结合上系统回答了新时代坚持和发展什么样的中国特色社会主义、怎样坚持和发展中国特色社会主义，建设什么样的社会主义现代化强国、怎样建设社会主义现代化强国，建设什么样的长期执政的马克思主义政党、怎样建设长期执政的马克思主义政党等重大时代课题，形成了习近平新时代中国特色社会主义思想。开展党史学习教育，有利于引导广大党员干部站在马克思主义中国化百年历史进程中，深刻学习领会新时代党的创新理论，深化对共产党执政规律、社会主义建设规律、人类社会发展规律的认识。

建党百年之际在全党范围内广泛开展党史学习教育，是推进党的自我革命、永葆党的生机活力的必然要求。回顾百年历史，中国共产党总是在推动社会革命的同时，勇于推动自我革命，始终坚持真理、修正错误，敢于正视问题、克服缺点，勇于刮骨疗毒、去腐生肌。也正是因为中国共产党在这一问题上始终如一，才能够在危难之际绝处逢生、失误之后拨乱反正，成为永远打不倒、压不垮的马克思主义政党。在党的百年历史新起点开展党史学习教育，有利于引导广大党员干部回顾党的自我革命历程，在功成名就时做到居安思危、保持创业初期那种励精图治的精神状态，在执掌政权后做到节俭内敛、敬终如始，在承平时期严以治吏、防腐戒奢，在重大变革关头顺乎潮流、顺应民心。

中国共产党的百年历史风起云涌、荡气回肠，书写着无数革命先烈的英雄事迹，记录下共产党人改天换地的人间奇迹。在建党百年之际回顾学习党的历史，就是要汲取其中蕴含的宝贵经验和精神力量，用被实践证明的科学真理武装头脑，为新时代展开新的伟大斗争提供科学指引。

科学把握马克思主义中国化的思想主线。一部百年党史，就是一部不断推进马克思主义中国化的历史，就是一部不断推进理论创新、进行理论创造的历史。新时代学习党的百年历史，必须深刻认识马克思主义中国化这条思想主线，从党的非凡历程中领会马克思主义是如何深刻改变中国、改变世界的，感悟马克思主义的真理力量和实践力量，深化对中国化马克思主义既一脉相承又与时俱进的理论品质的认识，特别是要深刻领悟习近平新时代中国特色社会主义思想的时代价值与理论贡献，坚持不懈用党的创新理论最新成果武装头脑、指导实践、推动工作。

深刻认识中国共产党人的精神谱系。在党的百年历史上，一代又一代中国共产党人顽强拼搏、不懈奋斗，一大批视死如归的革命烈士用自己的宝贵生命换来了革命的伟大胜利、换来了祖国的山河无恙；一大批顽强奋斗的英雄人物用自己的青春和热血换来了社会的安定和谐、国家的繁荣进步；一大批忘我奉献的先进模范扎根祖国和人民最需要的地方，在最艰苦、最平凡的工作岗位上书写下对党和人民的无限忠诚。这些闪耀在革命、建设、改革各个历史时期的伟大精神，构筑起中国共产党人璀璨的精神谱系，为我们立党兴党强党提供了丰厚滋养。新时代学习党的百年历史，必须深刻认识这一延续百年的精神图谱，教育引导全党大力发扬红色传统、传承红色基因，赓续共产党人精神血脉，始终保持革命者的大无畏奋斗精神，鼓起迈进新征程、奋进新时代的精气神。

系统总结党在不同历史时期成功应对风险挑战的丰富经验。

前进道路从来不会是一片坦途，在实现民族复兴的征程上，必然会面临各种重大挑战、重大风险、重大阻力、重大矛盾，必须进行具有许多新的历史特点的伟大斗争。善于总结历史经验是党的优良传统。回顾历史，中国共产党在与各种风险挑战的斗争中不断总结经验、提高本领，不断提高应对风险、迎接挑战、化险为夷的能力水平，积累了丰富的斗争经验。新时代学习党的百年历史，必须从历史规律中获得启迪，从历史经验中提炼出克敌制胜的法宝，通过总结历史经验教训，更好应对前进道路上各种可以预见和难以预见的风险挑战。

"明镜所以照形，古事所以知今。"在全党开展党史学习教育，是党的政治生活中的一件大事。为了更好地总结与回顾百年来，中国共产党带领人民探索中国道路的历史与经验，清华大学马克思主义学院组织编写了一套"中国共产党百年历程"丛书。丛书将兼顾学术性与通俗性，在讲好中国共产党百年历史的基础上，为百年纪念献礼。

丛书始终坚持以习近平总书记关于党史的系列重要论述为指导，坚持正确党史观。一段时间以来，一些别有用心的势力妄图通过捏造事实、割裂联系、否定革命领袖和英雄人物等手段篡改和丑化党的历史，传播唯心主义的历史观。丛书关于党的百年历史的多角度论述，坚持实事求是的原则，坚持以我们党关于历史问题的三个决议和党中央有关精神为依据，准确把握党的历史发展的主题主线、主流本质，正确认识和科学评价党史上的重大事件、重要会议、重要人物，旗帜鲜明反对打着所谓"解构""戏说""揭秘"等旗号的历史虚无主义，积极通过各种手段和途径加强思想引导和理论辨析，更好正本清源、固本培元，引导广大党员干部树立正确的党史观。

丛书以专题化的形式，从不同侧面展现了中国共产党百年来带领人民不断奋进的光辉历史，涉及政治、经济、文化、社会建设、生态文明建设和党的建设等多个领域。既有从总体上论述中国共产党与马克思主义中国化、中国共产党与中国道路的宏观叙述，又有聚焦于抗日战争、新中国成立、改革开放等不同历史阶段的学术专论，使党的历史得到多维度的立体呈现。丛书的专题化论述与《中国共产党历史》《中国共产党的一百年》《中国共产党简史》等按照时间顺序叙述的权威党史著作相配合，使得读者能够在了解党史展开时间脉络的基础上，从不同角度扩展对党史认知的视野，对进一步学好党史具有重要参考价值。

丛书立足中国特色社会主义新时代的基本国情和工作重点，从理论上研究和探讨了党的历史的重大问题，加深了对党史理解的深度和厚度。历史叙述和理论研究相辅相成、相互补充，同为理解百年征程的必要条件。脱离历史叙述的理论思辨往往隔靴搔痒，难以切中历史演进的真实情况；脱离理论探讨的历史叙述往往缺乏深度，难以揭示历史演进的内在动因。丛书在深入分析百年党史内在规律的基础上，针对党史上的重大问题和专门领域展开了较为深入的理论分析，使得读者在了解党史基本历程的基础上，更加明确地把握其中的理论逻辑，为更好汲取党史中的经验教训提供参考。

"中国共产党百年历程"丛书编委会

目　录

绪　论

　　2021年2月，习近平总书记在党史学习教育动员大会上指出，我们党的一百年，是矢志践行初心使命的一百年，是筚路蓝缕奠基立业的一百年，是创造辉煌开辟未来的一百年。回望过往的奋斗路，眺望前方的奋进路，必须把党的历史学习好、总结好，把党的成功经验传承好、发扬好。在全党开展党史学习教育，是牢记初心使命、推进中华民族伟大复兴历史伟业的必然要求，是坚定信仰信念、在新时代坚持和发展中国特色社会主义的必然要求，是推进党的自我革命、永葆党的生机活力的必然要求。

　　回顾中国共产党的百年历史，就是马克思主义基本原理同中国实际相结合的历史。中国共产党领导中国经济建设，其经济思想就直接来源于马克思主义政治经济学，而我们取得举世瞩目的伟大成就，原因在于既坚持马克思主义的指导，又将其与中国实际相结合。在不同的历史阶段，服务于不同的中心任务，党领导经济建设的侧重点也有所不同。民主革命时期，中国共产党在农村根据地、抗日根据地和解放区进行了卓有成效的经济建设，促进了当地经济发展，为新中国的成立奠定了物质基础。新中国成立后，我们建立了新民主主义经济制度，并进行了社会主义改造，探索社会主义经济建设道路。这期间，中国实行了第一个五年计划，并走出了符合中国国情的工业化道路。在经历国民经济全面调整之后，国民经济加速发展，初步建立了较为完整的工业体系。"文化大革命"，经济发展受到很大冲击。"文化大革命"结束后，党中央拨乱反正，作出了"以经济建设为中心"的重大决策，中国改革开放拉开了序幕。这期间，社会主义初级阶段、社会主义本质、社会主义市场经济体制等一系列理论的提出，标志着中国特色社会主义理论的逐渐成熟。2012 年以来，中国特色社会主义进入了新时代，我国经济发展也进入了新时代，中国社会的主要矛盾发生转变，经济改革和发展也面临新的局面。在新形势、新的历史背景下如何促进我国经济发展，成为摆在我们面前一个重大的理论和现实问题。党的十八大以来，习近平总书记高度重视对马克思主义政治经济学的学习、研究、运用，立足于中国的实际，深刻理解和把握中国的历史和现状，具体分析和解决中国的实际问题，将马克思主义政治经济学基本原理与中国社会主义建设道路和改革开放的新实践相结合，形成习近平经济思想，继承和发展了马克思主义政治经济学，为推动中国经济持续健康发展提供了科学指南。

中国共产党领导中国经济建设过程中，也曾受到许多质疑及错误思想的影响。例如在新中国成立前夕，关于"革命党"与"建设党"之争；改革开放后，对计划经济是否应全盘否定的讨论；社会主义市场经济条件下，政府与市场的关系如何处理，是否应该实行所谓自由市场政策等。这些质疑的声音，其背后的逻辑是，认为各国经济发展只有唯一的模式，即西方模式，任何一个国家只要不按照西方模式去做，经济发展必将失败。其中最典型的就是新自由主义经济学的相关理论。自 20 世纪 80 年代以来，新自由主义思潮在我国兴起并对我国的社会经济生活产生了相当的影响。1992 年 10 月党的十四大明确我国经济体制改革的目标是建立社会主义市场经济体制，社会主义市场经济与资本主义市场经济本质上完全不同，但同样作为市场经济，在运行机制、操作层面上并没有本质区别。发挥市场在配置资源中的基础作用，建立现代企业制度，并利用经济全球化的机遇发展我国经济，为此应借鉴西方经济学的某些研究方法、理论。但在这过程中，新自由主义思潮也趁机而入。新自由主义将自由市场等同于个人经济自由，将资本的利益抽象描述为全体社会成员共同利益，忽视政府作为国家行政机构、执行统治阶级意志的本质，片面强调政府提供公共服务的职能，为私人资本的自由创造理论支撑。

为进一步完善社会主义市场经济体制，促进中国特色社会主义事业的顺利进行，必须排除新自由主义的干扰。要认识其一系列理论学说和政策建议的本质，同时要在实践中排除其干扰，正如针对供给侧结构性改革，习近平指出："我们讲的供给侧结构性改革，同西方经济学的供给学派不是一回事，不能把供给侧结构性改革看成是西方供给学派的翻版，更要防止有些人用他们的解释来宣扬'新自由主义'，借机制造负面舆论。"

回顾百年来中国共产党领导中国进行经济建设所取得的成就，可以说成绩斐然。这既是马克思主义政治经济学的生命力的表现，也是中国共产党实事求是、将马克思主义基本原理同中国具体国情相结合的结果。中国共产党领导经济建设的成就，是共产党不忘初心、坚持马克思主义所取得的，是在不断抵制错误经济思潮中所取得的。党的十八大以来，习近平总书记高度重视马克思主义政治经济学，多次就坚持和发展马克思主义政治经济学作出重要论述。2014 年 7 月 8 日，习近平在主持召开经济形势专家座谈会时强调，各级党委和政府要学好用好政治经济学，自觉认识和更好遵循经济发展规律，不断提高推进改革开放、领导经济社会发展、提高经济社会发展质量和效益的能力和水平。2015年 11 月 23 日，习近平在主持中央政治局第二十八次集体学习时强调，要立足我国国情和我们的发展实践，深入研究世界经济和我国经济面临的新情况新问题，揭示新特点新规律，提炼和总结我国经济发展实践的规律性成果，把实践经验上升为系统化的经济学说，不断开拓当代中国马克思主义政治经济学新境界。在2015年底召开的中央经济工作会议上，习近平指出，要坚持中国特色社会主义政治经济学的重大原则。2016年5月17日，习近平在哲学社会科学工作座谈会上的讲话中强调，有人说，马克思主义政治经济学过时了，《资本论》过时了。这个说法是武断的。习近平在2016年7月8日召开的经济形势专家座谈会上指出，要加强研究和探索，加强对规律性认识的总结，不断完善中国特色社会主义政治经济学理论体系，推进充分体现中国特色、中国风格、中国气派的经济学科建设。习近平在2020年8月24日召开的经济社会领域专家座谈会上强调，面对错综复杂的国内外经济形势，面对形形色色的经济现象，学习领会马克思主义政治经济学基本原理和方法论，有利于我们掌握科学的经济分析方法，认识经济运动过程，把握经济发展规律，提高驾驭社会主义市场经济能力，准确回答我国经济发展的理论和实践问题。

理论源于实践，又用于指导实践。党的十八大以来，在习近平经济思想的科学指引下，我国经济建设取得重大成就，经济发展质量和效益不断提升，经济发展保持中高速、迈向中高端，全党和全国人民正奋力谱写决胜全面建成小康社会、进而全面建设社会主义现代化强国的新篇章。我国经济发展进程波澜壮阔、实践宏大独特、成就举世瞩目，蕴藏着理论创造的巨大动力、活力、潜力，置身于这一历史性巨变之中的中国共产党人，更有资格、更有能力揭示其中所蕴含的历史经验和发展规律，为发展马克思主义作出中国的原创性贡献。习近平经济思想，正是在新时代我国经济社会波澜壮阔的历史巨变中形成的，它深刻总结了我国经济发展实践的成功经验，回答了马克思主义经典作家没有讲过、我们的前人从未遇到过、西方经济理论始终无法解决的许多重大理论和实践问题，为马克思主义政治经济学的发展作出了原创性贡献。

马克思主义政治经济学是马克思主义的重要组成部分，是坚持和发展马克思主义的必修课。恩格斯指出，无产阶级政党的"全部理论来自对政治经济学的研究"。列宁指出，政治经济学是马克思主义理论"最深刻、最全面、最详尽的证明和运用"。习近平经济思想是中国特色社会主义政治经济学的最新成果，是当代中国马克思主义政治经济学。这一思想的创立，不仅开拓了马克思主义政治经济学发展的新境界，指引着全面建成小康社会、全面建设社会主义现代化强国的伟大实践，而且为世界社会主义的发展、为人类探索更加合理的社会制度、为发展中国家走向现代化贡献了中国智慧和中国方案。习近平经济思想具有极为重要的理论和实践意义，是党和国家十分宝贵的精神财富，我们必须长期坚持，并不断加以丰富和发展。

第一章

中国共产党在民主革命
时期的经济建设

中国共产党是以马克思主义为指导思想的政党，是在马克思列宁主义同中国工人运动相结合的条件下诞生的。自中国共产党成立之初，就将实现共产主义确定为党的最高纲领。在半殖民地半封建社会的中国，中国共产党的主要斗争形式是政治斗争和为"执行革命的政治任务"而进行的武装斗争，经济斗争是服从于、服务于政治斗争和武装斗争的。在进一步认识中国当时社会状况及自身历史使命的基础上，中国共产党的经济建设思想逐步形成完善，并在各个不同时期的实践中不断地成熟。

一、中国共产党创建初期的经济思想及其实践（1920—1923 年 5 月）

1. 党的早期纲领中的经济思想

马克思、恩格斯在批判地吸收德国古典哲学、古典政治经济学和英法空想社会主义理论的基础上，对资本主义制度进行了科学的分析后指出，随着社会化大生产的不断发展，资本主义生产资料私有制必将无法适应生产力的发展，最终取代资本主义制度的是建立在生产资料公有制基础上的社会主义。

近代以来，中国沦为半殖民地半封建社会，无数志士仁人为中国复兴而苦苦探索。"十月革命一声炮响，给中国送来了马克思列宁主义。"中国的先进分子经过长时期的艰苦探索，找到马克思主义这个正确的革命理论，认识到只有社会主义、共产主义才能救中国。中国共产党诞生在半殖民地半封建的近代中国，是社会矛盾发展和人民斗争深入的必然结果。1920 年，上海的共产党早期组织起草了《中国共产党宣言》，阐明中国共产主义者关于实现共产主义新社会的理想，提出消灭私有制，实行生产资料公有，废除旧的国家机关，消灭阶级的主张。宣言还提出"用强力打倒资本家的国家"[1]，铲除资本制度，第一次比较系统地表达了中国共产主义者的理想和主张。1921 年中国共产党成立时，通过的一大党纲中明确指出，"消灭资本家私有制，没收机器、土地、厂房和半成品等生产资料，归社会公有"。[2]

这时，中国共产党人还没有深刻认识中国国情和中国革命的特殊性，只是从十月革命胜利后的世界总体形势出发，得出中国革命必然是以无产阶级为主体的社会主义革命的结论。他们还没有把反对帝国主义、反对封建军阀的民族民主革命同消灭一切剥削、消灭私有制的社会主义革命区别开来，认为在半殖民地半封建社会的中国，可以直接进行社会主义革命，建立无产阶级专政。对在中国这种带有很大特殊性的社会条件下，是否能够立即实行社会主义革命，要经过什么步骤才能最后实现社会主义、共产主义等重大问题，刚刚诞生的中国共产党还没有认识清楚，需要在马克思列宁主义基本原理与中国革命实际相结合的过程中，继续

---

① 共产国际与中国革命资料选辑（1919—1924）[M]. 北京：人民出版社，1985：74.

② 中共中央文献研究室, 中央档案馆.建党以来重要文献选编（1921—1949）（第一册）[M].北京：中央文献出版社，2011：1.

探索来加以解决。

1922 年 7 月党的二大提出了民主革命纲领，回答了中国革命的性质、对象、动力、策略、任务和目标等问题，揭示了近代中国社会的基本矛盾和革命发展规律。党的二大纲领中相关的经济思想包括：第一，分析了帝国主义国家和中国资产阶级的关系以及资产阶级的革命性，指出帝国主义"本来想完全毁灭中国旧有的经济构造，代以完全由他们掌管的新式资本主义的经济建筑"[1]，"百端阻挠中国经济自动的改进"[2]，却"没有完全毁灭的本领"[3]，并且造成了中国资本主义和资产阶级发展的好机会。新兴的中国资产阶级既是"世界资本主义侵入中国的中间物"[4]，又是"反对外国帝国主义和北京卖国政府"[5]的力量。第二，指出"中国三万万的农民，乃是革命运动中的最大要素"[6]，尖锐的阶级矛盾使得农民除了革命之外别无选择，"如果贫苦农民要除去穷困和痛苦的环境，那就非起来革命不可"[7]。第三，提出经济斗争的具体内容：改良工人待遇，实行八小时工作制等；废除丁漕等重税，规定全国土地税则；废除厘金及一切额外税则，规定累进

[1] 中共中央文献研究室,中央档案馆.建党以来重要文献选编（1921—1949）（第一册）[M].北京：中央文献出版社，2011：130.
[2] 中共中央文献研究室,中央档案馆.建党以来重要文献选编（1921—1949）（第一册）[M].北京：中央文献出版社，2011：130.
[3] 中共中央文献研究室,中央档案馆.建党以来重要文献选编（1921—1949）（第一册）[M].北京：中央文献出版社，2011：130.
[4] 中共中央文献研究室,中央档案馆.建党以来重要文献选编（1921—1949）（第一册）[M].北京：中央文献出版社，2011：131.
[5] 中共中央文献研究室,中央档案馆.建党以来重要文献选编（1921—1949）（第一册）[M].北京：中央文献出版社，2011：131.
[6] 中共中央文献研究室,中央档案馆.建党以来重要文献选编（1921—1949）（第一册）[M].北京：中央文献出版社，2011：131.
[7] 中共中央文献研究室,中央档案馆.建党以来重要文献选编（1921—1949）（第一册）[M].北京：中央文献出版社，2011：131.

率所得税；规定限制田租率的法律；改良教育制度。

党的二大第一次将党在民主革命中要实现的目标同将来进行社会主义革命要实现的长远目标结合起来，不仅明确提出反对帝国主义、反对封建主义的民主革命任务，并指出要通过民主革命进一步创造条件，实现社会主义和共产主义。这是中国共产党人对中国国情和中国革命问题认识的一次深化，是党把马克思主义基本原理同中国革命实际相结合的一个重要成果。

② 党领导的争取劳动者权益和工人解放的运动

中国共产党成立之初就十分注意宣传自己的理念并开展工人运动。党首先向工会组织和青年团组织宣传反帝反封建的政治主张。1922 年 5 月 1 日，代表着全国 110 多个工会和 20 余万名有组织的工人的 173 位代表，参加了在广州举行的第一次全国劳动大会。大会接受中国共产党提出的"打倒帝国主义""打倒封建军阀"的政治口号，通过"八小时工作""罢工援助""全国总工会组织原则"等决议案。大会决定，在全国总工会成立以前，中国劳动组织和书记部为全国工人组织的总通讯机关。这次大会的召开，标志着中国工人阶级开始走向团结统一的道路，为中国工运和工会组织的统一奠定了基础，推动了第一次全国工运高潮的深入发展。1922 年 5 月 5 日至 10 日召开的中国社会主义青年团第一次全国代表大会，讨论通过了《中国社会主义青年团纲领》《中国社会主义青年团章程》《青年工人农人生活状况改良的议决案》《中国社会主义青年团与中国各团体的关系之议决案》等6 个决议案。团的纲领确定中国社会主义青年团是"中国无产阶级的组织"，它的最终奋斗目标是为在中国建立"一切生产工具收归公有和禁止不劳而食的初期共产主义社会"。[①]

工人阶级在斗争中也逐渐认识到，中国是一个半殖民地半封建社会，光依靠工人阶级进行经济斗争与政治斗争是不够的。中国革命要取得胜利，必须在工人阶级及其政党领导下，联合占全国人口80%以上的农民和城市民族资产阶级、小资产阶级。这些同盟军，同样受帝国主义和封建主义的压迫和剥削，因此，必须和他们结成广泛的革命统一战线，才能达到目的。斗争实践也证明，只有工人阶级，才是革命的领导阶级。

二、大革命时期党的经济思想及其实践 （1923年6月—1927年7月）

① 对工人阶级反帝反封建斗争的认识：经济斗争的前提

1924年至1927年，中国爆发了轰轰烈烈的反对帝国主义、反对封建军阀的革命运动。1923年6月12日至20日，中国共产党在广州举行第三次全国代表大会。在《中国共产党党纲草案》中，说明了经济斗争和政治斗争的关系，指出中国工人阶级反帝反封建的斗争"必是政治的"，没有政治的自由权，就不能实行其经济斗争，发展经济组织。同时提出了明确的斗争目标，如：取消一切不平等条约，实行保护税则，限制外国人在中国设立教会、学校、工厂及银行；肃清军阀，没收其财产，办公益生产事业；铁路、银行、矿山及大生产事业国有；统一币制，财政公开；

---

① 中共中央文献研究室，中央档案馆.建党以来重要文献选编（1921—1949）（第一册）[M].北京：中央文献出版社，2011：74.

废止厘金，征收所得税及遗产税；保证教育经费；农民利益和工人利益的特别要求；等等。党的三大还专门提出了"劳动运动议决案""农民问题议决案"。

1925年1月，中国共产党在上海召开第四次全国代表大会。此次大会对中国革命的一些基本问题进行了比较系统的探讨，在党的历史上第一次明确提出无产阶级在民主革命中的领导权和工农联盟问题。大会初步分析了中国社会各阶级，指出大买办阶级的经济基础大部分是依赖外国资本主义之侵入，另一部分是勾结军阀政府，以重利盘剥国家、掠夺平民，因此是反革命派。新兴的工业资产阶级"已有民族竞争的必要"，但认为它"不能参加民族革命运动"。无产阶级"不是附属资产阶级而参加，乃以自己阶级独立的地位与目的而参加"。占人口80%的农民"因利害关系，天然是工人阶级之同盟者"。"最受压迫而最有集合力的无产阶级是最有革命性的阶级"，是民主革命的领导阶级。此外，大会还提出在"反对国际帝国主义"的同时，既要"反对封建的军阀政治"，又要"反对封建的经济关系"，表明党对反封建的内涵有了进一步认识。

大革命时期，中国共产党在北方地区的活动完全处于秘密状态，开展革命工作的难度很大。但经过李大钊等共产党人的艰辛开拓，在巩固发展党的队伍、组织工农民众运动、扩大国民革命联合战线、争取改造冯玉祥国民军等方面，仍取得了令人瞩目的成绩。从1924年初开始，北方工人运动逐渐打破"二七惨案"后的消沉状态，得到恢复和发展。1924年下半年和1925年2月，唐山华新纱厂工人两次举行罢工，迫使资本家答应了工人提出的增加工资等要求。1925年2月，青岛四方机厂工人罢工，向胶济铁路局提出承认工会权利等5项条件，最后取得胜利。在中共北

方地区党、团组织有力推动下，北方革命运动迅速发展。其中，
争取关税自主运动是影响很大的一场爱国运动，也体现了中国共
产党的经济主张。"关税自主"，意指夺回由帝国主义势力把持
下的中国关税税率决定权和海关行政管理权。1925 年 10 月、中、
英、美、日、法等 13 国代表参加的关税特别会议在北京召开。
会议的主要议题是讨论增加附加税、裁废厘金和修订中国关税
税则等问题。中共北方区委决定利用这一时机，领导群众开展
大规模的斗争，以揭露帝国主义的侵略本质，争取实现关税自主。
在北方区委的领导下，1925 年 10 月下旬至 11 月下旬，北京学
生联合会、反宗教大同盟、反帝大同盟等团体，不顾军警阻挠
和镇压，连续举行集会和示威游行，反对关税会议，要求废除不
平等条约。

②. 明确领导工人进行经济斗争的方针和目标

为了巩固和扩大工人阶级的组织，加强对全国工人运动的领
导，1925 年 5 月，全国第二次劳动大会召开。大会决定正式成立
中华全国总工会，通过了《中华全国总工会总章》，由中华全国
总工会统一领导全国的工会。1926 年 4 月第一次全国农民大会，
提出了关于经济斗争的决议案，废除地主对于农民苛例决议案，
取缔高利债决议案，废除苛捐杂税决议案等。这些都是中国共产
党在领导工人运动的初期斗争中，在经济方面的指导方针和斗争
目标。

1926 年 9 月 17 日，中华全国总工会在汉口设立办事处，积
极指挥湖北及邻近各省的工人运动。全国工会会员迅速增加，不
仅大、中城市建立了统一的工会，而且大部分县也陆续成立了县
工会。长沙、武汉、九江等城市相继出现大规模罢工，罢工工人

提出增加工资、减少工时、改善劳动条件、反对封建性的工头制和包身工制等要求。这些斗争大多取得了胜利。

③ 对农民及土地问题的探索

1925 年 10 月，中共中央在北京召开扩大会议，第一次提出了"耕地农有"的口号，制定了土地问题决议案。指出"现时已经要使一般工人农民知道：到了建设国民革命政府的时候，没收土地的问题是革命中的重要问题。假使土地不没收交给农民，假使几万万中国农民因而不能参加革命，政府必定不能巩固政权"。[①]会议还发表了《告农民书》，指出农民深受地主、外国资本家、军阀、贪官劣绅的种种压迫，要"解除农民的困苦，根本是要实行'耕地农有'的办法"。[②]同时提出了农民最低要求的 8 点主张。不久，李大钊专门写了《土地与农民》一文，指出只有建立一种新土地政策，使土地尽归农民，历史上久久待决的农民问题才能得以解决。土地问题的提出，说明党已经认识到发动农民参加革命的关键问题。1926 年 9 月，中共四届三次扩大会议通过了"农民运动决议案"，明确规定：（甲）限定最高租额，农民所得至少要占收获的 50%；（乙）限制高利盘剥，每月利息最高不能超过 2分 5 厘；（丙）反对预征钱粮及苛捐杂税等 12 条经济、政治的最低要求。

在北伐军占领地区，农民运动得到更大规模的发展。北伐军进入湖南后，湖南农村掀起了一场迅猛的革命大风暴，许多地区的地主政权、地主武装被打得落花流水。1926 年 11 月，毛泽

---

① 中共中央文献研究室,中央档案馆.建党以来重要文献选编（1921 —1949）（第二册）[M]. 北京：中央文献出版社，2011：514.

② 中共中央文献研究室,中央档案馆.建党以来重要文献选编（1921 —1949）（第二册）[M]. 北京：中央文献出版社，2011：504.

东担任中共中央农民运动委员会书记后，决定以湖南、湖北、江西、河南为重点开展农民运动。在湖南、湖北、江西农民运动大发展的推动下，其他各省的农民运动也逐渐兴起。毛泽东对农民问题十分重视。1926 年 9 月，他发表《国民革命与农民运动》一文，论述了农民运动与国民革命的关系，指出农民问题是国民革命的中心问题，宗法封建的地主阶级特权，要靠"农民从乡村中奋起打倒"。他指出，与工人阶级首先进行经济斗争不同，"乡村的农民，则一起来便碰着那土豪劣绅大地主几千年来持以压榨农民的政权（这个地主政权即军阀政权的真正基础），非推翻这个压榨的政权，便不能有农民的地位，这是现时中国农民运动的一个最大的特色"。[1]1926 年 12 月 20 日，毛泽东出席湖南全省第一次农工代表大会的欢迎会，在作《工农商学联合的问题》演说时指出："国民革命就是各阶级联合革命，但有一个中心问题。国民革命的中心问题，就是农民问题，一切都要靠农民问题的解决。"[2]1927 年 1 月 4 日至 2 月 5 日，毛泽东到湖南湘潭、湘乡、衡山、醴陵和长沙等县考察农民运动，他召集农民和农运工作者开各种类型的调查会，获得大量第一手材料，写成《湖南农民运动考察报告》。他强调：必须依靠广大贫农作"革命先锋"，团结中农和其他可以争取的力量，把农民组织起来，从政治上打击地主，彻底摧毁地主阶级的政权和武装，建立农民协会和农民武装，由农民协会掌握农村一切权力，然后进行减租减息、分配土地等斗争。1927 年 3 月 30 日，湖南、湖北、江西、河南四省农民代表举行联席会议，选出毛泽东、谭平山、彭湃、方志敏等 13

---

[1] 中共中央文献研究室.毛泽东文集（第一卷）[M].北京：人民出版社，1993：41.

[2] 中国革命博物馆，湖南省博物馆.湖南农民运动资料选编[M].北京：人民出版社，1988：446.

人组成中华全国农民协会临时执行委员会，这个委员会对发展各地农会组织、扩大农民武装、建立农村革命政权和解决土地问题等，作了具体部署。

1927 年 4 月 27 日至 5 月 9 日，中国共产党第五次全国代表大会在武汉召开。大会通过了《土地问题议决案》等，指出："现代革命的趋势，是要推翻土豪劣绅的政权，没收大地主及反革命派的土地，以贫农为中坚，建立农民的政权，实行改良农民的经济地位，一直到分配土地。"①同时，提出了国民革命中的农民政纲。党的五大虽然批评了陈独秀的错误，但对无产阶级如何争取领导权，如何领导农民进行土地革命，如何对待武汉国民政府和国民党，特别是如何建立党的革命武装等迫在眉睫的重大问题，都未能作出切实可行的回答，因此，难以承担在生死存亡的危急关头挽救大革命的重任。而真正结束中央所犯的右倾机会主义错误，制定正确的土地革命和武装起义方针，是在 3 个月后的八七会议上完成的。

三、土地革命战争时期党的经济建设
（1927 年 8 月—1937 年 7 月）

① 在农村革命根据地开展土地革命

八七会议是大革命失败后，在关系党的革命事业前途和命运的关键时刻，中共中央政治局于 1927 年 8 月 7 日在汉口召开的紧

---

① 中共中央文献研究室，中央档案馆.建党以来重要文献选编（1921—1949）（第四册）[M]. 北京：中央文献出版社，2011：193.

急会议。会议批判和纠正了陈独秀右倾机会主义错误，撤销了陈
独秀在党内的职务，选出了新的临时中央政治局，确定了土地革
命和武装斗争的总方针。毛泽东出席了这次会议，并提出了著名
的"枪杆子里出政权"的论断。八七会议着重讨论了土地革命问题，
指明"要引群众来斗争，只有在农村中依据土地革命，在城市中
依据工人阶级需要之满足及其政治权利保障；坚决取消富豪的田
租，分配土地，没收地主、寺院、官僚等一切土地；取消贫农所
欠重利盘剥者的债务，禁止苛约，坚决地要求减税，而使富人多
负税捐的责任"。① 强调"土地革命，其中包含没收土地及土地
国有——这是中国革命新阶段的主要的社会经济之内容。现时主
要的是要用'平民式'的革命手段来解决土地问题，几千百万农
民自己自下而上的解决土地问题，而共产党则应当做这一运动的
领袖，而领导这一运动"。② 八七会议制定了土地革命的总方针，
开始了党的政治路线的转变，揭开了土地革命斗争的序幕。

八七会议后，毛泽东受中共中央委派，以中共中央特派员的
身份前往长沙，领导湘赣边界的秋收起义。秋收起义在开始时虽
然也以攻占大城市为目标，但在遭到挫折后，毛泽东适时地率领
部队进军井冈山，走上了一条在农村建立革命根据地，以保存和
发展革命力量的正确道路。农村革命根据地的经济制度是新民主
主义性质的，党对经济理论和政策的探索不仅更加实际和具体，
而且有条件在实际中加以运用和得到检验，使土地革命路线、方
针、政策逐步完善和成熟起来，使土地革命运动在农村革命根据
地轰轰烈烈地开展起来。

---

① 中共中央文献研究室,中央档案馆.建党以来重要文献选编（1921—1949）（第
四册）[M].北京：中央文献出版社，2011：421.
② 许毅.中央革命根据地财政经济史长编（上册）[M].北京：人民出版社，
1982：208.

井冈山革命根据地建立后，1928 年 1 月，在毛泽东指导下起草的《遂川工农兵政府临时政纲》规定："凡地主、祠庙、公共机关的田地、山林和一切附属"，分给"贫苦人民和退伍兵士耕种使用"等，集中反映了劳动群众的愿望和要求。井冈山根据地开展的土地革命，使无地或少地的农民分得了土地，激发了农民生产的积极性，促进了农业生产的发展。1928 年 12 月，湘赣边区政府总结了一整套土地革命斗争的经验，在毛泽东的主持下，制定了一个土地法——《井冈山土地法》，共 9 条 14 款。《井冈山土地法》规定："没收一切土地归苏维埃政府所有，用下列三种方法分配之：（一）分配农民个别耕地；（二）分配农民共同耕种；（三）由苏维埃政府组织模范农场耕种。"[①] "一切土地，经苏维埃政府没收并分配后，禁止买卖。"[②] 同时还规定了分配土地的标准和具体内容。这个土地法从根本上反映了农民的迫切要求，体现了消灭封建土地所有制这一民主革命的根本任务。但是它存在三个错误："（一）没收一切土地而不是只没收地主土地；（二）土地所有权属政府而不是属农民，农民只有使用权；（三）禁止土地买卖。"[③]

1928 年 6 月 18 日至 7 月 11 日，中国共产党第六次全国代表大会在莫斯科召开。大会通过的决议案指出："驱逐帝国主义者，完成中国的真正统一"；"彻底的平民式的推翻地主阶级私有土地的制度，实行土地革命"；"力争建立工农兵代表会议（苏维埃）

① 中共中央文献研究室，中央档案馆.建党以来重要文献选编（1921—1949）（第五册）[M].北京：中央文献出版社，2011：814.

② 中共中央文献研究室，中央档案馆.建党以来重要文献选编（1921—1949）（第五册）[M].北京：中央文献出版社，2011：814.

③ 中共中央文献研究室，中央档案馆.建党以来重要文献选编（1921—1949）（第五册）[M].北京：中央文献出版社，2011：816.

的政权"，是当前中国革命的"中心任务"。① 大会指出，必须努力扩大农村革命根据地，发展红军，实行土地革命，建立苏维埃政权。农村豪绅地主阶级是革命的主要敌人，无产阶级在乡村中的基本力量是贫农，中农是巩固的同盟者。大会纠正了1927年11月中央临时政治局扩大会议关于在土地革命中应"没收一切土地"的错误主张，指出应无代价地立即没收豪绅地主阶级的土地财产，没收的土地归农民代表会议（苏维埃）处理，分配给无地及少地的农民使用；并且要保护工商业，反对均分小资产阶级财产的倾向。对于富农，则要根据其对革命的不同态度予以区别对待。在富农继续同军阀地主豪绅斗争时，要争取它。党在目前阶段中的任务，是使这种富农中立，以减少敌人的力量。

　　1929年1月，红四军主力向赣南闽西进军。4月，在中共六大精神指导下，毛泽东又主持制定了《兴国土地法》，对《井冈山土地法》作了重要更正，将"没收一切土地"改为"没收一切公共土地及地主阶级的土地"。同时取消《井冈山土地法》中第二种和第三种分配方法。6月，红四军司令部颁发布告，规定了废止田东的债务，土地归耕种农民所有等具体政策，但后者未实行。7月，在毛泽东指导下，闽西党的第一次代表大会通过的《政治决议案》提出："自耕农的田地不没收"；富农多余的土地要没收，但在革命初期"不没收其土地"，也"不废除其债务"；"对农村小地主要没收其土地，废除其债务，但不要派款及其他过分打击"；"对大小商店应取的一般的保护政策（即不没收）"。② 大会通过的《土地问题决议案》还规定："分田时以抽多补少为

---

① 耿显家.共产国际与中国苏维埃政权 [M].北京：人民出版社，2020：84.
② 许毅.中央革命根据地财政经济史长编（上册）[M].北京：人民出版社，1982：105.

原则,不可从新瓜分妄想平均以烦手续。"①会后,在很短的时间内,闽西长汀、连城、上杭、龙岩、永定等县纵横 300 多里的地区,解决了 50 多个区 500 多个乡的土地问题,使 60 多万人得到土地。1930 年 2 月,在江西省吉安县陂头村举行的二七会议上,批评一些地区实际上不开展分田斗争的右倾错误,提出一要"分",二要"快";批评一些地区按耕作能力和劳动力分配土地的做法,肯定了按人口平均分配土地的原则。会后,赣西南地区全面开展了分田运动。

1930 年 6 月,李立三"左"倾错误路线统治了党中央,在土地问题上,"主张一切土地必须是人民全体的财产",不能有"丝毫把土地成为个人的私有财产的意思"②,其方法就是土地国有。李立三"左"倾政策受到毛泽东的抵制。党的六届三中全会纠正了李立三"左"的错误。周恩来在报告中指出:"土地国有问题,现在是要宣传,但不是现在已经能实行土地国有,因为现在尚无全国的胜利政权而言。不能把土地归苏维埃所有解释为国有。"③1931 年毛泽东等遭到王明的打击和排斥,土地革命中的正确路线被斥为"富农路线""狭隘经验论"。

在土地革命战争期间,虽然"左"的错误几经发生,但是经过土地革命的实践和毛泽东等中国共产党人的不断探索,党在根据地斗争中,形成了一条完整的土地革命路线,即依靠贫雇农,联合中农,限制富农,保护中小工商业者,消灭地主阶级,变

---

① 许毅.中央革命根据地财政经济史长编(上册)[M].北京:人民出版社,1982:246.
② 中国社会科学院经济研究所,中国现代经济史组.第一、二次国内革命战争时期土地斗争史料选编[M].北京:人民出版社,1981:413.
③ 中央档案馆.中共中央文件选集(第 6 册)[M].北京:中共中央党校出版社,1983:348.

封建土地所有制为农民土地所有制。土地分配方法是：以乡为单位，按人口平均分配，在农民原耕地的基础上，实行抽多补少，抽肥补瘦。

② 没收帝国主义在华资本

在半殖民地半封建的中国，存在两类资本，一类是帝国主义在华资本，一类是民族资本。党在对当时国内主要矛盾和阶级分析的基础上，对这两类资本采取了不同的态度，初步形成没收帝国主义在华资本，保护和发展民族资本主义工商业的思想。

1927 年 8 月，中共中央在《中国共产党的政治任务与策略的决议案》中指出："完全解放中国于外国资本压迫之下（取消一切不平等条约及帝国主义的特权，取消外债，关税自主，外国人所占有的生产资料交通机关收归国有等）"[①]是中国革命在新阶段上的"客观的内容"之一。党明确指明了在民主革命中没收帝国主义在华资本的必要性。对于如何没收帝国主义在华资本，有以下几个手段：（1）民众暴动胜利的地方，为着"使与帝国主义的武装冲突不至于过早的发动"，党"可以领导经济的斗争（如抵制外货等）"。（2）当工农阶级民权独裁制还只是很小的地盘的时候，党"应当暂时避免与帝国主义直接冲突（夺回租界，没收外国工业使为国有等）"。（3）"等到对于革命最有利的时机"，党"要领导中国工农民众去直接的与帝国主义斗争"。[②]

1928 年 7 月，党的六大指出，"帝国主义是一切反动力量底组织者和支配者。帝国主义利用自己的经济上、政治上的威力，对

---

① 中共中央文献研究室,中央档案馆.建党以来重要文献选编（1921—1949）（第四册）[M]. 北京：中央文献出版社，2011：471.

② 中共中央文献研究室,中央档案馆.建党以来重要文献选编（1921—1949）（第四册）[M]. 北京：中央文献出版社，2011：480.

于民族资产阶级做些小小的让步,威逼利诱地分裂民族联合的战线,用贿赂收买军阀的旧方法,用武力的炮舰政策压迫革命,实行经济封锁,利用自己的强大威力(银行、公司、军舰、军队等)——造成阻碍中国革命发展和胜利底最严重的困难之一"。[1] 六大提出了"推翻帝国主义的统治","没收外国资本的企业和银行"[2] 的政纲。

1931 年 11 月,党进一步深化了对帝国主义在华资本的认识。《中华苏维埃共和国临时政府对外宣言》指出:中华苏维埃共和国临时政府"主张取消一切帝国主义过去同中国地主资产阶级政府所订的不平等条约,一切中国的统治者为了镇压中国民众运动与屠杀民众借用的外债。它主张一切帝国主义的租借地都应该无条件的取回,一切帝国主义的海陆空军都应该滚出中国去。尤其为得要根本消灭帝国主义在中国的统治力量,它主张没收一切帝国主义在华的银行、工厂、矿山与交通工具等"。[3] "但是在目前,中华苏维埃共和国临时政府并不反对与世界各帝国主义的政府重新订立完全平等的条约。在苏维埃区域内,这些国家的人民在不违犯苏维埃一切法令的条件之下,可以有经营工商业的自由。"《中华苏维埃共和国关于经济政策的决定》中,也明确规定:"为保障国家完全独立和民族解放起见,苏维埃政府将操在帝国主义手中的一切经济命脉,实行国有(租界、银行、海关、航业、矿山、工厂等),在目前允许外国某些企业重新另定租借条约,继续生产,但必须遵守苏维埃一切法令,实行八小时工作制及其他各种条例,

① 瞿秋白.瞿秋白文集:政治理论编(第五卷)[M].北京:人民出版社,2013:630.
② 中共中央文献研究室,中央档案馆.建党以来重要文献选编(1921—1949)(第五册)[M].北京:中央文献出版社,2011:651.
③ 中共中央文献研究室,中央档案馆.建党以来重要文献选编(1921—1949)(第八册)[M].北京:中央文献出版社,2011:654.

如这些企业主违反这些条例，实行怠工和关厂，或干涉苏维埃政府的行政权维护反革命，则必须立刻没收其企业作为国有"。①

1934 年 1 月，第二次全国苏维埃代表大会通过的《中华苏维埃共和国宪法大纲》，也明确阐述了共产党关于帝国主义在华资本的上述思想，该宪法大纲规定，"中华苏维埃政权以彻底的将中国从帝国主义榨压之下解放出来为目的，宣布中国民族的完全自主与独立，不承认帝国主义在华的政治上经济上的一切特权，宣布一切与反革命政府订立的不平等条约无效，否认反革命政府的一切外债。在苏维埃区域内，帝国主义的海陆空军不容许驻扎，帝国主义的租界地无条件的收回，帝国主义手中的银行、海关、铁路、企业、矿山、工厂等一律收归国有。在目前允许外国某些企业重新另定租借条约，继续生产，但必须遵守苏维埃一切法令。"②

1935 年 12 月，在中日民族矛盾上升为主要矛盾的情况下，中共中央提出："没收日本帝国主义在华的一切财产作抗日经费。""对于中国的民族运动表示同情赞助或守善意中立的民族或国家，建立亲密的友谊关系。"③

③. 对民族资本主义工商业的政策

农村革命根据地建立后，不仅要进行土地革命，同时也要进行经济建设。根据地如何发展工商业，对民族资本主义工商业应采取什么政策，是党在领导经济建设中面临的新问题。

由于中国半殖民地半封建社会的特殊性，中国民族资本除了

① 瓦永秀.中国共产党经济思想 90 年 [M].北京：人民出版社，2011：140.
② 中共中央文献研究室，中央档案馆.建党以来重要文献选编（1921—1949）（第十一册）[M].北京：中央文献出版社，2011：161.
③ 中共中央文献研究室，中央档案馆.建党以来重要文献选编（1921—1949）（第十二册）[M].北京：中央文献出版社，2011：540.

进步性以外，还具有软弱性、妥协性等特点；同时由于中国共产党对于中国革命性质及其长期性的认识需要经历一定的阶段，中国共产党关于保护和发展民族资本主义工商业的思想经历了曲折的过程，先后出现过瞿秋白的盲动主义的没收民族资本主义工商业的主张，李立三"左"倾冒险主义的没收民族资本主义工商业的主张，王明"左"倾教条主义的一方面允许民族资本主义工商业发展，另一方面又制定过"左"的劳动政策、过高的所得税率等打击民族资本主义工商业的主张。

对待民族资本主义工商业的"左"倾政策，脱离中国新民主主义经济建设的实际，给革命根据地经济建设造成严重的不良后果，受到毛泽东、张闻天、陈云等人的批评。1934年1月，毛泽东在第二次全国苏维埃代表大会的报告中指出，"苏维埃对于私人经济，只要不出于苏维埃法律范围之外，不但不加阻止，而且是提倡的，奖励的，因为目前私人经济的发展，是苏维埃利益的需要。""尽可能的发展国家企业与大规模的发展合作社，应该是与奖励私人经济发展同时并进的。"①

张闻天在中国共产党经济思想史上第一次系统阐释了利用私人资本主义的必要性、重要性，以及如何利用私人资本主义的思想。1933年4月，张闻天发表《五一节与〈劳动法〉执行的检阅》一文，批评《中华苏维埃共和国劳动法》中"左"的错误。他通过调查发现，苏区一烟店工人在苏维埃政府或其他地方做事或开会，近半年时间没有在店内做过一天工，但每月工资、年关双薪、年关鞋袜等仍由烟店老板发放；小企业的老板必须给工人是少先队队员者发雨衣、梭镖、制服、套鞋、年关双薪、过年费等。结

---

① 中共中央文献研究室，中央档案馆.建党以来重要文献选编（1921—1949）（第十一册）[M]. 北京：中央文献出版社，2011：123.

果是老板无法负担而关闭企业。张闻天指出："在目前用'把资本吃完了再说'的政策，结果必然使苏维埃经济凋零，使工人失业，使工人的生活恶化。这种政策实际上是代表一部分落后工人的小资产阶级的意识，代表一部分工人眼前的狭窄的工团主义的利益，而牺牲了或损害了整个工人阶级的利益！"①他把马克思主义政治经济学原理运用于中国农村革命根据地经济建设之实际，深刻指出："要发展苏维埃的经济，在目前不尽量利用私人资本是不可能的。私人资本主义的部分的发展，对于我们并不是可怕的。这种发展，可以增加我们苏区内的生产，流通我们的商品，而这对于苏维埃政权现在是极端重要的。但是要使私人资本家投资到生产中或商业中来，那必须使他们有利可图，而不是亏本。世界上没有这样的资本家，他们的投资是为了亏本。"②

1933年4月23日，张闻天发表了《论苏维埃经济发展的前途》一文，进一步阐述了苏维埃政府利用私人资本主义的必要性和重要性。他指出，苏维埃政权统治的区域，是在经济上比较落后的区域，处在敌人经济封锁的情形之下，处在长期的革命战争的环境之中。"苏区经济的主要特点之一是农民的小生产的商品经济占绝对的优势"，在这样的条件下，"资本主义在苏维埃政权下的发展，当然是不可避免的"。③"苏维埃政府现在还是非常贫困，它没有足够的资本来经营大规模的生产。在目前，它还不能不利用私人资本来发展苏维埃的经济。它甚至应该采取种种办法，去

---

① 许毅.中央革命根据地财政经济史长编（下册）[M].北京：人民出版社，1982：27.

② 白永秀.中国共产党经济思想90年[M].北京：人民出版社，2011：142.

③ 中共中央文献研究室，中央档案馆.建党以来重要文献选编（1921—1949）（第十册）[M].北京：中央文献出版社，2011：170.

鼓动私人资本家的投资。"[①] 他批评了害怕资本主义发展的观点，
"当苏维埃政权没有力量经营国有的大企业，那么利用私人资本
来发展苏维埃经济，不能不是目前主要出路之一。这种资本主义
的发展，目前不但对于苏维埃政权不是可怕的，而且对于苏维埃
政权是有利的。"[②]

　　1933 年 4 月 25 日，陈云发表了《苏区工人的经济斗争》一文，
批评了苏区执行《劳动法》过程中出现的"左"的错误。他指出，
苏区的党和工会在领导工人的经济斗争中，"在许多城市的商店、
作坊中提出了过高的经济要求，机械地执行只能适用于大城市的
劳动法，使企业不能负担而迅速倒闭；不问企业的工作状况，机
械地实行八小时和青工六小时的工作制；不顾企业的经济能力，
强迫介绍失业工人进去；在年关斗争中，许多城市到处举行有害
苏区经济流通的总同盟罢工。这种'左'的错误，非但不能提高
工人阶级的觉悟和积极性，相反地，只能发展一部分工人不正确
的浪漫生活。而且，这种'左'的错误，使许多企业和作坊倒闭，
资本家乘机提高物价，并欺骗工人，使工人脱离党和工会的领导。
所以，这种'左'的错误领导，是破坏苏区经济发展，破坏工农
联盟，破坏苏维埃政权，破坏工人阶级的彻底解放的"[③]。对于
如何纠正苏区工运中"左"的错误，如何使用私人资本主义为苏
维埃政权服务，陈云提出：（一）党和工会要使工人了解，不彻
底推翻地主资产阶级的统治，工人就不能解放自己。因此，要把
争取日常利益的斗争和争取革命完全胜利的斗争最密切地联系起

① 中共中央文献研究室，中央档案馆.建党以来重要文献选编（1921—1949）（第
十册）[M]. 北京：中央文献出版社，2011：171.

② 中共中央文献研究室，中央档案馆.建党以来重要文献选编（1921—1949）（第
十册）[M]. 北京：中央文献出版社，2011：173.

③ 陈云.陈云文选（第一卷）[M]. 北京：人民出版社，1995：9.

来。（二）党和工会对经济斗争的领导，必须纠正官僚主义，不能不顾实际情况，不体现出各个企业的不同工人的具体要求，千篇一律地抄录劳动法。（三）要审慎地去考察资本家怠工与否，分别各种情况执行不同的策略。对于确实因为没有来货，无货可售，或生意清淡，店铺、作坊将要倒闭的资本家，工会应该领导工人要求他们继续营业；同时应该领导工人在自愿的条件之下，减少一部分工资，以企业不致倒闭为度。

毛泽东、张闻天、陈云等对关于民族资本主义工商业错误观点和政策的批评，反映了党在这个问题的认识上一步步深化的过程，为党在新民主主义经济建设中确立保护和发展民族资本主义工商业的思想奠定了基础。

1935 年 1 月召开的遵义会议，为中国共产党独立自主解决中国革命重大问题开辟了道路。这次会议选举了以毛泽东为代表的新的中共中央领导集体，使党的思想路线转到马克思主义的正确轨道上来。加之党经历了两次胜利两次失败，认识到了中国革命的长期性，认识到了对待民族资本主义工商业思想上政策上应采取的态度，认识到了中日民族矛盾上升为主要矛盾形势下民族资产阶级政治立场的显著变化。到 1935 年 12 月瓦窑堡会议，党初步确立了保护和发展民族资本主义工商业的思想。

1935 年 12 月 25 日，中共中央政治局在瓦窑堡召开会议，通过《中央关于目前政治形势与党的任务决议》，指出苏维埃人民共和国是代表工人、农民、城市小资产阶级、民族资产阶级在内的一切抗日的阶级、阶层、个人利益的共和国，而区别于历史上工农民主专政的苏维埃共和国。瓦窑堡会议决议还指出："苏维埃人民共和国用比较过去更宽大的政策对待民族工商业资本家。在双方有利的条件下，欢迎他们到苏维埃人民共和国领土内投

资，开设工厂与商店，保护他们生命财产之安全，尽可能的减低
税租条件，以发展中国的经济。在红军占领的地方保护一切对反
日反卖国贼运动有利益的工商业。使得全国人民明白苏维埃人民
共和国不但是政治上的自由，而且是发展中国工商业的最好的地
方。"① "在目前一切被日本帝国主义及其他帝国主义国家排斥
驱逐的华侨同胞，苏维埃给予托庇的权利，并欢迎华侨资本家到
苏区发展工业。"②

瓦窑堡会议结束后第三天，毛泽东在瓦窑堡党的活动分子会
议上作《论反对日本帝国主义策略的报告》。在报告中毛泽东初
步总结了党对民族资本主义工商业思想认识的曲折，提出了保护
民族资本主义工商业的思想，并给予理论上的证明。毛泽东指出：
"人民共和国在资产阶级民主革命的时代并不废除非帝国主义的、
非封建主义的私有财产，并不没收民族资产阶级的工商业，而且
还鼓励这些工商业的发展。任何民族资本家，只要他不赞助帝国
主义和中国卖国贼，我们就要保护他。在民主革命阶段，劳资间
的斗争是有限度的。人民共和国的劳动法保护工人的利益，却并
不反对民族资本家发财，并不反对民族工商业的发展。"③毛泽
东从以下几个方面进行了说明：（一）这是由中国革命的性质决
定的。"1927 年至现在，我们领导的土地革命，也是资产阶级民
主主义性质的革命，因为革命的任务是反帝反封建，并不是反资
本主义。今后一个相当长时期中的革命还是如此。"④（二）它
是由中国革命的任务决定的。毛泽东指出，在反帝反封建问题上，

① 中共中央文献研究室，中央档案馆.建党以来重要文献选编（1921—1949）（第
十二册）[M].北京：中央文献出版社，2011：542.
② 白永秀.中国共产党经济思想 90 年 [M].北京：人民出版社，2011：143.
③ 中共中央文献研究室，中央档案馆.建党以来重要文献选编（1921—1949）（第
十二册）[M].北京：中央文献出版社，2011：567.
④ 李达.李达全集（第十九卷）[M].北京：人民出版社，2016：227.

工人阶级和民族资产阶级有共同的利害关系，至于民族工商业的发展，不利于帝国主义，而有利于中国人民。（三）它是由中国的国情决定的。毛泽东指出："在将来，民主主义的革命必然要转变为社会主义的革命。何时转变，应以是否具备了转变的条件为标准，时间会要相当地长。"① 这是因为中国政治经济发展的不平衡，"中国在政治上经济上完成民主革命，较之俄国要困难得多，需要更多的时间和努力。"

毛泽东的这些论述，标志着党关于保护和发展民族资本主义工商业思想的基本确立，代表着土地革命战争时期党关于民族资本主义工商业思想的最高成就。

4. 根据地实行的财政金融政策

在革命根据地，财政表现为苏维埃国家的收入管理、分配和支出等经济活动，包括摧毁旧的金融制度和建立新的金融制度两个方面。

（1）根据地实行的财政政策

根据地财政的中心任务是保障革命战争的供给，解决红军和政府工作人员的给养问题。土地革命初期，由于根据地还不巩固，还未发展起稳固的物质生产部门，所以根据地的财政来源主要是战争缴获和打土豪筹款。打土豪筹款是解决经费问题的主要手段，包括派款、征收、罚款、没收等几种形式。根据地的财政支出，主要用于战争供给，其中红军官兵的生活费供给是财政支出的最大项目。

随着一、二、三次反"围剿"的胜利，土地革命的开展和中央工农民主政府的成立，根据地经济建设具备了条件，发展国民

---

① 中共中央文献研究室，中央档案馆.建党以来重要文献选编（1921—1949）（第十二册）[M].北京：中央文献出版社，2011：568.

经济增加财政收入也就有了可能。除了继续打土豪筹款和向富农筹款外，这时财政收入的来源主要是税收、发展国营经济和发行公债等。1931年11月成立的中华苏维埃临时中央政府，设有财政人民委员会，负责财政经济事务，不久又成立了财政委员会。1931年12月1日，中央政府颁发了《中华苏维埃共和国暂行税则》，规定税收种类为商业税、农业税、工业税三种，随后又批准了江西省苏维埃政府制定的农业税征收办法，并转发各根据地参考，各根据地也都制定了执行《暂行税则》的具体办法。1932年7月，中央政府又颁布了新修改的《暂行税则》和《土地税征收细则》，降低了农业税和商业税的起征点，提高了各种税率，使税收在财政收入中的比重有了很大提高。除税收外，国营经济收入也是财政来源之一，不过多数军需工业是为战争服务的，不负担政府财政任务。对外贸易局、粮食局等公营经济机构，其主要任务是打破敌人经济封锁，解决军民日用必需品的供给，企业的利润也不多。发行公债是一种非常措施，在第四、五次反"围剿"战争期间，为筹集革命战争经费和经济建设资金，政府发行了两期革命战争短期公债和一期经济建设公债，这些公债是逐步推行完毕的。

这一时期财政支出项目也大大增加了。主要包括国营工商业投资、教育费用、军费开支。由于财政收入的扩大有限，苏区财政支出采取节省的方针，并展开反贪污、反浪费、反官僚主义的斗争，以保证节省方针的贯彻执行。

为了加强财政管理，1931年12月27日，中央政府人民委员会发布了《中华苏维埃共和国暂行财政条例》，规定一切税收概由国家财政机关按照税则征收，由中央财政部统一管理；一切财政收入概应送交中央财政部或中央财政部制定的银行，一切财政支出统由中央财政部依据批准之预算付款；各级财政机关均应建

立预决算制度；各级财政机关一律使用由中央财政部规定的同一
账本和记账单位。这个条例是中央政府颁布的第一个财政法规，
它为根据地统一财政政策，健全财政机构，严格财政纪律，管好
用好有限的财力、物力奠定了基础。

统一财政制度要求统一国库制度、统一会计制度以及统一审
计制度。为此，中央政府分别颁布了《国库暂行条例》（1932 年
10 月）、《统一会计制度》（1932 年 12 月）的规定，并建立审
计机关。《国库暂行条例》规定，国库由中央财政部国库管理局
负责管理，其金库由国家银行代理，一切财政收入概由金库保管，
国库凭国库管理局支票付款，中央财政部和工农检查部可以协同
派人随时盘查国库金库。《统一会计制度》规定，收钱、管钱、
领钱和支配钱的机关分开；各级收入和开支分开；确立新的会计
科目，采用新式簿记和新的记账方法。1933 年 9 月，中央审计委
员会成立，负责审查和稽核中央政府及各省的预决算是否合理，
审查各机关、团体企事业单位的账目和收支情况。

（2）根据地的金融建设

根据地的金融建设，一方面是摧毁旧的金融体系，废除一切
封建性的债务关系；另一方面是创办人民的金融机构，发行纸币，
铸造银元，建立新的信贷体系和金融制度。

土地革命初期，摧毁旧的金融制度主要是指废除一切封
建性的债务关系。中国农村高利贷剥削非常残酷，年利率高达
30% ～ 50%，甚至高达 100%，种类也很多，有钱利、谷利、当利、
青苗利等。废除这些封建性高利剥削，是土地革命的一项内容。
各根据地在革命暴动成功后，都展开了废债斗争。同时，各根据
地都着手建立新的金融组织，主要方式是发行新货币。土地革命
中期，各根据地先后创立银行，如东固平民银行、闽西工农银行、

江西省工农银行、赣东北贫民银行等。这些银行开展的业务包括发行纸币、开办低利借贷所、办理储蓄、调剂金融等，为土地革命后期建立国家银行积累了经验。

1931年，中央工农民主政府成立后，十分重视发展金融事业。1931年11月7日第一次全国工农兵代表大会通过了《关于经济政策的决议案》，提出建立统一的金融组织系统的意见。会后，中央政府于1932年初成立了中华苏维埃共和国国家银行，并颁布了《中华苏维埃共和国国家银行暂行章程》。国家银行的建立，为统一货币、扩大银行业务创造了条件。在中央苏区，1932年1月开始以"中华苏维埃共和国国家银行"的名义发行纸币，在中央苏区各根据地通用，原来各省银行发行的纸币陆续收回。1932年7月7日，苏维埃国家银行开始发行统一的新纸币称"苏维埃国币"，在中央苏区使用、流通。苏维埃国币发行的原则，正如毛泽东所指出的："国家银行发行纸币，基本上应该根据国民经济发展的需要，单纯财政的需要只能放在次要的地位。"[①]苏维埃国家银行大力开展存款和贷款业务，制定颁布了一系列关于信贷方面的规则。规定国营企事业单位和机关团体可以成为国家银行的往来存款和往来透支户，还规定了特别往来存款户的范围。1934年春，国家银行成立储蓄部，开办储蓄业务。另外，银行还开展贴现放款业务和定期信用放款业务，对象分别是工商业和各种合作社、贫苦工农群众。

根据地金融建设中，信用合作社也发挥了重要作用。信用合作社是群众集股组织起来的一种新型金融组织，它经营存款、放款、贴现、代理公债票发行还本等业务，是消灭高利贷的有力武器，

---

① 许毅.中央革命根据地财政经济史长编（上册）[M].北京：人民出版社，1982：196.

也是国家银行的得力助手。1932年4月，中央政府专门拟定了《信用合作社章程》，其主要内容是：（1）宗旨："以便利工农群众经济的周转与帮助发展生产，实行低利借贷，抵制高利贷的剥削为宗旨。"（2）组织原则："社员以工农劳苦群众为限"，"社员数量无限"。（3）社员权利："凡缴足股金之社员，均有选举权、被选举权、表决权，但每一社员（代表一家）不论入股多少，均以一权为限"。（4）业务活动："应以极低利息贷款借社员，但社员借款用途以发展生产临时周转或特别用途，经管理委员会认为必需者为限。""本社应先贷款给社员，须至股金充裕时，始可对非社员放款。"（5）民主管理："以社员代表大会最高组织，由全体社员组织之"，由社员大会"制定贷款标准利率及贷款规则"。（6）盈利分配原则："每期纯利，以50%为公积金，10%为管理委员及职员之奖励金，10%为办理社员公共事业，30%照社员所付利息额为标准，比例分还社员之借款者。"①

根据地的财政金融建设，摧毁了靠搜刮民脂民膏获取财政收入和靠高利盘剥维持封建豪绅地主生活的旧财政金融体系，建立了苏维埃国家财政金融制度，具有长远的意义。

四、全民族抗日战争时期党的经济建设
（1937年7月—1945年8月）

中国共产党由土地革命向抗日民族统一战线的策略转变，必然带来经济政策的变化。表现在工商业政策上，主要是切实实行

---

① 许毅．中央革命根据地财政经济史长编（下册）[M]．北京：人民出版社，1982：327-330.

了鼓励私人工商业发展的方针；采取了新的没收政策和借贷政策，以及在抗日民主根据地使用法币的政策。各项经济政策的转变，成为推动根据地经济恢复、扩大抗日民族统一战线的重要因素。工商业政策的贯彻实施，促进了私人工商业的发展；没收政策的改变，使不少地主自愿响应共产党的募捐号召，大量捐助抗日，富农商人也纷纷捐资出力。

中国共产党经济政策的转变，是适应中国革命的新需要作出的，这表明，中国革命的一个新时期正在到来。全民族抗日战争时期是中国共产党领导的新民主主义革命的一个重要时期。这是作为全党智慧结晶的毛泽东思想系统化、理论化、全面发展并成熟的时期，中国共产党关于新民主主义经济思想这个时期也臻于成熟。

①. 由没收地主土地改为减租减息

土地革命战争时期，中国共产党实行没收封建地主土地平均分配给农民的土地政策。抗日战争前夕，中国共产党为了动员全国人民起来反抗日本侵略者，已经采取了一些措施，在土地政策方面实行一方面减租减息、一方面交租交息的办法，并改变了土地革命战争时期对待地主富农的策略，专门作出了改变对富农的政策的决定。此外还作出了保护民族工商业、发展社会生产力的决定。如 1936年 8 月 10 日毛泽东给党外民主人士章乃器、陶行知、邹韬奋、沈钧儒等的信中说："我们已经规定不没收富农的土地财产，当着富农起来抗日时，我们还不拒绝与他们联合。一切商人和大小资本家的财产工厂，均不没收，并保护他们的营业，援助他们的发展，以增加苏区抗日的物资。"①1937 年 2 月 10 日，中国共产党在致国

---

① 中共中央文献研究室，中央档案馆.建党以来重要文献选编（1921—1949）（第十三册）[M].北京：中央文献出版社，2011：236.

民党三中全会电中也正式提出了停止没收地主土地的政策。[①]

抗日战争爆发后，中国共产党进一步提出了减租减息的思想。1937 年 7 月 23 日，毛泽东在《反对日本进攻的方针、办法和前途》一文中，提到要"宣布改良人民生活的纲领，并立即开始实行。苛捐杂税的取消，地租的减少，高利贷的限制，工人待遇的改善，士兵和下级军官的生活的改善，小职员的生活的改善，灾荒的救济，从这些起码之点做起"[②]。这些新政将提高人民生活水平，提高购买力，促进生产力的发展，从而增强抗日的力量。1937 年 8 月 25 日，中共中央在《抗日救国十大纲领》中，明确提出了减租减息的政策。减租减息是中国共产党在抗日战争时期的基本土地政策，也是调整地主与农民关系，调动广大农民生产积极性的根本措施。实行减租减息，一方面可以减轻地主对农民的封建剥削，借以改善农民的生活，提高他们生产和抗日的积极性；另一方面也承认地主阶级中大多数有抗日要求。因此在实行减租减息之后，又规定农民向地主部分地交租交息，使地主仍然有利可图和仍然有一定的经济地位，以调动和团结地主阶级一起抗日，从而提高全民抗日的积极性。

中共中央提出减租减息的政策之后，由于一些地方并未真正落实，出现明减暗不减的情况。为此，1939 年 11 月 1 日，中共中央在给各地党的领导机关发出的《关于深入群众中的决定》中明确指出，在八路军新四军的活动区域，必须实行减租减息，废止苛捐杂税并改良工人生活。[③]1940 年 12 月 13 日，毛泽东又以

---

① 魏宏运. 中国现代史资料选编（第 3 册）[M]. 哈尔滨：黑龙江人民出版社，1981：440.

② 毛泽东. 毛泽东选集（第二卷）[M]. 北京：人民出版社，1991：347.

③ 孙健. 中国经济通史（中卷）[M]. 北京：中国人民大学出版社，2000：1264.

中央书记处名义起草致中原局的电报，其中就经济方面的几项政策指出，劳动政策力避过"左"，目前只做轻微改良，例如 14 小时工作制减至 13 小时或 12 小时，不要实行 8 小时，保证资本家能赚钱；土地政策应实行部分的减租减息以争取基本农民群众，但不要减得太多，不要因减息使农民借不到债，不要因清算旧债而没收地主土地，同时应规定农民有交租交息之义务，保证地主有土地所有权，富农的经营原则上不变动。①1940 年 12 月 25 日，毛泽东在为中共中央写的《论政策》的党内指示中进一步指出，"关于土地政策。必须向党员和农民说明，目前不是实行彻底的土地革命的时期，过去土地革命时期的一套办法不能适用于现在。现在的政策，一方面，应该规定地主实行减租减息，方能发动基本农民群众的抗日积极性，但也不要减得太多。地租，一般以实行二五减租为原则；到群众要求增高时，可以实行倒四六分，或倒三七分，但不要超过此限度。另一方面，要规定农民交租交息，土地所有权和财产所有权仍属于地主。不要因减息而使农民借不到债，不要因清算老账而无偿收回典借的土地。"②

　　减租减息政策从 1939 年冬季开始陆续在各抗日民主根据地全面展开，并取得了很大成绩，极大地调动了广大农民生产和抗日的积极性。1942 年 1 月 28 日，中共中央所作的《关于抗日根据地土地政策的决定》指出，在各抗日根据地实行的土地政策获得了广大群众的拥护，团结了各阶层人民，支持了敌后抗战。凡在比较普遍比较认真比较彻底地实行了减租减息、同时又保障交租交息的地方，当地群众参加抗日斗争与民主建设的积极性就比较

---

① 中共中央文献研究室.毛泽东年谱（1893—1949）（中卷）[M].北京：人民出版社、中央文献出版社，1993：239.

② 中共中央文献研究室，中央档案馆.建党以来重要文献选编（1921—1949）（第十七册）[M].北京：中央文献出版社，2011：703.

高，而且能够保持工作的经常状态，安定社会的生活秩序，那里的根据地就比较巩固。但是这一政策，在许多根据地内还没有普遍认真地实行。①1943年10月1日，毛泽东为中共中央撰写了题为《开展根据地的减租、生产和拥政爱民运动》的党内指示，提出："秋收已到，各根据地的领导机关必须责成各级党政机关检查减租政策的实行情况。凡未认真实行减租的，必须于今年一律减租。减而不彻底的，必须于今年彻底减租。""减租是农民的群众斗争，党的指示和政府的法令是领导和帮助这个群众斗争，而不是给群众以恩赐。凡不发动群众积极性的恩赐减租，是不正确的，其结果是不巩固的。在减租斗争中应当成立农民团体，或改造农民团体。政府应当站在执行减租法令和调节东佃利益的立场上。"②10月14日，毛泽东在中共中央《切实执行十大政策》的党内指示中，就减租减息政策进一步强调："许多根据地开展得不彻底，边区有些地方也没有做好，还要继续搞。如果国共关系破裂了，我们还是实行减租减息，不实行土地革命。"③直至抗日战争胜利，中国共产党在各抗日根据地的减租减息政策不断得到坚持和完善。这一政策的实施对抗战最后胜利起了极其重要的作用。

2. 高度重视发展经济，经济工作决定一切

从1939年开始，陕甘宁边区受到国民党的军事包围和经济封锁。1941年"皖南事变"后，国民党对陕甘宁边区的包围和封锁更为加紧，并断绝了对八路军、新四军的军饷供给。由于日军

① 中共中央文献研究室，中央档案馆.建党以来重要文献选编（1921—1949）（第十九册）[M].北京：中央文献出版社，2011：19.
② 毛泽东.毛泽东选集（第三卷）[M].北京：人民出版社，1991：910.
③ 中共中央文献研究室，中央档案馆.建党以来重要文献选编（1921—1949）（第二十册）[M].北京：中央文献出版社，2011：606.

的野蛮进攻和国民党的包围封锁，1940 年和 1941 年是抗日战争时期解放区最困难的阶段。为了领导全党克服经济困难，战胜日本帝国主义，毛泽东特别重视发展经济，把发展生产看成是解决一切问题的关键。

（1）经济工作决定一切

1944 年 5 月 22 日，在延安召开的陕甘宁边区工厂厂长及职工代表大会的讲话中，毛泽东第一次明确提出经济工作决定一切的思想，他指出："经济工作，尤其是工业……是决定一切的，是决定军事、政治、文化、思想、道德、宗教这一切东西的，是决定社会变化的。"[①]毛泽东在多个场合对这一思想进行了多层次系统论述，主要包括以下几点：

第一，经济工作决定民族独立，不受外侮。近代以来中国遭受的屈辱告诉我们，落后就要挨打。中华民族在近代长期遭受列强的欺侮，根本原因是近代中国经济的落后。毛泽东指出，"日本帝国主义为什么敢于这样地欺侮中国，就是因为中国没有强大的工业，它欺侮我们的落后。""要打倒日本帝国主义，必需工业化；要中国的民族独立有巩固保障，就必须工业化。"[②]1945 年，毛泽东在党的七大政治报告中进一步指出，"没有工业，便没有巩固的国防，便没有人民的福利，便没有国家的富强。"在夺取中国革命的全国性胜利，建立新民主主义的国家之后，"新民主主义的国家，如无巩固的经济做它的基础"，也是不能巩固的[③]。

第二，全党都必须学会做经济工作。既然经济工作是决定一

---

① 中共中央文献研究室，中央档案馆.建党以来重要文献选编（1921—1949）（第二十一册）[M]. 北京：中央文献出版社，2011：273.

② 中共中央文献研究室，中央档案馆.建党以来重要文献选编（1921—1949）（第二十一册）[M]. 北京：中央文献出版社，2011：273.

③ 毛泽东.毛泽东选集（第三卷）[M]. 北京：人民出版社，1991：1081.

切的，经济工作在党的各项工作中居中心地位，那么党的各项工作就应当围绕发展经济来展开。毛泽东在批评党员干部中轻视经济工作、不愿做经济工作的错误倾向时，尖锐地指出："共产党员不懂经济，就不懂革命，甚至会妨碍革命"。①"如果我们党员不关心工业，不关心经济，也不懂别的什么有益的工作，对这些一无所知，一无所能，只会做一种抽象的'革命工作'，这种革命家是毫无价值的，我们应该反对这种空头革命家"。他还强调，"所有的共产党员都应该学习经济工作，其中许多人，应该学习工业技术"。毛泽东深刻指出，"战争不但是军事的和政治的竞赛，还是经济的竞赛"，"那个地方的党政军工作人员还是没有学会经济工作，那个地方就会遇到绝大的困难。"②

第三，经济工作关系人心向背和革命成败。毛泽东指出："老百姓拥护共产党，是因为我们代表了民族与人民的要求，但是，如果我们不能解决经济问题，如果我们不能建立新式工业，如果我们不能发展生产力，老百姓就不一定拥护我们。""一切空话都是无用的，必须给人民以看得见的物质福利。""我们不但应该会办政治，会办军事，会办党务，会办文化，我们也应该会办经济。如果我们样样能干，惟独对于经济无能，那我们就是一批无用之人，就被敌人打倒，就要陷于灭亡。"③

第四，是否有利于生产力的发展，是衡量党的政策正确与否的根本标准。1945年，毛泽东在总结国共两党斗争历史时指出："中

---

① 陕甘宁边区财政经济史编写组，陕西省档案馆.抗日战争时期陕甘宁边区财政经济史料摘编（第一编）[M].西安：陕西人民出版社，1981：183.

② 中共中央文献研究室，中央档案馆.建党以来重要文献选编（1921—1949）（第二十二册）[M].北京：中央文献出版社，2011：22.

③ 中共中央文献研究室，中央档案馆.建党以来重要文献选编（1921—1949）（第十九册）[M].北京：中央文献出版社，2011：629.

国一切政党的政策及其实践在中国人民中所表现的作用的好坏、大小，归根到底，看它对于中国人民的生产力的发展是否有帮助及其帮助之大小，看它是束缚生产力的，还是解放生产力的。"①中国共产党代表着中国先进生产力的发展方向，因此有利于社会经济的进步和人民生活水平的改善，因而得到全国人民的拥护。

（2）公营企业的管理体制改革

抗日战争时期，在努力发展工业生产过程中，中国共产党对工业企业管理体制的改革作出了有益探索。

第一，企业必须建立经济核算制，实行自负盈亏。当时企业内部存在着不同程度的混乱状态，经营管理的规章制度不健全，特别是缺乏严格科学的经济核算制度，宏观管理上统收统支，企业不负责任，也没有独立的经济利益，企业不问成本、不讲盈亏的风气浓厚，经济效益低下等情况普遍存在。毛泽东、张闻天等针对上述问题，提出企业要严格经济核算，打破"过去把工厂看作行政机关供给部门的观点"，改变单纯供给的观念，每个企业都要有一定的财权，"应有相当独立的资金（流动的和固定的）使它可以自己周转，而不致经常因经济困难，妨碍生产"②，政府与工厂在经济上要建立平等的买卖关系，尊重它的相对独立性；严格财经手续，工厂的收支必须按照财会制度办事；各个企业尽可能采用成本会计制，如一时还不能用，也必须有成本的计算；建立和实行定期检查企业完成计划情况的制度，克服听其自流的现象，等等。毛泽东指出，企业要重视盈利，"一切工厂，应依自己经济的盈亏以为事业的消长。一切从业人员的薪给，应由工厂自己的

---

① 毛泽东.毛泽东选集（第三卷）[M].北京：人民出版社，1991：1079.
② 白永秀.中国共产党经济思想 90 年 [M].北京：人民出版社，2011：161.

盈利解决，而不支领公粮公衣与公家的津贴费"。①盈利的相当
一部分要归本企业所有，用于扩大再生产和改善职工的生活福利。
而不适合保障供给原则及无利可图的企业，实行合并或关闭。

第二，工厂组织企业化和实行按劳分配。在边区，许多工厂
在组织上非常不合理，人员过多、机构庞大，管理人员和直接生
产人员的比例不合理，造成人浮于事、效益不高、人力财力浪费
严重。对此，毛泽东提出应对边区工业企业的组织机构进行整顿
和改造，精简机构和管理人员，调整管理人员和直接生产人员的
分配比例，消灭脱离生产人员过多的现象，"克服工厂机关化与
纪律松懈的状态"②，使企业成为一个各负其责、精悍灵活、效
率极高的有机体。中共中央西北局指出，"企业化是发展工业的
一个重要关键，必须切实而有步骤的实现，克服工厂组织机关化
的现象"③，因为"管理机构企业化，亦为提高生产力的重要环
节之一"。④毛泽东要求，企业的行政、支部、工会三个方面组
织统一的委员会，使行政人员和行政工作真正走上为生产服务的
正轨，"党与工会的任务就是保障生产计划的完成"⑤，政治思
想工作要务实，落实到生产上去，政治工作的优劣应以经济成果
的好坏为标准。

在企业内部，毛泽东强调必须克服平均主义，实行按劳分配

① 沙健孙.中国共产党史稿（1921—1949）（第四卷）[M].北京：中央文献出版社，2006：262.
② 中共中央文献研究室，中央档案馆.建党以来重要文献选编（1921—1949）（第十九册）[M].北京：中央文献出版社，2011：626.
③ 中共中央文献研究室，中央档案馆.建党以来重要文献选编（1921—1949）（第十九册）[M].北京：中央文献出版社，2011：627.
④ 中共中央文献研究室，中央档案馆.建党以来重要文献选编（1921—1949）（第十九册）[M].北京：中央文献出版社，2011：627.
⑤ 中共中央文献研究室，中央档案馆.建党以来重要文献选编（1921—1949）（第十九册）[M].北京：中央文献出版社，2011：627.

的原则。"平均主义的薪给制抹杀熟练劳动与非熟练劳动之间的差别,也抹杀了勤惰之间的差别,因而降低劳动者的积极性,必须代之以计件累进工资制,方能鼓励劳动积极性,增加生产的数量和质量。"①他认为应实行计件工资制是因为计件工资制比计时工资制更有利于实行按劳分配的原则。

第三,确立了厂长负责制原则。张闻天指出,"为了彻底改造我们的工厂,我们必须贯彻工厂管理一元化的方针。工厂是一个统一的生产单位,有一定的生产任务,它只有由政府、由厂长集中管理时,才能把工厂办好,多头的分散的管理,只能把事情弄坏。"在工厂内部,必须建立厂长负责制,厂长代表政府,凡有关生产上的一切问题,他均有最后决定权,反对同厂方对立的经济主义、平均主义、无政府主义倾向。但厂长的集中管理,并不取消工厂内部的民主,这就要求厂长必须善于管理工厂,"工厂管理的一元化,绝不能同官僚主义、家长制混为一谈"。②

③ 抗日根据地的经济建设

抗日战争时期,中国共产党领导的抗日根据地有陕甘宁边区、晋察冀、晋冀鲁豫、苏北等敌后抗日根据地。抗日根据地多是经济落后、财力薄弱的地区,再加上日本侵略者的野蛮进攻和国民党顽固派的经济封锁,抗日根据地的财政经济非常困难。为了领导全党克服经济困难,战胜日本帝国主义,中国共产党不仅领导了抗日根据地的经济建设,还制定了一系列方针政策,解决根据地的财政问题。党关于解决抗日根据地经济建设与财政问题的相

---

① 中共中央文献研究室,中央档案馆.建党以来重要文献选编(1921—1949)(第十九册)[M].北京:中央文献出版社,2011:626.
② 张闻天.张闻天选集[M].北京:人民出版社,1985:346-348.

关思想，主要体现在《经济问题与财政问题》一书中。该书是毛泽东为解决抗日根据地的经济困难，而从事调查研究，总结实践经验所取得的理论成果，其内容丰富，论述问题面广、类多，提出了许多重要的观点。

（1）发展经济，保障供给

1942 年 9 月，毛泽东在总结 10 多年来革命根据地经济和财政工作经验的基础上，明确指出："发展经济，保障供给，是我们的经济工作和财政工作的总方针。"[①] 其基本点是以发展生产增加社会财富，达到财政自给。这一方针正确解决了革命与生产、经济建设与革命战争的关系，为中国共产党经济工作和财政工作提供了正确的指导方针和理论基础，后来成为党在新民主主义革命时期整个经济战线的总的指导方针。"发展经济，保障供给"体现了毛泽东的经济决定财政的思想。他指出，"财政政策的好坏固然足以影响经济，但决定财政的是经济，未有经济无基础而可以解决财政困难的，未有经济不发展而可以使财政充裕起来的"。[②] 他批评一些同志"片面地看重了财政，不懂得整个经济的重要性，他们的脑子终日只在单纯的财政收支问题上打圈子，打来打去，还是不能解决问题"。[③] 毛泽东根据发展生产同财政的关系，明确指出，我们党应以百分之九十的精力帮助农民增加生产，然后以百分之十的精力从农民身上取得税收。一方面取之于民，另一方面取之于己；一方面要求人民适当多负担一些，另

---

① 中共中央文献研究室,中央档案馆.建党以来重要文献选编(1921—1949)(第十九册)[M].北京：中央文献出版社，2011：616.

② 中共中央文献研究室,中央档案馆.建党以来重要文献选编(1921—1949)(第十九册)[M].北京：中央文献出版社，2011：616.

③ 中共中央文献研究室,中央档案馆.建党以来重要文献选编(1921—1949)(第十九册)[M].北京：中央文献出版社，2011：616.

一方面又使人民经济有所增长。也就是说，要使人民有所失，又有所得，并且所得大于所失。只有在做了帮助人民发展生产的工作，并确实产生了效果之后，再去向人民要东西时，才能得到人民的拥护和支持。

（2）军民兼顾，公私兼顾

在党的领导下，根据地的经济有所发展，但生产力水平仍很低，财政面临的问题是：一方面要多养兵，保证士兵的给养与装备，争取抗战的胜利；另一方面又必须保证人民最低限度的生活，并有适当改善。毛泽东从理论上批判和纠正了当时在经济和财政问题上的两种错误倾向。一种是不顾抗战的需要，强调政府应施"仁政"，要把人民的负担大大减轻；另一种是不顾人民的困难，只顾军队和政府的需要，竭泽而渔。这两种错误观点都是离开发展经济而单纯在财政收支问题上打主意，并且在军民之间没有找到平衡点。毛泽东提出了"军民兼顾，公私兼顾"的方针。他说："边区的经济，分为民营公营两大方面。民营经济，就是一切私人的农工商业。公营经济，就是政府、军队与机关学校所经营的农工商业。这两方面的作用与相互关系：民营经济是为了解决边区140万人民的生活，同时以租税的形式援助政府与军队，支持抗战建国的神圣事业。公营经济是为了解决数万党政军的生活费和事业费的主要部分，一边减少取之于民，休养民力，便于将来紧急需要时的取给。在这里适用的原则，就是'公私兼顾'，或'军民兼顾'。"①

这一方针一方面要用极大力量帮助人民发展经济，使他们有所失的同时又有所得；另一方面又要用极大的注意力去经营公

① 中共中央文献研究室.毛泽东著作专题摘编（上）[M].北京：中央文献出版社，2003：684.

营经济，公营经济越发展，人民负担就越减轻。这是边区经济
能够全面发展的重要政策保证。毛泽东指出，目前在根据地内，
主要的经济成分，还不是国营的，而是私营的。因此一方面我
们要大力发展公营经济，建立新民主主义经济的基础；另一方面，
公营经济要引导和帮助民营经济的发展，政府要积极扶持民营
经济。

在军民关系上，毛泽东指出，必须"厉行'军民兼顾'的原
则，军队、党部、政府的经济问题应与人民的经济生活取得协调，
一切损害人民利益引起人民不满的事均不许作"。[①] 部队的生产
建设，是边区整个经济建设的一部分。在生产方法落后的条件下，
部队生产基础主要应建立在各个单位的劳动力和各单位的经济基
础上，在政府的统一政策之下，准其充分发展，并有利可图。军
队生产事业的发展不仅减轻了人民的负担，而且融洽了军民关系。

（3）集中领导，分散经营

在《经济问题与财政问题》一书中，毛泽东提出了"切实执
行统一领导分散经营的原则"。对于集中领导和分散经营的辩证
关系，毛泽东进行了透彻的说明。分散经营可以提高积极性，如
果盲目集中，将破坏这种积极性。但是，集中领导是使计划统一、
供销衔接、经营合理与分配恰当的必不可少的步骤。根据地的经
济结构中有公营经济、合作社经济和私人经济三部分，公营经济
中又有政府经营、军队经营、党政机关经营三部分，为处理好各
种经济关系，尤其是供应经济内部的关系，最大限度调动积极性，
有必要实行"集中领导，分散经营"的方针。这是中国共产党关
于革命根据地工业经济管理的总原则，解决了经济管理中的宏观

---

① 中共中央文献研究室. 毛泽东思想年编（1921—1975）[M]. 北京：中央文献
出版社，2011：341.

与微观、集权与分权的关系，既保证了有组织有计划的集中领导，又充分发挥各地区各单位生产自给的积极性。

（4）农业第一，工业自给

毛泽东非常重视农业生产。早在 1934 年 1 月，毛泽东就指出："在目前的条件之下，农业生产是我们经济建设工作的第一位。"[①]在《经济问题与财政问题》一书中，他进一步指出：应确定以农业为第一位，工业、手工业、运输业与畜牧业为第二位，商业则放在第三位。他说，我们要用尽力量使农民发展农业生产，这样做的首要目的是使农民富裕起来，改善他们的生活，并且应纠正农业经济政策中的平均主义，实行农业同一累进税，使农民好放手发展自己的生产。毛泽东认识到，建立一个独立、自由、民主和统一的新中国，是实现国家现代化的前提。"在新民主主义的政治条件获得之后，中国人民及其政府必须采取切实的步骤，在若干年内逐步地建立重工业和轻工业，使中国由农业国变为工业国。新民主主义的国家，如无巩固的经济做它的基础，如无进步的比较现时发达得多的农业，如无大规模的在全国经济比重上占极大优势的工业以及与此相适应的交通、贸易、金融等事业做它的基础，是不能巩固的。"[②]

（5）劳动互助，发展合作

在根据地技术落后的条件下，中国共产党认识到，劳动力是经济建设中的决定性因素，组织劳动力是发展农业生产的中心环节。因此，毛泽东发出了"组织起来"的号召，提出"我们目前

① 中共中央文献研究室.毛泽东思想年编（1921—1975）[M].北京：中央文献出版社，2011：68.
② 中共中央文献研究室，中央档案馆.建党以来重要文献选编（1921—1949）（第二十二册）[M].北京：中央文献出版社，2011：176.

在经济上组织群众的最重要组织形式，就是合作社"。^① 合作社
的最初形式是劳动互助。劳动互助不仅提高了农业生产，而且逐
渐改变农民的分散劳动的习惯，养成集体劳动的习惯，为将来使
用新的农业技术集体生产形成有利条件。在党的号召下，边区出
现了各种形式的合作社，有农业劳动互助社、消费合作社、手工
业生产合作社、运输合作社、信用合作社、综合性合作社和部队
机关学校合作社。边区国民经济"在私有基础上，逐渐由分散的
个体经济组织起来，走上合作化的道路，成为一种比较有计划有
组织的经济"。[②]

（6）自力更生，艰苦奋斗

1940 年至 1941 年是根据地经济最困难的时期，毛泽东提出
独立自主、自力更生、自己动手、丰衣足食的思想。毛泽东说："我
们的根本方针和国民党相反，是在坚持独立战争和自力更生的原
则下尽可能地利用外援，而不是如同国民党那样放弃独立战争和
自力更生依靠外援，或投靠任何帝国主义的集团。"[③]毛泽东强调，
争取外援时，不能一切依赖外援，"我们对国际援助决不应作过
大希望。抛开自力更生的方针，而主要地寄希望于外援，无疑是
十分错误的。""就是将来有了外援，生活资料也只能由我们自
己来供给。"[④]周恩来也明确指出："我们主张争取外援，但这

① 中共中央文献研究室，中央档案馆．建党以来重要文献选编（1921—1949）（第
二十册）[M]. 北京：中央文献出版社，2011：640.
② 陕甘宁边区财政经济史编写组，陕西省档案馆．抗日战争时期陕甘宁边区财
政经济史料摘编（八）[M]. 西安：陕西人民出版社，1981：6.
③ 中共中央文献研究室．任弼时年谱（1904—1950）[M]. 北京：中央文献出版
社，2014：460.
④ 中共中央文献研究室，中央档案馆．建党以来重要文献选编（1921—1949）（第
二十二册）[M]. 北京：中央文献出版社，2011：286.

种外援必须结合在自力更生的基础之上，才有作用，才有力量。"①

在当时外援断绝的情况下，中国共产党只能以自力更生来克服困难，通过自己动手，达到丰衣足食，最好的办法就是军民双方同时发动大规模的生产运动。在党中央的领导下，根据地办了许多自给工业，军队实施屯田政策，投入大生产运动，发展以自给为目标的农工商业，几万名机关工作人员包括党的领导人纷纷投入这一运动，发展自给经济，从而推动群众性生产运动蓬勃地向前发展，取得了丰硕的成果。《中央财政经济部关于 1939 年陕甘宁边区生产运动总结的通报》指出，这种经济工作与政治任务相联系造成了全体民众的生产热潮，这种以农业为中心的生产劳动，开辟了在农村中克服困难，自力更生的大道。

艰苦奋斗，是根据地军民在长期斗争中形成的优良传统。朱德指出："节衣缩食，勤苦劳作，这是一切经济事业创造的必由之路。""特别是我们处在战争时期，处在贫困的边区，为了打败日本帝国主义和创造我们事业的基础，我们应当特别提倡和实行'节衣缩食，勤苦劳作'的口号。"②要实现自力更生，就必须有艰苦奋斗的精神，就必须有"省吃省穿的自我牺牲精神"，二者是紧密相连的。

实行自力更生，绝不是也决不能放弃一切可能的外援，因为自力更生绝不是闭关自守。"从长期战争与集中反对日本帝国主义的原则出发，组织一切可能的外援，是不可忽视的。"③"努

---

① 中共中央文献研究室，中国人民解放军军事科学院.周恩来军事文选（第二卷）[M].北京：人民出版社，1997：455.
② 中共中央文献研究室，中央档案馆.建党以来重要文献选编（1921—1949）（第十九册）[M].北京：中央文献出版社，2011：254.
③ 中共中央文献研究室，中央档案馆.建党以来重要文献选编（1921—1949）（第十五册）[M].北京：中央文献出版社，2011：619.

力争取一切可能的援助。在一定程度上不但是可能的，而且是事实，但过高则不适宜。"①中国共产党提出了争取和吸收外资的思想。1944年，中共中央明确提出："在双方有利原则下，我们欢迎国际投资与技术合作，我们首先要求国际工业合作委员会的继续合作。"②1945年4月，毛泽东在党的七大报告中进一步明确提出了利用外资。

（7）精兵简政，厉行节约

1937年陕甘宁边区党政军脱产人员1.4万人，1941年猛增到7.3万人，脱产人员猛增，导致支出大幅增加，人民负担加重。中国共产党认识到，如果不精减人员，对敌斗争就不可能取得胜利。1941年11月，在陕甘宁边区第二次参议会上，李鼎铭等11人提出在财政经济力量范围内和不妨碍抗战力量的条件下，对军事实行精兵主义，政府实行简政主义，即"精兵简政主义"。这被毛泽东称为我们党的"一个极其重要的政策"，他把精兵简政的目的概括为"精简、统一、效能、节约和反对官僚主义"五项。精兵简政包含两方面的内容：一是要求从长期坚持根据地着想，注意节省与积蓄民力；二是要求从战争与农村环境着想，注意组织精干，分工合理，使政策能贯彻下去，大大提高工作效率。毛泽东指出，在抗日根据地日益缩小的情况下，精兵简政是克服财政经济困难和休养生息民力的一项重要措施。这项措施"对于我们的经济工作和财政工作，关系极大。精简之后，减少了消费性的支出，增加了生产的收入，不但直接给予财政以好影响，而且可以减少人民的负担，影响人民的经济。经济和财政工作机构中的不统一、闹独立性、

① 中共中央文献研究室，中央档案馆.建党以来重要文献选编（1921—1949）（第十五册）[M].北京：中央文献出版社，2011：637.
② 中共中央文献研究室，中央档案馆.建党以来重要文献选编（1921—1949）（第二十一册）[M].北京：中央文献出版社，2011：475.

50

各自为政等恶劣现象，必须克服，而建立统一的、指挥如意的、使政策和制度能贯彻到底的工作系统。这种统一的系统建立后，工作效能就可以增加"。①精兵简政对于克服经济困难、发展边区经济、克服党内的错误倾向等有着非常重要的作用。

从 1941 年 9 月到 1943 年，边区的精简工作共进行了 3 次，其中第 3 次工作最为彻底。对于此次精简，毛泽东强调："必须是严格的、彻底的、普遍的，而不是敷衍的、不痛不痒的、局部的。"②1942 年 9 月 1 日颁布的《陕甘宁边区精兵简政纲领》规定："脱离生产的部队应不超过边区人民总数的百分之一，脱离生产的政民工作人员，应不超过全边区人民总数的百分之一"；固定财政经济厉行统一，统筹统支，以避免浪费和其他弊端；规定负担合理，节省开支，从速制定农业累进税以代替救国公粮的临时办法，化零的负担为整的负担，制定粮食被服等项节省办法，组织各级节省委员会，务求无微不入；实行奖惩，俸以养廉，改订薪饷办法，逐渐由供给制转变为薪俸制，等等。这些措施，在各根据地得到推广和实施，产生了明显的经济效益，节约了根据地本来就匮乏的人力、物力、财力，有力地推动了根据地经济建设的发展。

要渡过困难，在实行精兵简政的同时，还必须"厉行军政机关的节约运动"。精简本身是为了节约，但必须更进一步，两方面的工作同时进行，才能达到目的。因此，提出不急之务不举，不急之钱不用，且都要用在急务和急用上，力求合理、经济。除保证给养外，其他消费，一概厉行节省；要提倡勤俭朴素，避免铺张浪费；要疏散机关，减少公差公马；要实行粮票制，避免双

---

① 中共中央文献研究室.建国以来重要文献选编（第十五册）[M].北京：中央文献出版社，1997：450.

② 中共中央文献研究室，中央档案馆.建党以来重要文献选编（1921—1949）（第十九册）[M].北京：中央文献出版社，2011：620.

重粮的浪费；要注意一张纸、一片布、一点灯油、一根火柴的节省；要爱护每件公物，使之用多些日子；要不追加预算，并建立严格的审计制度；坚持廉洁节约作风，严厉反对贪污腐化现象。任何地方必须十分爱惜人力物力，决不可只顾一时，滥用浪费。任何地方必须从开始工作的那一年起，就计算到将来的很多年，计算到长期坚持战争，计算到反攻，计算到赶走敌人之后的建设。

党领导的精兵简政和节约运动取得了很大成效。民力的动员减少了，人民的负担减轻了，部队机关和工厂节省了大量粮食和工业原料，对边区经济建设作出了巨大贡献。

④. 鼓励私人投资，鼓励私人资本主义发展

由于新民主主义革命的任务是反帝反封建，社会主义是最终目的，但在新民主主义时期，正确的指导路线是鼓励私人资本主义的广泛发展，发展民族资本主义工商业，保护乡村资本主义的富农经济。以毛泽东为代表的中国共产党人在抗日民主根据地经济建设过程中，论述了发展民族资本主义的思想。

1939年5月4日，毛泽东在延安青年群众五四运动20周年纪念会上，作了题为《青年运动的方向》的演讲。毛泽东提出："我们现在干的是资产阶级性的民主主义的革命，我们所做的一切，不超过资产阶级民主革命的范围。"[①] 因此，"现在还不应该破坏一般资产阶级的私有财产制，要破坏的是帝国主义和封建主义，这就叫作资产阶级性的民主主义的革命。"[②] 并指出打倒帝国主

---

① 中共中央文献研究室，中央档案馆.建党以来重要文献选编(1921—1949)(第十六册)[M].北京：中央文献出版社，2011：282.
② 中共中央文献研究室，中央档案馆.建党以来重要文献选编(1921—1949)(第十六册)[M].北京：中央文献出版社，2011：282.

义和封建主义，建立一个人民民主的共和国，这个革命要靠无产阶级和广大人民的努力才能完成。在这个人民民主的制度中，还应当容许资本家存在，将来实现社会主义制度了才不要资本家。这一时期，中国共产党关于鼓励资本主义发展的思想主要内容包含以下几个方面。

首先，鼓励并调剂资本主义的发展。1939 年 11 月，毛泽东在《（陕甘宁）边区党代表大会的政治报告》中指出："现在大大的压制资本家，不许他们发展，这种办法是不利的，对革命等等都不好，结果没几天连一个工厂也没有了，那不好。""马克思列宁主义领导的地方，能不能有资本主义生长呢？能的！如果我们今天消灭资本主义，那干什么呢？干社会主义吗，这是一个空的，这个思想不能实现，这是不能的。但这并不是说社会主义是不可能的，社会主义是必然的，但现在还不成，所以便可以让资本主义发展，不过要调剂它的发展。"[1]1940 年 1 月，在《新民主主义论》中，毛泽东也批驳了"左"倾空谈主义，明确指出不走资产阶级专政的资本主义的路，是不可能走无产阶级专政的社会主义的路的。因此，新民主主义共和国不禁止资本主义生产的发展。之后，毛泽东明确提出了"提倡并指导社会经济的资本主义发展"将是党在新中国的一项历史任务。1940 年 3 月 4 日，毛泽东在陕甘宁边区党政联席大会上发表讲话，指出我们现在实行社会主义还不行，要先实行新民主主义，然后才能实行社会主义。不要反资本主义，中国的资本主义不多，也许还要发展一下，所以不是反资本。陕甘宁边区实行新民主主义，这是全国

① 宋春华. 抗战时期国共两党民族主义思想研究 [M]. 北京：人民出版社，2017：110.

的方向。①

1945 年 4 月 24 日和 5 月 31 日，毛泽东在中国共产党第七次
全国代表大会上的书面政治报告和《关于政治报告讨论的总结》
中，谈到了发展资本主义经济的问题。毛泽东认为，中国是一个
半殖民地半封建社会的国家，革命取得胜利前，资本主义的发展
是不充分的，根据马克思主义的社会发展根本规律，资本主义是
一种大大优越于封建主义的生产方式，资本主义创造的生产力，
要千百倍地高于以往的生产方式所能创造的生产力。因此，在反
法西斯战争胜利后中国共产党所要建立的新民主主义的经济中，
私人资本主义经济不但在其中占有应有的一席，而且应广泛地加
以发展。私人资本主义经济和新民主主义的国营经济、合作社经
济一起，组成新民主主义的中国的经济要素。为了使中国繁荣富
强起来，"我们共产党人根据自己对于马克思主义的社会发展规
律的认识，明确地知道，在中国的条件下，在新民主主义的国家
统治下，除了国家自己的经济与劳动人民的个体经济及合作社经
济之外，一定要让私人资本主义经济获得广大发展的便利，才能
有益于国家与人民，有益于社会的向前发展"。②在《关于政治
报告讨论的总结》中，毛泽东提出要发展"帮助社会主义前进"
的资本主义的问题。他认为，我们现在提倡新民主主义的资本主
义，中国应该发展资本主义，在一定的条件下，在不操纵国民生
计的条件下发展资本主义有一定好处。中国新民主主义下的资本
主义以及欧洲一切农业国家发展的资本主义，其性质是帮助社会
主义前进的，在中国来讲是有利于中国将来的社会主义，在世界

① 中共中央文献研究室. 毛泽东年谱（1893—1949）（中卷）[M]. 北京：人民
出版社、中央文献出版社，1993：173.
② 中共中央文献研究室，中央档案馆.建党以来重要文献选编(1921—1949)(第
二十二册)[M]. 北京：中央文献出版社，2011：575.

来讲是有利于世界将来的社会主义。这个资本主义是革命的，是有好处的。毛泽东还回答了"有些人不了解共产党人为什么不但不怕资本主义，反而在一定的条件下提倡它的发展"的问题，他说："我们的回答是这样简单：拿资本主义的某种发展去代替外国帝国主义和本国封建主义的压迫，不但是一个进步，而且是一个不可避免的过程。它不但有利于资产阶级，同时也有利于无产阶级，或者说更有利于无产阶级。现在的中国是多了一个外国的帝国主义和一个本国的封建主义，而不是多了一个本国的资本主义，相反地，我们的资本主义是太少了。"①

最后，削弱富农封建部分而奖励其资本主义部分。让农村中的资本主义有所发展，是中国共产党和毛泽东在抗日战争和抗日根据地经济建设过程中的一贯思想。早在1936年8月10日，毛泽东在给党外民主人士章乃器、陶行知、邹韬奋、沈钧儒等的信中，就阐述了这个经济政策。1939年12月，毛泽东在《中国革命和中国共产党》中强调：农民阶级中，富农是不应该过早地消灭的。新民主主义革命，"它在经济上是把帝国主义者和汉奸反动派的大资本大企业收归国家经营，把地主阶级的土地分配给农民所有，同时保存一般的私人资本主义的企业，并不废除富农经济"。②1942年1月28日，中共中央作出《关于抗日根据地土地政策的决定》，其基本精神是先要把广大农民群众发动起来，在群众真正发动起来后，又要让地主生存下去。所以在经济上只是削弱（但一定要削弱）封建势力，而不是消灭封建势力，对富农则是削弱其封建部分而奖励其资本主义部分。故在经济上目前我党的政策，"不

① 中共中央文献研究室,中央档案馆.建党以来重要文献选编（1921—1949）（第二十二册）[M].北京：中央文献出版社,2011：572.
② 中共中央文献研究室,中央档案馆.建党以来重要文献选编（1921—1949）（第十六册）[M].北京：中央文献出版社,2011：835.

是削弱资本主义与资产阶级，不是削弱富农阶级与富农生产，而是在适当改善工人生活条件之下，同时奖励资本主义生产与联合资产阶级，奖励富农生产与联合富农"，"以奖励资本主义生产为主"，但同时保存地主的若干权利。[①]

五、全国解放战争时期党的经济建设
（1945 年 8 月—1949 年 9 月）

1. 新民主主义三大经济纲领的提出

新民主主义经济理论是中国共产党经济思想的重要组成部分，是以毛泽东为代表的中国共产党人将马克思主义基本原理与中国国情及中国革命具体实践相结合的产物，是对马克思主义政治经济学的重大丰富和发展。中国共产党成立之初，就开始了对新民主主义经济理论的探索；到土地革命战争时期，党的新民主主义基本经济思想已具雏形；抗日战争爆发后，党的新民主主义经济理论体系逐步形成；抗日战争胜利后到 1949 年 10 月新中国成立前，是党的新民主主义经济理论日趋完善并得到切实实施的阶段。全国解放战争时期，中国共产党不仅明确提出了新民主主义革命的三大经济纲领和基本经济方针，提出了工作中心从农村转向城市的战略决策，制定了解放区经济工作的一系列方针政策，而且酝酿讨论了未来新中国的经济蓝图，为新中国的诞生作了比较充分的经济理论和政策准备。

---

① 中央统战部 . 中共中央抗日民族统一战线文件选编（下）[M]. 北京：档案出版社，1986：592-593.

1947 年，在人民解放战争进入全国战略反攻的历史性转折关头，毛泽东在党中央十二月会议做书面报告《目前形势和我们的任务》，阐述了新民主主义革命的三大经济纲领，即"没收封建阶级的土地归农民所有，没收蒋介石、宋子文、孔祥熙、陈立夫为首的垄断资本归新民主主义国家所有，保护民族工商业。这就是新民主主义革命的三大经济纲领"。[①]

毛泽东进一步阐明了土地制度改革的重要性，提出了"依靠贫农，巩固地联合中农，消灭地主阶级和旧式富农的封建的和半封建的剥削制度"[②] 的土地改革总路线。

毛泽东对中国官僚资本的发生、发展以及它的性质和特点，作了精辟的分析。他指出，"这个垄断资本，和国家政权结合在一起，成为国家垄断资本主义。这个垄断资本主义，同外国帝国主义、本国地主阶级和旧式富农密切地结合着，成为买办的封建的国家垄断资本主义。这就是蒋介石反动政权的经济基础。"[③] 因此，没收官僚资本归人民的国家所有，是新民主主义革命的任务之一。报告关于这方面的论述，是对党的新民主主义革命总路线的一个重要发展。

毛泽东深刻分析了民族资产阶级和官僚资产阶级在半殖民地半封建社会的中国的地位和它们在性质上的区别，指出民族资本主义经济在革命胜利后的一个长时期内，在整个国民经济中，还是不可缺少的一部分，还必须允许它们存在，并且按照国民经济的分工，使它们中一切有益于国民经济的部分有一个发展。因此，中国共产党对于民族资产阶级及其经营的工商业，必须坚决地毫不犹豫地给予保护。

---

① 毛泽东.毛泽东选集（第四卷）[M].北京：人民出版社，1991：1253.
② 毛泽东.毛泽东选集（第四卷）[M].北京：人民出版社，1991：1250.
③ 毛泽东.毛泽东选集（第四卷）[M].北京：人民出版社，1991：1253.

中国共产党新民主主义三大经济纲领是党的新民主主义革命总路线在经济战线上的具体化。党不仅需要制定总路线和总政策，而且需要制定实现总路线总政策的具体路线和具体政策。三大经济纲领就是解决无产阶级领导下的人民大众同帝国主义、封建主义、官僚资本主义在经济领域中的矛盾，实现反帝反封建反官僚资本主义的总任务，使社会生产力从半殖民地半封建社会生产关系中解放出来。三大经济纲领的每一项内容都和新民主主义革命总路线密切相关。土地改革是民主革命的主要内容。封建主义是帝国主义和官僚资本主义的同盟者和统治中国的社会基础。旧中国的土地制度是极不合理的，而农民是中国革命的主力军，如果不帮助农民推翻封建地主阶级，就不能组成强大的革命队伍，去推翻帝国主义和官僚资本主义的统治。官僚资产阶级是民主革命的对象，中国的官僚资本是在特定的历史环境中形成和发展起来的，除了具有发达资本主义国家的垄断性、寄生性和腐朽性外，还具有中国半殖民地半封建社会的买办性和封建性，严重地阻碍社会生产力的发展。不没收官僚资本，扫除这一腐朽反动的经济基础，中国社会就不能冲出黑暗、走向光明。民族资本主义的两重性，使其在新民主主义经济发展中具有不可替代的重要作用；民族资产阶级的两面性，使其能够成为民主革命的动力之一，成为"人民大众"的一个组成部分。总之，三大经济纲领是中国共产党关于新民主主义理论的重要内容，是实现新民主主义革命总路线的重要保证，是中国共产党和毛泽东对马克思列宁主义的重要发展。

2. 农村土地改革政策及其调整

抗战胜利后，封建主义与人民大众的矛盾开始突出，占中国人口大多数并作为民主革命主力军的农民，开始提出强烈的土地要求，即要求废除封建土地制度，实行耕者有其田。中国共产党及时改变了抗日战争时期的减租减息政策，在广大解放区开展了轰轰烈烈的土地改革运动。从 1946 年 5 月中共中央的"五四指示"到 1950 年 6 月公布的《中华人民共和国土地改革法》，党的土地改革思想随着客观形势的变化和主观认识的提高，经历了一个逐渐成熟和完善的过程。

（1）"五四指示"前后的土地改革

抗日战争胜利后，中国共产党在土地问题上的方针仍然是减租而不是没收土地。全国解放战争爆发前夕，国民党在美帝国主义的援助下，无论在军事上还是经济上都占有很大优势。中国共产党要改变这种敌强我弱的形势，只有依靠解放区军民，尤其是依靠农民群众。因此，能否满足农民的土地要求，解放农村生产力，是革命成败的关键。中国共产党根据形势发展和主要矛盾变化，决定改变土地政策，在解放区内首先实现耕者有其田。1946 年 5 月 4 日，中共中央颁布了《关于清算减租及土地问题的指示》，即"五四指示"。

"五四指示"充分肯定了解决农民土地问题的意义，要求各级党组织，坚决拥护群众在反奸、清算、减租减息、退租退息等斗争中，从地主手中取得土地，使各解放区的土地改革依据群众运动发展的规模和程度，迅速求其实现。为了正确指导农民运动，"五四指示"提出了解决农民土地问题的若干政策，其主要内容有："决不可侵犯中农土地"；"一般不变动富农土地"；对于抗日军人、干部的家属之属于豪绅地主成分者，以及开明绅士等应"谨慎处理，适当照顾"；对富农和地主、地主中的大中小、恶霸非恶霸应有所区别；保护工商业；团结知识分子和党外人士；

合理分配土改果实，鼓励发展农业生产；加强共产党的领导。此外，"五四指示"还表现出党在解决土地问题策略的灵活性，例如，"五四指示"特别提到，"凡我之政权不巩固，容易受到摧残的边沿地区，一般的不要发动群众起来要求土地，就是减租、减息亦应谨慎办理，不能和中心区一样"。[①]

（2）全国土地会议前后的土地改革

1947年10月，在中国人民解放军已经进入战略进攻的新形势下，为了进一步扩大和深入土地改革来发动和组织广大农民支援战争，加速打败蒋介石解放全中国的进程，中共中央召开全国土地会议，并颁布了《中国土地法大纲》（以下简称《大纲》）。《大纲》集中体现了当时中国共产党关于土地改革的思想和政策，主要内容有：（1）彻底消灭封建制度。《大纲》规定："废除一切地主的土地所有权"，"废除一切祠堂、庙宇、寺院、学校、机关及团体的土地所有权"，"废除一切乡村中土地制度改革前的债务"。对于地主倚仗土地多年盘剥所积累起来的财富，《大纲》规定："乡村农会接收地主的牲畜、农具、房屋、粮食及其他财产，并征收富农上述财产的多余部分。"（2）分配土地的原则和办法。《大纲》规定："乡村中一切地主的土地及公地，由乡村农会接收，连同乡村中其他一切土地，按乡村全部人口，不分男女老幼，统一平均分配，在土地数量上抽多补少，质量上抽肥补瘦，使全乡村人民均获得同等的土地，并归各人所有。"[②]这种平分土地的方法，对纠正在执行"五四指示"过程中土地分配上的不公平现象，特别是在揭发地主富农隐瞒黑地、多留好地等方面，起到了重大

---

① 中共中央文献研究室，中央档案馆.建党以来重要文献选编（1921—1949）（第二十三册）[M].北京：中央文献出版社，2011：249.

② 王聚英.最后一个农村指挥所——中共中央移驻西柏坡史[M].北京：中央文献出版社，2001：47.

作用。毛泽东在十二月会议的报告中指出："这是最彻底地消灭封建制度的一种方法，这是完全适合于中国广大农民群众的要求的。"①

（3）党对土地改革方针政策的调整

1947 年全国土地会议之后，在平分土地的热潮中，曾出现了"左"的错误，表现在阶级划分标准紊乱，侵犯中农利益，侵犯一部分工商业，对地主、富农、开明士绅不加区别及排斥知识分子等方面。中共中央及时注意到这些错误的严重性，于 1947 年12 月 25 日至 28 日，在陕北米脂县杨家沟召开会议，研究新的形势和党的工作，并着手纠正土改中"左"的错误。这次会议阐述了我党进行土地改革的根本方针和基本原则，明确指出，党在农村的方针是"依靠贫农，巩固地联合中农，消灭地主阶级和旧式富农的封建的和半封建的剥削制度"。会议批评了"贫雇农打江山坐江山"的口号，指出"在乡村，是雇农、贫农、中农和其他劳动人民联合一道，在共产党领导之下打江山坐江山，而不是单纯贫雇农打江山坐江山"。②为此，必须注意两条基本原则：第一，必须满足贫农和雇农的要求。第二，必须坚决地团结中农，不要损害中农的利益。"只要我们掌握了这两条基本原则，我们的土地改革任务就一定能胜利地完成。"③会议制定了土地改革的若干具体政策，如关于划分阶级的标准，对待中农、工商业者、知识分子和开明士绅的政策，对待地主富农的政策，严禁乱打乱杀及对待犯错误的党员、干部的政策等。所有这些，对于纠正"左"的错误起了重要作用。会议后，党中央为贯彻会议精神，作了以

---

① 毛泽东.毛泽东选集（第四卷）[M].北京：人民出版社，1991：1250.
② 毛泽东.毛泽东选集（第四卷）[M].北京：人民出版社，1991：1268.
③ 毛泽东.毛泽东选集（第四卷）[M].北京：人民出版社，1991：1268.

下规定：明确划分阶级的标准，澄清在划阶级、定成分问题上的
混乱；规定满足贫雇农的要求不得侵犯中农的利益；进一步明确
保护工商业；提出了对地主与富农、对大中小地主、地主富农中
的恶霸与非恶霸，均应加以区别对待的方针，并特别注意纠正少
数地区出现的不讲区别、不顾政策的乱斗乱杀的错误做法。

③ 没收官僚资本归新民主主义国家所有

（1）没收官僚资本

以蒋宋孔陈四大家族为代表的官僚资本，经过20多年的掠夺，
积聚了巨大的资产，控制了金融、交通、外贸和重要工业部门，形
成了在国民经济中的垄断地位，成为国民党反动政权的经济基础，
严重阻碍了中国经济的发展。因此，没收官僚资本归新民主主义国
家所有，将其变成社会主义性质的国营经济，是民主革命的重要任
务，也是新民主主义社会赖以建立的重要经济基础。

抗日战争胜利后，为了维护国共合作，力争实现和平民主建
设新中国的主张，在提交政治协商会议讨论的《和平建国纲领草
案》中，没有提出没收国民党政府官僚资本的要求。内战的爆发
充分暴露了蒋介石国民党政府与人民为敌的反动立场。在人民解
放军转入战略反攻、全国革命胜利在望之际，毛泽东于1947年
10月在《中国人民解放军宣言》中，第一次明确提出了没收蒋介石、
宋子文、孔祥熙、陈立夫兄弟等四大家族和其他首要战犯的财产，
没收官僚资本的口号。在1947年12月举行的中共中央扩大会议
上，毛泽东进一步把没收官僚资本列为新民主主义革命的三大经
济纲领之一。他指出："蒋宋孔陈四大家族，在他们当权的二十
年中，已经集中了价值达一百万万至二百万万美元的巨大财产，
垄断了全国的经济命脉。这个垄断资本，和国家政权结合在一起，

成为国家垄断资本。这个垄断资本主义，同外国帝国主义、本国地主阶级和旧式富农密切结合着，成为买办的封建的国家垄断资本主义。""这个国家垄断资本主义，不但压迫工人农民，而且压迫城市小资产阶级，损害中等资产阶级。"他特别强调，没收官僚资本，是打倒蒋介石、建立新中国的需要，也是为了"消灭地主阶级和官僚资产阶级（大资产阶级）的剥削和压迫，改变买办的封建的生产关系，解放被束缚的生产力"。①

随着解放战争的推进，越来越多的大中城市和工矿区回到人民手中。中共中央又制定了一系列具体的方针政策，以保证全党全军迅速地、妥善地没收官僚资本。"对于官僚资本要有明确界限，不要将国民党人经营的工商业都叫做官僚资本而加以没收。""那些查明确实是由国民党中央政府、省政府、县市政府经营的，而完全官办的工商业，应该确定归民主政府接管营业的原则。""对于著名的国民党大官僚所经营的企业，应该按照上述原则和办法处理。对于小官僚和地主所办的工商业，则不在没收之列。"②到 1949 年年初，中共中央进一步明确，官僚资本企业中，"如有民族工商农牧业家私人股份经调查属实者，应承认其所有权。"这些规定体现了保护民族资产阶级利益的精神。中共中央还总结出"各按系统，自上而下，原封不动，先接后分"的接管官僚企事业方法，要求军管会派到企业中的军事代表，不直接管理生产，只监督原来的人员去管理生产，保障生产能照旧进行。中共中央还宣布，所有在官僚资本企业中供职的人员，在人民政府接管之前，均须照旧供职，并负责保护企业资产。

① 沙健孙.中国共产党史稿（1921—1949）（第五卷）[M].北京：中央文献出版社，2006：320.
② 中共中央文献研究室，中央档案馆.建党以来重要文献选编（1921—1949）（第二十五册）[M].北京：中央文献出版社，2011：25.

在党中央强有力的领导下，接管全国官僚资本企事业的工作进展顺利。到 1949 年年底，全国共接收官僚资本经营的工业企业 2858 家，基本上消灭了官僚资本主义。

（2）谨慎灵活对待外国在华资本

抗日战争胜利后，外国在华资本经济势力发生了重大变化，原来占总数 76% 以上的日本资本和德国资本，已被中国政府没收；英法经济势力受到很大削弱；美国在华经济势力得到了加强。国民党政府为了换取美国的政治、经济、军事援助，将中国市场完全向美国商品和资本打开大门，先后与美国签订了《中美友好通商航海条约》《国际关税与贸易一般协定》《关于经济援助之协定》等条约，使得美国商品大量充斥中国市场，美国资本也大量涌入中国，其中也包括高达 10.08 亿美元的政治性贷款。

中国共产党始终坚决反对帝国主义对中国的经济侵略和压迫，但另一方面，并不笼统排外，仍愿意在平等互利的基础上利用外资来实现中国的工业化。对于外国在华资本，由于其特性、作用差别较大，中国共产党采取了谨慎而灵活的态度。1945 年 4 月，在党的七大上，毛泽东提出：“为着发展工业，需要大批资本。从什么地方来呢？不外两方面：主要地依靠中国人民自己积累资本，同时借助于外援。在服从中国法令，有益于中国经济的条件之下，外国投资是我们所欢迎的。”①

全民族解放战争爆发后，美国政府采取了“扶蒋反共”政策，提供大量金钱与物资帮助蒋介石。中国共产党坚决反对美帝国主义的反动政策，于 1947 年 2 月 1 日发布《关于不承认蒋政府一切卖国协定的声明》。同时，中共中央仍要求全党“严格掌握美

---

① 柳建辉. 中国共产党执政历程（第一卷）（1921—1949）[M]. 北京：中央文献出版社，2011：417.

国的政府与人民之间的区别，美国政府人员中的帝国主义分子与民主分子之间的区别……不要笼统反帝"①。出于这种区别对待的策略，1947年12月召开的中共中央扩大会议上确定的三大经济纲领中，并没有没收外国在华资本的内容。1948年2月发布的《关于对待在华外国人的政策的指示》中，详细规定："凡遇有外人投资设立并主持之私营工厂、矿山或其他企业，我军到后，暂不加以没收，亦不许加以破坏，并可与之商定继续营业的临时合同，规定在服从民主政府法令与在一定的劳动条件之下，继续营业"；"不论公营、私营工商业中之外人股份，一律承认其股权有效"；等等。

对于消灭帝国主义在华资本的方法，中国共产党运用了灵活的区别对待政策：对于与我国主权或国计民生关系较大的企业，予以征用；关系较小或性质上未便征用者，予以代管；政府认为有必要者，予以征购；对一般企业，加强管制，促其自行清理结束。在上述四种方法中，以征用和加强管制为主。随着解放战争的进程，中国共产党废除了国民党时代的一切卖国条约，统制了对外贸易，改革了海关制度，并运用上述政策，促使一千多家外国企业或自动歇业，或转让给我国政府，外国在华资本很快从我国消灭。这对于加强国营经济，并确立国营经济在新民主主义经济体系中的领导地位有着积极作用。

④ **保护民族工商业**

保护和利用民族工商业，是中国共产党在解放战争时期的重要经济思想和基本政策。抗日战争胜利后，中国共产党接收了一

---

① 中共中央文献研究室,中央档案馆.建党以来重要文献选编（1921—1949）（第二十三册）[M].北京：中央文献出版社,2011：380.

些城市，由于没有经验，发生了错杀和驱赶民族资本家、破坏私营工商业的现象。毛泽东对此提出严厉批评，中共中央也发出指示，要求中国人民解放军进入城镇后，必须坚决执行城市政策，保护城市工商业。中共中央在"五四指示"中对保护城市工商业规定了具体政策。

从 1947 年下半年开始，中共中央反复教育全党，端正对私营工商业地位和作用的认识。1947 年 10 月 10 日，中共中央发表《中国人民解放军宣言》，将保护民族工商业列入解放军的八项政策之一，并重新颁布《三大纪律八项注意》。1947 年 12 月，保护民族工商业被列为新民主主义革命三大经济纲领之一。毛泽东指出："由于中国经济的落后性，广大的上层小资产阶级和中等资产阶级所代表的资本主义经济，即使革命在全国胜利以后，在一个长时期内，还是必须允许它们存在；并且按照国民经济的分工，还需要它们中一切有益于国民经济的部分有一个发展；它们在整个国民经济中，还是不可缺少的一部分。"[①]

根据中共中央制定的相关政策，各地在城市接管中都非常注意保护民族工商业，并制定了具体的政策和办法。1948 年 6 月 10 日，东北局发出《关于保护新收复城市的指示》，其中关于保护民族工商业方面，提出攻城入城部队应遵守以下事项：（一）必须普遍的从军政后勤干部直到战士，进行党的城市政策、工商业政策的教育，对指定的攻城部队，必须在战斗之前专门进行爱护城市、保护工商业及进城纪律教育。（二）规定攻城部队，只有保护城市工商业之责，无没收处理之权。攻城部队无论对蒋伪公营企业、银行、商店、市政机关、医院、学校、仓库及私人企业、

---

① 中共中央文献研究室,中央档案馆.建党以来重要文献选编（1921—1949）（第二十四册）[M].北京：中央文献出版社,2011：534.

商店等，均无没收处理之权。相反地，在战斗中及战斗结束后，攻城部队应派出必须的队伍加以保护，禁止任何人擅自进去搬运机器、物资和器材。（三）厉行奖励与处罚。对遵守工商业政策有功者，给予精神的和物质的奖励。违反城市政策及工商业政策者，必须彻底追究，并依据情节轻重，依法处办。（四）各地党委、政府、农会，尤其是该城附近的县、区组织，不得进城自行逮捕人犯及没收物资，并必须教育当地农民。

在 1949 年 3 月召开的党的七届二中全会上，毛泽东在进一步分析中国国情的基础上，再次阐述了保护民族工商业的思想。"中国的私人资本主义工业，占了现代性工业中的第二位，它是一个不可忽视的力量。中国的民族资产阶级及其代表人物，由于受了帝国主义、封建主义和官僚资本主义的压迫或限制，在人民民主革命斗争中常常采取参加或者保持中立的立场。由于这些，并由于中国经济现在还处于落后状态，在革命胜利以后一个相当长的时期内，还需要尽可能地利用城乡私人资本主义的积极性，以利于国民经济的向前发展。"①毛泽东的这个报告，构成了中国人民政治协商会议第一次全体会议通过的，在新中国成立初期曾经起了临时宪法作用的《中国人民政治协商会议共同纲领》的政策基础。

依据上述政策，中国共产党迅速地、有条不紊地完成了接管城市工作，避免了社会动乱，也有效保护了民族工商业。当时民族资本主义工业企业有 12.3 万户，商业企业 402 万户，是中国现代工商业的一支重要力量。它们在解放战争如此翻天覆地的社会变革中，非但未遭受毁灭性的打击，反而焕发了新的活力。党的

① 中共中央文献研究室，中央档案馆.建党以来重要文献选编（1921—1949）（第二十六册）[M]. 北京：中央文献出版社，2011：164.

保护和发展民族资本的政策得到了民族资本家的拥护和支持，稳定了人心，产生了积极作用。许多金融业、工商业、运输业的重要人士也毅然留在国内迎接解放或解放初期即归国，参加新中国建设，这充分反映了中国共产党保护民族资产阶级思想、政策和措施的威力和感召力。

⑤ 新中国经济蓝图的设想

随着大陆的解放，新民主主义三大经济纲领得到了全面实施，不仅完成了民主革命的经济任务，而且为社会主义经济改造奠定了基础。在新中国的诞生已经近在眼前时，关于未来新中国的经济制度和建设方针的考虑也被提上了党的议事日程。

在《目前形势和我们的任务》中，毛泽东阐述了新中国的经济构成和党对经济工作的指导方针，指出："新中国的经济构成是：（1）国营经济，这是领导的成分；（2）由个体逐步地向着集体方向发展的农业经济；（3）独立小工商业者的经济和小的、中等的私人资本经济。这些，就是新民主主义的全部国民经济。而新民主主义国民经济的指导方针，必须紧紧地追随着发展生产、繁荣经济、公私兼顾、劳资两利这个总目标。"[①]1948年下半年，随着人民解放军在各个战场上的节节胜利，中共中央估计再有大约两年时间即可以从根本上打败国民党，因此全国胜利后如何建设新中国就成为全党更为迫切需要解决的问题。1948年9月，中共中央在河北省平山县西柏坡召开了政治局扩大会议，除了讨论战争形势和强调加强纪律性以及准备召开新政协会议等问题外，还专门讨论了新民主主义经济制度和经济政策问题，描述了未来新中国基本经济结构与党和国家的基本经济方针及发展方向。主

① 毛泽东.毛泽东选集（第四卷）[M].北京：人民出版社，1991：1256.

要内容如下:

第一,关于新中国的社会经济性质。毛泽东指出:"我们政权的性质前面已经讲过,是无产阶级领导的、以工农联盟为基础的人民民主专政。我们的社会经济呢?有人说是'新资本主义'。我看这个名词是不妥当的,因为它没有说明在我们社会经济中起决定作用的东西是国营经济、公营经济,这个国家是无产阶级领导的,所以这些经济都是社会主义性质的。农村个体经济加上城市私人经济在数量上是大的,但是不起决定作用。我们国营经济、公营经济,在数量上较小,但它是起决定作用的。我们的社会经济的名字还是叫'新民主主义经济'好。"①

第二,关于新中国的社会矛盾。毛泽东指出:"资产阶级民主革命完成之后,中国内部的主要矛盾就是无产阶级和资产阶级的矛盾,外部就是同帝国主义的矛盾。其次,内部还有民族矛盾,如汉族同藏族、新疆等少数民族的矛盾,同回族的矛盾,在一个民族内部也有矛盾。这可以用苏联的办法来解决。此外,在工农之间也有矛盾,但不是对抗性的矛盾,这可以在工农联盟内部通过供给机器、组织合作社、参加国家管理等予以解决。"②

第三,关于新中国的经济构成。刘少奇提出,新中国成立后,新民主主义经济主要由社会主义性质的国营经济、半社会主义性质的合作社经济、国家资本主义经济、私人资本主义经济、小生产经济等组成。其中国营经济处于领导地位。

第四,关于新中国对待私人资本主义经济的方针、政策。刘少奇提出,民主革命胜利后,在解放区搞经济工作,除对外反国

---

① 中共中央文献研究室,中央档案馆.建党以来重要文献选编(1921—1949)(第二十五册)[M].北京:中央文献出版社,2011:449.
② 中共中央文献研究室,中央档案馆.建党以来重要文献选编(1921—1949)(第二十五册)[M].北京:中央文献出版社,2011:455.

民党反帝国主义外，还要注意与私人资本家的斗争。斗争的方式是经济竞争。这种斗争的性质，是带社会主义性质的，虽然我们还不是实行社会主义的政策。这种竞争是贯穿在各方面的，是和平的竞争。这里就有个"谁战胜谁"的问题。我们竞争赢了，革命就可以和平转变，竞争不赢，社会主义性质的经济，就被资本主义战胜了，政治上也要失败，政权也可能变，那就再需要一次流血革命。因此，和平演变，今天还只是极大的可能性，并未最后确定，并没有解决，如犯重大错误，还是可以失败的。

1949年9月21日至30日，中国人民政治协商会议第一届全体会议在北平中南海怀仁堂召开，会议通过了《中国人民政治协商会议共同纲领》（以下简称《共同纲领》）。《共同纲领》集中代表和反映了当时中国共产党和全国人民关于新中国经济制度及发展方向的思想，主要阐述了下列经济思想和政策：

第一，关于新中国的经济纲领。《共同纲领》总纲中规定：中华人民共和国必须取消帝国主义国家在中国的一切特权，没收官僚资本归人民的国家所有，有步骤地将封建半封建的土地所有制改变为农民的土地所有制，保护国家的公共财产和合作社的财产，保护工人、农民、小资产阶级和民族资产阶级的经济利益及其私有财产，发展新民主主义的人民经济，稳步地变农业国为工业国。

第二，关于新中国经济建设的根本方针。《共同纲领》提出：中华人民共和国经济建设的根本方针，是以公私兼顾、劳资两利、城乡互助、内外交流的政策，达到发展生产、繁荣经济之目的。

第三，关于国家的经济职能。《共同纲领》提出：国家应在经营范围、原料供给、市场销售、劳动条件、农民和手工业者的个体经济、私人资本主义经济和国家资本主义经济，使各种社会经济成分在国营经济领导之下，分工合作，各得其所，以促进整个社会经济的发展。

第四，关于中央和地方的关系。《共同纲领》提出：中央人民政府应争取早日制订恢复和发展全国公私经济各主要部门的总计划，规定中央和地方在经济建设上分工合作的范围，统一调剂中央各经济部门和地方经济部门的相互联系。中央各经济部门和地方各经济部门在中央人民政府统一领导之下各自发挥其创造性和积极性。

第五，关于新中国的所有制结构和国家应采取的基本政策。《共同纲领》提出：国营经济为社会主义性质的经济。凡属有关国家经济命脉和足以操纵国民生计的事业，均应由国家统一经营。凡属国有的资源和企业，均为全体人民的公共财产，为人民共和国发展生产、繁荣经济的主要物质基础和整个社会经济的领导力量。合作社经济为半社会主义性质的经济，为整个人民经济的一个重要组成部分，人民政府应扶助其发展，并给予优待。凡有利于国计民生的私营经济事业，人民政府应鼓励其经营的积极性，并扶助其发展。国家资本与私人资本合作的经济为国家资本主义性质的经济。在有必要和可能的条件下，应鼓励私人资本向国家资本主义方向发展，例如为国家企业加工，或与国家合营，或用租借形式经营国家的企业，开发国家的资源等。

第六，关于新中国各方面的具体经济政策。《共同纲领》还就劳动、农林牧副渔业、工业、交通、商业、金融、财政等方面的发展提出了具体的方针政策。

第二章

中国共产党在新中国成立初期
与计划经济时期的经济建设

1949 年中华人民共和国成立，到 1978 年改革开放之前，中国
共产党领导全国人民完成了由新民主主义向社会主义的伟大
转变，并领导全国人民进行了新中国财经战线的"三大战役"、
制定了第一个五年计划。中国共产党将马克思主义与中国实际相
结合，成功建立起了社会主义经济制度。

一、从新民主主义经济向社会主义经济的转变

新民主主义经济制度是党在新中国成立以后推行的过渡性经
济制度。其"过渡性"的重要意义在于新民主主义经济制度为党
探索社会主义经济建设、整合国内在战后存留的经济发展条件和
积累社会主义经济建设经验的一系列进程争取了宝贵的时间。新
民主主义制度短暂而有效的施行，使得新中国具备了进行社会主
义经济建设的基础，并且有力回击了共产党不擅长进行经济建设
的外界质疑。

1. 新民主主义经济制度指导思想的特征

在抗战末期，如何在共产党的领导下开展社会主义经济建设，
是党在抗战胜利之后面临的一大难题。其困难之处主要来自理论

和现实条件两个层面。在理论层面，主张直接进行资本主义经济建设的右倾思想和主张越过现实条件直接进行社会主义经济建设的"左"倾冒险主义，两种较为偏激的思想之争长期存在于党内。另一方面，抗日战争和解放战争对经济发展产生了巨大的影响，残留下来的经济成分复杂多样。毛泽东将战后阶段所要进行经济建设的大背景条件总结为"国营经济、自由资本主义经济和农民个体经济三种重要经济成分所构成的混合经济"。党要进行社会主义经济建设，就需要对不同经济成分进行有的放矢的改革，在经济的恢复过程中同时为进一步地有计划地建设社会主义经济体系做好准备。

从多种所有制经济成分并存的局面过渡到社会主义经济，新民主主义经济制度的指导思想以两个鲜明的特征完成了过渡目标。

首先，明确战后中国经济应当是社会主义性质的，而社会主义性质的保证则由中国经济中的国营经济来实现。对于战后中国经济的发展，毛泽东最早在《新民主主义论》中强调，"中国的经济一定要走'节制资本'与'平均地权'的路"，同时明确了"无产阶级领导下的新民主主义共和国的国营经济是社会主义性质的，是整个国民经济的领导力量"。"节制资本"指出了中国所要进行的经济建设并不能任由资本的野蛮发展，而是要对资本进行管控。这在新中国成立初期的经济成分分类中尤其突出。清除完全有害的资本、允许部分小个体资本的发展，其最终目的在于确保国家对于社会生产的把控，并且在此基础上确保社会生产能够为社会主义的经济建设服务。另一方面，平均地权即取消土地的私人所有，将农民从封建的土地所有制中解放出来，实现耕者有其田，从而得以提高农村的生产力。在七届二中全会中再次明确了"在恢复和发展生产的问题上，必须确定：国营工业生产第一，私营工业第二，手工业生产第三。重点是工业，工业中的重点是重工业，这是国营的"。为了满足新中国成立初期在国防方面的需要，党的经济发展重心放在了重工业建设上面，而且这些重工业必须要掌握在国家手中。因此，国营工业在新民主主义经济制度中占据了绝对的中心位置。

其次，明确新民主主义经济制度是基于战后中国经济之中多种所有制经济成分并存的现实，有针对性地为每一种经济成分制定分阶段的转型或者改造方向。在新中国成立以前，各种经济成分的发展都受到了战争环境所带来的不同程度的影响和破坏。帝国主义的压迫、国民党官僚资本的压迫、农村地主对大部分土地的占有都严重阻碍了经济的发展。同时由于战时市场的不稳定性，市场投机行为十分严重，囤积居奇的商人横行于市场之中。因此在新中国成立以后，经济建设的首要挑战便是来自于这些复杂多样的经济成分如何能够通过改造成为建设社会主义经济的有利条件。值得一提的是，新中国成立后短期内的整合多种所有制成分混合的经济条件与后续的"一化三改"改革存在较大不同，它延续了解放战争时期的团结友好阶级的思路，主要的对象是国民党统治时期的农村中存留的封建残余、官僚垄断资本掌控下的产业以及威胁市场稳定的投机倒把个体商人。新民主主义经济制度对于这些复杂多样的经济成分的引导和改造思路，基本上是对毛泽东在抗日战争时期提出的"没收封建阶级的土地归农民所有，没收蒋介石、宋子文、孔祥熙、陈立夫为首的垄断资本归新民主主义的国家所有，保护民族工商业。这就是新民主主义革命的三大经济纲领"这一方向的延续。

从这两点特征可以看出，党在新中国成立初期实行的新民主主义经济体制是十分谨慎的。这种谨慎源自于党在经济建设领域缺乏必要的经验支持。尽管有苏联的经验摆在眼前,但中国当时的发展水平尚未达到苏联进行社会主义经济建设的起点。其中最突出的一点是中国并没有建成过完整的工业化体系。俄国十月革命爆发的现实基础是充分发展的工业体系造就的庞大产业无产阶级队伍。完备的工业体系使得苏联具备直接进行社会主义经济建设的条件。而中国在近代以来除了在国外资本和国内官僚垄断资本之间的夹缝中生存的民族产业以外,工业的发展几乎一片空白。新民主主义经济制度是为了未来的社会主义工业化建设作准备,因此以国营工业为首的工业体系建设被放在了恢复经济的首要位置。

2. 国民经济的恢复和发展

新中国成立之初,解放战争尚未完全结束,共产党面临严重的经济困难:工农业生产锐减,商品流通阻塞,通货膨胀严重,军政费用大量增加,国家财政出现巨大赤字。一些民族资产阶级分子对共产党领导经济的能力表示怀疑,投机者乘机囤积居奇,哄抬物价,破坏金融管理,更加重了经济的困难。

（1）稳定金融、物价

要恢复国民经济,首先要解决当时遍及全国、危害严重的金融投机和物价猛涨问题。中国共产党正确分析了当时的形势,决定以上海等大城市为主阵地,开展反对金融投机和物价猛涨的斗争。当时上海是资产阶级进行金融投机的中心,他们进行银元投机,排斥新生的人民币。制止银元投机有两种方法。一是用经济手段,首先投入大量银元,以压低银元的市场价格,再代之以人民币,但由于投机势力强大,这一方法很难奏效。中国共产党决定采用政治的方法加以解决，通过舆论、组织等方面的周密准备，上海市军事管制委员会于 1949 年 6 月 10 日关闭了作为银元投机中心的上海证券交易所，逮捕了一批严重违法的金融投机者，并实施金融管理办法，禁止黄金、白银、外币在市面流通，代之以人民币。自此人民币迅速占领了上海市场，这也很快影响了整个解放区，人民币在各地的地位终于确立，为遏制物价上涨准备了条件。

采用政治手段制止金融投机取得成功，主要原因在于：金融投机者毕竟只是一小部分人，广大群众作为受害者对此也是深恶痛绝，中国共产党和新生的人民政府在群众中具有很高威望，因而这一举措能得到群众拥护。

但稳定物价不能用政治手段。物价猛涨是物资匮乏导致的，不仅资产阶级囤积居奇牟取暴利，一般群众也试图增加购买减少物价猛涨带来的影响，打击一两个投机者收效甚微，只能考虑其他方法。而且，在银元投机失败后，资产阶级将投机重点转向棉布、粮食、煤炭等与人民生活密切相关的商品上，引起群众抢购。针对这种情况，中国共产党决定在全国范围内集中有关物资，用在大城市集中抛售的方法打击投机者，平抑物价。1949 年 11 月 3 日，时任中央财政经济委员会主任的陈云起草指示，详尽分析了当时物价上涨的形势，并做了周密部署。该指示提出：①在当时想以少量物资拖住物价，必然消耗了实力，物价仍不能稳住，在目前物价已经涨了两倍的情况下，稳住的可能已经存在，各地应以全力稳住。②其方法是，目前各地经济贸易公司，除必须应付门售者外，暂时不宜将主要物资大量抛售，应从各方调集主要物资于主要地点，并力争于 11 月 25 日（至迟 30 日）完成，预定 11 月底 12 月初于全国各主要城市一齐抛售。遏制涨风，并给投机商人以适当教训。目前抢购风盛时，我应乘机将冷货、呆货抛给投机商，但不要给其主要物资。③准备工作有两个方面：一是在全国范围内大量调集物资，东北运粮供京津需要，调整汉口、上海两地纱布存量以便行动，将陇海路沿线寄存纱布运到西安，并调拨粮食应付棉产区粮食销售。二是紧缩银根，人民银行总行及各主要分行除特殊需要而批准者外，其他贷款一律暂停。在此期间，应按约收回贷款。各大城市应将几种能起收缩银根作用之税收，于11月25日左右开征。工矿投资及收购资金，除中财委认可者外，由各大区财委负责一律暂停支付。军费不得投入商业活动，地方经费只要可能均应延缓半月或20天，此外还收缴债款，要求资本家按时发放工资而且不准关厂，公家的钱只能存放国家银行。

各地按统一部署实施了这些决策，特别是集中抛售物资和收紧银根这两项主要措施，给了哄抬物价的投机商以歼灭性打击，物价猛涨得到了初步遏制，恶性通货膨胀得到了控制。这场胜利成了财政经济状况根本好转的前奏，极大地提高了共产党在群众中的威信，民族资产阶级也为之折服。毛泽东曾高度评价这一胜利，认为其意义不亚于淮海战役。

（2）统一财政经济

由于历史上解放区被敌人分割等原因，新中国成立初期全国财政经济并不统一，这对稳定财政经济进而开展生产建设极为不利。1949年冬，中国共产党确定了全国财政经济实行统一管理的方针，1950年3月3日，中央人民政府政务院发布了由陈云起草的题为《统一财政经济工作》的十条决定，主要内容如下：统一全国的财政收支，使国家收入的主要部分统归国库，集中使用于国家的主要开支，以求财政收支平衡；统一全国物资调度，使粮食、布匹、工业企业等由分散状况集中起来，由国家统一掌握，一边调节供求，控制市场，打击投机资本；统一全国现金管理，把所有属于国家但是分散在各机关、部队、企业的现金，由中国人民银行统一管理、集中调度，以减少市场上货币流通的数量，控制通货膨胀。这三个统一，对于平衡收支、稳定物价，扭转当时的财政经济困难局面，起了重大作用。正如陈云指出的："只要严格实行政务院关于统一国家财政经济工作的决定，熬过几个月的困难，我们很有理由希望财政情况逐渐好转，财政情况的好转，直接关联到国家经济和人民生活。""统一国家财经工作，将不仅有利于克服今天的财政困难，也将为今后不失时机地进行经济建设创造必要的前提。"① 这一决定更深层的意义还在于它奠定了中华人民共和国的财政制度的基础。

经过中国共产党的努力，1950年3月以后出现了财政收支接近平衡、市场物价趋于稳定的新局面。1950年3月批发物价指数为100，当年12月则下降为85。中国共产党实现了稳定财政经济的目标。

在这期间，通过一系列有效的措施，农业、工业、交通等也得到了恢复和发展。在农业方面，随着封建的地主阶级被逐步清除，农民拥有了自己的土地，其生产热情也随之高涨。加上国家在1950年至1952年间推行的一系列水利设施建设、助农贷款、技术推广以及平稳作物价格的政策，农业总产量达到了历史最高水平。1952年，比1949年农业产量增加了48.5%，农业总产值达到483.9亿元。

在工业方面，将原国民党垄断资本控制下的工业收归国有以及党将工业恢复生产作为城市发展重点的政策，使得工业在新民主主义经济制度实行期间得到了更大的增长。1952年工业产值达

---

① 陈云. 陈云文选（第二卷）[M]. 北京：人民出版社，1995：74.

到 343.3 亿元，比 1949 年增加了 144.9%。工业在工农业总产值中所占到的比重持续增加，1952 年达到 41.5%，其中现代工业贡献了 26.6%。主要工业产品，包括铁、钢、原煤、发电量、化肥等都得到了较大幅度的增长。生产的技术水平也在恢复期间进行有效改革，工业产量在恢复中也得到了较大的发展。此外，除了原有的城市及其周边的工业以外，部分较小的工业企业开始往内陆转移建厂，这为以后的三线工业布局打下了一定的基础。

在工农业经济恢复以外，交通道路建设也作为新民主主义经济制度施行期间的一个重点工作。在 1949 年至 1952 年间，交通道路建设的重心是铁路建设。尤其是在抗美援朝战争爆发之后，为了加快前线物资的运送，铁路铺设和提高火车运输效率等一系列措施陆续得以实现。截至 1952 年年底，全国铁路铺设里程达到 24518 公里，铁路运输效率在 1952 年达到 601 亿吨 / 公里。公路、航运、空运三种交通方式在这期间也得到了较大的改善。其中公路的通车里程从新中国成立初期的 80768 公里增长到 1952 年的 126675 公里，航运从新中国成立初期的零航线增长到了 1952 年的 13123 公里。

人民的生活在经济恢复期间得到了较大改善。具体体现在物价稳定、就业稳定以及科教文卫事业均得到了较好的发展。新民主主义经济制度恢复的不仅仅是各行业部门的经济活动，更重要的是激发了人们对于经济建设的积极性。

③ 争取国家财政经济状况的根本好转

在国家财政经济开始好转，但尚未根本好转之际，1950 年 6 月，中国共产党召开了七届三中全会，毛泽东作《为争取国家财政经济状况的基本好转而斗争》报告，提出了进一步争取财政经济好转的方针。毛泽东认为，要获得财政经济情况的根本好转，需要三个条件：土地改革的完成，现有工商业的合理调整，国家机构所需经费的大量节减。围绕上述三个条件，毛泽东指出了全党、全国人民应做的八项工作：有步骤、有秩序地进行土地改革；巩固财政经济工作的统一管理和统一领导，巩固财政收支的平衡和物价的稳定；复员一部分军队和进行行政系统的整编；有步骤、谨慎地进行旧有学校教育事业和旧有社会文化事业的改革工作，争取一切爱国的知识分子为人民服务；认真开展对失业工人、失业知识分子、灾民的救济工作；认真团结各界民主人士；坚决肃清一切危害人民的土匪、特务、恶霸及其他反革命分子；开展整党整风。毛泽东还提出了"不要四面出击"的战略策略。他指出："四面出击，全国紧张，很不好。我们决不可树敌太多，必须在一个方面有所让步，有所缓和，集中力量向另一方面进攻。我们一定要做好工作，使工人、农民、小手工业者都拥护我们，使民族资产阶级和知识分子中的绝大多数人不反对我们……我们的政策就是这样，我们的战略策略方针就是这样，三中全会的路线就是这样。"① 毛泽东讲话和报告中制定的争取财政经济根本好转的各项方针策略，指引着中国共产党开始了新的实践。

（1）土地改革的新思想

土地改革是中国民主革命的主要内容。中华人民共和国成立后进行的全国范围的土地改革，是彻底完成民主革命的决定步骤，同时对于进一步争取财政经济状况的好转、恢复国民经济皆具有重要意义。毛泽东将土改的完成作为争取财政经济基本好转的首要条件。1950 年 6 月，全国政协一届二次全委会讨论通过了中共中央建议的土地改革法草案和刘少奇所作的《关于土地改革问题

---

① 中共中央文献研究室. 建国以来重要文献选编（第一册）[M]. 北京：中央文献出版社，1992：260.

的报告》。6月30日，中央人民政府主席毛泽东颁布命令，公布实施《中华人民共和国土地改革法》，在新解放区开展了轰轰烈烈的土改运动。中国共产党为土改制定了总路线：依靠贫农、雇农，团结中农，中立富农，有步骤地、有分别地消灭封建剥削制度，并实行保护民族工商业的政策。这一总路线和之前政策相比，由过去的征收富农多余的土地财产改为保存富农经济。毛泽东论述实行这一新政策的原因是：防止土改中的"左"的倾向；集中力量打击地主，减少社会震动；稳定民族资产阶级。

（2）调整工商业

物价初步稳定，全国财经工作统一之后，私人资本主义工商业普遍遇到了产品滞销、资金周转不灵等困难。反投机斗争使一部分民族资产阶级伤了元气。物价受到控制后，当时购买力极其低下的广大群众不仅不需要抢购，而且不少工商业者还将以前囤积的物资卖出，形成若干物资供过于求的情况。由于国民经济正在进行改组，适应过去的半殖民地半封建社会的一些工商业失去了市场，无法维持下去，国营经济的建立发展更挤占了私人资本主义的不少市场。面对私人资本主义的萎缩状况，当时党内有两种意见。一种意见主张乘机对这些私人企业实行公私合营，提前完成社会主义革命，但毛泽东、陈云、周恩来等不赞成这种意见。他们认为，在当时生产力尚处于落后状况形势下，还可以充分发挥私人资本主义的作用。"有些人认为可以提早消灭资本主义实行社会主义，这种思想是错误的，是不适合我们国家的情况的。"[①]他们主张合理调整工商业，使私人资本主义得到适当恢复和发展，以利于国计民生。在国营经济强大、财政经济状况开始好转的情

---

① 中共中央文献研究室.建国以来重要文献选编（第一册）[M].北京：中央文献出版社，1992：254.

况下，"我们更应该注意统筹兼顾，既照顾到我们这一边，也要照顾到他们那一边。否则资本家的企业就会垮台，职工失了业就会埋怨我们。我们要搞计划经济，如果只计划公营，而不把许多私营的生产计划在里头，全国的经济计划也无法进行"①。"在统筹兼顾的方针下，逐步地消灭经济中的盲目性和无政府状态，合理地调整现有工商业，切实而妥善地改善公私关系和劳资关系。使各种社会经济成分，在具有社会主义性质的国营经济领导之下，分工合作，各得其所，以促进整个社会经济的恢复和发展。"②毛泽东这段话不仅论述了调整工商业的必要性，实际上还提出了调整工商业的内容，包括调整公私关系、劳资关系和产销关系。

对于调整公私关系：一是在巩固财政经济工作的统一管理、统一领导，巩固财政收支平衡和物价稳定的前提下，调整税收，酌量减轻人民负担。二是正确对待私营工商业，这是调整公私关系的重点，中心是确保国营经济领导地位的前提下，适当扶持私营工商业，通过加工订货，有步骤地组织私营工厂的生产和销售，公私工厂分配订货，要有一个适当的比例，大体照顾到公私双方。

对于调整劳资关系，其基本方针就是劳资两利。周恩来对这一方针进行了阐述：其一，劳资两利"并不是把劳资两个方面平列起来。人民的国家是以工人阶级为领导的，在劳资关系上，我们要采取保护劳动的政策"。其二，对私人资本采取限制政策，"对有利于国计民生的私人企业要鼓励它经营，对有害的则要禁止"，对于资方也要给予适当的利润。其三，工人不应该为了眼前的利

---

① 中共中央文献研究室．建国以来重要文献选编（第一册）[M]．北京：中央文献出版社，1992：262.
② 中共中央文献研究室．建国以来重要文献选编（第一册）[M]．北京：中央文献出版社，1992：254.

益要求过高的工资，那样会使资方无法经营，而企业倒闭，结果会弄得自己失业。所以不要为一时的利益而损害长远的利益。

对于调整产销关系，最主要的方法是通过计划调节、加工订货的手段，来克服产销无政府状态。陈云提出"想一年分两次，把全国军队、政府等方面的订货单子集中起来，然后分配到各地。过去社会上的生产是无计划的，我们来一个有计划，能集中的东西统统集中，以便于组织订货。这是逐步消灭无政府状态的手段"。[1]他还提出要用适当的方法公告国人，工业生产哪些已经过剩，哪些已达饱和点，避免再向这些方面盲目投资。

（3）节减军政费用

当时陈云提出，在目前的财政收支情况下，有两点是不可避免的：第一，要大量裁减国家机构的经费。现在军费占40%多，政费占23%，10%的预备费，大部分也是用在军政费上的。第二，工业投资规模不能过大。周恩来曾设想1951年的经济计划中，减少军费，增加基本建设费和文教费，把军费由当年占预算的43%减为第二年的30%，以全部概算的70%投入经济建设、文教事业等，并考虑改善公教人员的生活，收购农民的余粮，发展日用品的生产。毛泽东也提出在保障有足够力量用于解放台湾、西藏，巩固国防和镇压反革命的条件之下，人民解放军应在1950年复员一部分，保存主力。必须谨慎地进行此项复员工作，使复员军人回到家乡安心生产。行政系统的整编工作是必要的，亦须适当地处理编余人员，使他们获得工作和学习的机会。节减军政费用为改善国家财政经济状况，改善人民生活，支持经济建设起了重要作用。

---

① 中共中央文献研究室.建国以来重要文献选编（第一册）[M].北京：中央文献出版社，1992：262.

（4）抗美援朝开始后财经工作的新方针

七届三中全会召开不久，朝鲜战争爆发。中国共产党领导全国人民开展了轰轰烈烈的抗美援朝保家卫国运动。在这一新形势面前，中国共产党提出了与之相适应的新的财政经济方针，即一切服从战争，首先以财力、物力保证战争的胜利，其次是保持国内市场的稳定，最后才是各种经济和文化建设的支出。当时称此为"边抗、边稳、边建"的方针，或称"国防第一，稳定市场第二，其他第三"的方针。陈云认为，物价、市场的稳定，关系群众切身利益，关系到政治安危，物价关系到财政、金融、贸易等方面的平衡，物价稳定以后，才出现金融稳定、市场活跃的局面。而稳定市场，所用的方法就是求得收支平衡、削减以至消灭赤字，而不是用多发钞票弥补赤字。这样才能真正实现市场物价的稳定。陈云提出，为避免赤字，对于支出必须按"没有钱可以不办，可以缓办"的原则，并要增加财政收入，要扩大农副产品购销，扩大城乡交流，促进农业增产，加强经济管理和核算等措施。

4. 社会主义工业建设

从过渡时期到第一个五年计划制定之间，中国经历了较为短暂的社会主义工业建设时期。严格来说1951年到1952年间，在1950年国民经济得以恢复的基础上，社会主义工业化建设进一步扩大规模和工业种类，是新民主主义经济制度下经济建设的延续。将这两年的经济建设单独划分出来，其主要原因在于这个较短时期内的社会主义工业建设受到了苏联的帮扶，从而使得工业化建设的进度大大加快。在这一时期的工业化建设成果为下一步制定五年计划的具体内容奠定了基础。

从1950年开始，迫于朝鲜战争局势的压力，中国开始了抗美援朝战争。这在国民经济刚得到恢复的中国，无疑是一个巨大的挑战。军费支出提高了财政压力，而且刚刚经过整顿的市场又借着战争之机出现了哄抬物价、囤积居奇的态势。甚至有承接了抗美援朝战争前线的物资需求的供应商在产品的质量上面造假。来自朝鲜半岛的战争压力和国内市场秩序的松动隐患，是这一时期经济建设面临的主要挑战。在这个特殊阶段，中国与苏联的关系逐步升温。苏联在 1950 年与中国签订了 150 项产业帮扶协议，从 1951 年开始逐渐得到落实。这有力地推动了国营经济规模的发展。

尽管受到了战争的影响，但在这一时期中国还是完成了 1951 年提出的"三年准备，十年计划经济建设"（包括 1950 年）的目标。经过了两年的发展，国营经济从新中国成立初期的整顿、收归逐步过渡到国营企业内部改革、扩大规模的发展阶段。在国营企业内部，原有的官僚资本压迫制度为新的领导机构和有工人代表参与的民主制度取代，工人们的生产热情空前高涨。从全局角度来看，国营经济的快速发展逐步降低了个体经济在总体中所占有的比重，提高了集体经济的占比，进一步地实现了符合社会主义制度的经济建设目标。

二、社会主义改造与计划经济体制的确立

从 1952 年下半年起，随着恢复国民经济任务的胜利完成，中国共产党酝酿和制定了过渡时期总路线，正式开始了从新民主主义向社会主义的转变。

1. 党在过渡时期的总路线

国民经济的顺利恢复，为开展大规模的经济建设和向社会主义转变提供了现实条件，党开始提出过渡时期总路线。1952 年 8 月，为制定我国发展国民经济的第一个五年计划和确定苏联援助建设的项目，周恩来率代表团访问苏联。1952 年 8 月 28 日，周恩来向斯大林报送了一份《三年来中国国内主要情况及今后五年建设方针的报告提纲》。其中提出，根据目前中国国内和国外的主要情况，毛泽东提出了"边打、边稳、边建"的方针，确定从 1953 年开始进行以五年为一期的国家建设，并保证中国向社会主义前途迈进。这个提纲还提出了有关通过国家资本主义将私人资本主义工业控制在国家手中，在个体农业中积极发展互助合作组织等方针政策。1953 年 8 月，毛泽东在批阅周恩来在 1953 年夏季全国财经工作会议上所作的结论时，第一次正式用文字对过渡时期总路线进行了表述："从中华人民共和国成立，到社会主义改造基本完成，这是一个过渡时期。党在这个过渡时期的总路线和总任务，是要在一个相当长的时期内，基本上实现国家工业化和对农业、手工业、资本主义工商业的社会主义改造。这条总路线，应是照耀我们各项工作的灯塔，各项工作离开它，就要犯右倾或'左'倾的错误。"①

党在过渡时期总路线的实质，就是使生产资料的社会主义所有制成为我国国家和社会的唯一的经济基础。毛泽东依据斯大林关于生产关系的基础就是所有制的观点，认为总路线就是逐步改变生产关系。在他看来，"只有完成了由生产资料的私人所有制

---

① 中共中央文献研究室.毛泽东文集（第六卷）[M].北京：人民出版社，1999：316.

到社会主义所有制的过渡，才利于社会生产力的迅速向前发展，才利于在技术上起一个革命，把在我国绝大部分社会经济中使用简单的落后的工具农具去工作的情况，改变为使用各类机器直至最先进的机器去工作的情况，借以达到大规模地出产各种工业和农业产品，满足人民日益增长着的需要，提高人民的生活水平，确有把握地增强国防力量，反对帝国主义的侵略，以及最后地巩固人民政权，防止反革命复辟这些目的。"①

党在过渡时期总路线在总体上是符合中国历史发展方向的，它的提出，反映了党对中国社会、经济的新认识，对中国历史的发展产生了重大影响。

② 对农业的社会主义改造

农业社会主义改造，即农业合作化运动，是中国共产党在新中国成立初期所做的重要工作。这一运动在中华人民共和国成立后即已开始，到1956年基本完成。

土地改革完成后，对我国农业要在发展的基础上逐步向社会主义过渡这个基本方向，党内意见是一致的，并及时引导农民走互助合作的道路。1951年12月，中共中央制定《关于农业生产互助合作的决议（草案）》，规定了农业生产互助合作的路线、方针和办法，要求各级党委根据需要和可能的条件，按照积极发展、稳步前进的方针和自愿互利的原则，逐步引导农民走集体化的道路。1953年3月，中共中央下发《关于缩减农业生产和互助合作发展的五年计划数字给各大区的指示》，要求各大区将原定计划压缩，并转发《华北局关于纠正农业生产合作社发展中的盲

---

① 中共中央文献研究室.毛泽东文集（第六卷）[M].北京：人民出版社，1999：316.

目冒进偏向的指示》等文件，很快纠正了急躁冒进的倾向。从全国来看，农业互助合作组织由于工作比较扎实，生产组织程度比较适当，当年有90%以上的互助组、合作社增产，显示了农业合作化的优越性。在发展农业互助合作组织的同时，国家进一步加强了经济上对农业生产的扶持，适当提高农副产品的收购价格，坚持实行依税率计征、鼓励增产的税收政策，增加农用生产资料的供应量，扩大农田水利建设规模，有力地支持了农业增产，推动了农业合作化运动的发展。

1953年12月，中共中央在总结农业生产互助经验的基础上，作出《关于发展农业生产合作社的决议》，决议认为，农村工作的中心任务，是要发展互助农业，以提高农村的生产力。决议指出，引导个体农民经过具有社会主义萌芽性质的互助组，到半社会主义性质的初级社，再发展到社会主义性质的高级社，是对农业进行社会主义改造的正确道路。决议还提出农业合作化必须遵循的自愿互利、典型示范和国家帮助的原则，积极领导、稳步前进的方针和依靠贫下中农、团结中农的政策，逐步引导农民走合作化道路。到1954年底，初级社发展到48万个，这些合作社大部分是增产的，合作化运动的发展是健康的，但在大发展过程中，一些地区也出现了发展过急过猛的急躁冒进倾向。

1955年1月，中共中央发出《关于整顿和巩固农业生产合作社的通知》，要求各省区根据不同情况作出规划：凡是基本上完成发展计划的应停止发展，全力转向巩固；未完成计划的地区，应有准备地在巩固中继续发展；计划过高的可报中央农村工作部批准适当收缩，对仓促铺开的地区应进行整顿。通知发出后，农业生产合作社继续有所发展，到1955年4月，达到67万个；到6月底，全国农业合作社65万个，相比4月减少了2万个。

1956 年春起，农业合作化运动转入建立高级农业生产合作社的阶段。1956 年 6 月，全国人民代表大会一届三次会议通过并公布了《高级农业生产合作社示范章程》，各地根据这个章程对已经建立的高级社进行整顿和巩固，并继续发展高级社。到 1956 年年底，入社农户已达 1.17 亿户，占全国农户总数的 96.3%，其中加入高级社的占 87.8%。至此，农业的社会主义改造基本完成。

农业合作化过程中，也存在一些缺点和偏差，如推进过急、方式过于简单。但从总体上看，引导个体农民走合作化的道路是完全正确的，农业合作化的成绩是伟大的。农业合作化的胜利，使广大农民群众彻底摆脱了小块土地私有制的束缚，走上了合作经济的广阔发展道路，进入了建设社会主义农村的历史时期，并为实现国家工业化和推进对资本主义工商业的社会主义改造创造了有利条件。

3. 对手工业的社会主义改造

1953 年 11 月，在第三次全国手工业生产合作会议上，中共中央号召把手工业者组织起来，走社会主义道路。会议指出，手工业合作组织必须根据生产需要和手工业劳动群众的觉悟程度，采取群众所能接受的形式，由群众自愿地组织起来。会议确定了对手工业进行社会主义改造的方针和政策。方针是积极领导，稳步前进；方法是从供销入手，实行生产改造；步骤是由小到大，由低级到高级。会议总结了新中国成立以来试办手工业合作组织的经验，明确提出了三种组织形式：第一种是手工业生产小组，首先从供销方面把手工业劳动者组织起来，有组织地购买原料、推销成品或接洽加工业务。这是广泛组织手工业劳动者的初级形式。第二种是手工业供销生产合作社，是由若干手工业劳动者或几个手工业生产小组组织起来，统一购买原料、推销成品，统一承揽加工订货，并以业务经营中的积累来购置公有的生产工具，进行部分的集中生产，逐渐增加社会主义因素。第三种是手工业生产合作社，这是手工业社会主义改造的高级形式。其中一部分合作社的主要生产资料已完全归社员集体所有，完全按劳分配，已经是完全社会主义性质的生产合作社。还有一部分合作社的主要生产资料尚未完全成为集体所有，实行工具入股分红，统一经营，收益的一部分采取按劳分配，这是半社会主义性质的生产合作社。

此次会议后，对手工业的社会主义改造全面展开。到1954年年底，全国手工业合作组织达到4.17万个，社（组）员121.35万人，当年产值11.7亿元，相当于1953年的2.3倍。手工业的供销生产合作很有生气，社（组）员劳动积极性非常高，劳动生产率也相应提高，发挥了组织起来的优越性。1955年，根据党中央的要求，全国各地进一步加强了对手工业工作的领导，经常进行监督和检查，及时予以工作上的指导和帮助，使这一时期手工业合作化得到积极、稳步、健康的发展。到1955年上半年，手工业合作组织已发展到5万个，人数近150万人。1955年下半年，在农业、资本主义工商业改造的高潮中，手工业改造的速度也加快了。其间也曾在手工业内部和外部关系上出现过一些问题，主要表现在组织形式上的盲目合并，原有供、产、销关系被打乱等方面。党中央发现并注意到这些问题，要求予以纠正。各地对这些问题进行纠正后，手工业生产合作社普遍增加了生产，提高了收入，体现了集体经济的优越性。1956年6月底，组织起来的手工业者，已占手工业者总数的90%。1956年年底，全国手工业合作社（组）已发展到10.4万个，社（组）员达到603.9万人，占全部从业人员的 91.7%。其中，高级形式的手工业生产合作社发展到 7.4 万个，社员 484.9 万人。合作化手工业的产值 108.76 亿元，占手工业总产值的 92.9%。至此，手工业由个体经济向集体经济的转变基本完成。

④. 对资本主义工商业的社会主义改造

1949 年 3 月召开的党的七届二中全会上，中国共产党确定了对资本主义工商业实行利用、限制的方针。对资本主义工商业的社会主义改造从新中国成立之初接收大城市起就已开始。当时将私营企业中的战犯、汉奸、官僚股权收归国有，实行公私合营；统一财经管理、平抑物价时，为取缔投机倒把，中国人民银行与私营银行、钱庄开始实行联营，随后又实行公私合营，实际上拉开了改造资本主义工商业的序幕。

1950 年到 1953 年，是实施初级形式的国家资本主义阶段。1950 年工商业合理调整的重要措施之一，就是由国营企业向私营工厂实行加工订货，统购包销，这就是把私营企业纳入国家资本主义的初级形式。到 1952 年年底，加工、订货、统购、包销和收购产品的产值已占私营工业总产值的 56%。从 1953 年 10 月起，国家陆续对粮食、油料、棉花等主要农产品及棉纱、棉布等人民必须的工业品实行统购统销的政策，对煤炭、钢材、生铁等重要工业原料实行计划供应，使其脱离自由市场，国家不仅从供销两头卡住了私营工业，同时又限制了私商，在商业领域出现了经销代销等国家资本主义的初级形式。初级形式的国家资本主义，生产关系仍属资本家所有，企业基本上还是按资本主义方式经营，只是在企业外部即流通领域同社会主义国营经济发生联系。它的生产和经营在一定程度上纳入了国家计划轨道，限制了资本主义的活动范围；它的利润按照"四马分肥"的原则进行分配，在一定程度上限制了资本家的剥削。

过渡时期总路线公布后，资本主义工商业的社会主义改造工作进展顺利。从 1954 年到 1956 年，国家资本主义进入高级形式，即公私合营阶段。公私合营又分为单个企业的公私合营和全行业公私合营两步。1954 年 1 月，中央财经委员会召开拓展公私合营工业计划会议，决定在几年内首先分期分批将 10 人以上的资本主义工业企业改造为公司合营企业。到 1954 年年底，实行公私合营的工业户已有 1764 户，占全部私营工业的 1%，但因为是大户，产值占 33%，职工人数占 23%。公私合营后，企业由公私双方共有，接受国家的领导，由公私双方代表共同负责经营管理，企业的生产基本纳入国家计划的轨道，生产的目的由追求利润变为以满足国计民生的需要为主；企业利润仍按"四马分肥"原则进行分配，资本家的剥削在更大程度上受到限制。这时，社会主义国营经济与资本主义经济在企业内部进行合作，因而企业已经具有半社会主义性质。

1955 年，中共中央决定对资本主义企业实行"统筹兼顾、合理安排"的方针，采取以大带小、以先进带落后的办法进行联营合并。1955 年 11 月，党中央讨论通过了毛泽东主持制定的《中共中央关于资本主义工商业改造问题的决议（草案）》，确定要把对资本主义工商业的改造工作推进到一个新的阶段，即从个别实行公私合营阶段，推进到全行业公私合营阶段。全行业公私合营后，企业完全由国家统一支配，企业的经营管理直接纳入国家计划，资本家对企业的支配权只表现在领取私股的固定利息上（一般年息为 5%）。定息是资本家凭借原有的生产关系占有剩余价值的一种特殊形式，仍是资本家的剥削收入。但在这些企业里资本家不只是退出了生产领域，他所能得到的是以定息形式表现出来的那一部分剩余价值，也同原来的企业断绝了联系，整个企业已归国家所有，基本上成为社会主义的企业。

全行业公私合营后，大多数公私合营企业合理调整了劳动力，集中了技术力量，提高了设备利用率，使企业得以充分发挥生产潜力。国家更充分地利用公私合营这部分企业发展生产，活跃经济，积累资金，培训工人和管理干部，促进了整个国民经济的发展。

⑤ 第一个五年计划的制定

1953 年，中国共产党领导全国人民开始实行发展国民经济的第一个五年计划（1953—1957 年）。这是新中国制定的第一个国家经济建设计划，这个计划体现了党在过渡时期总路线的要求，是推进国家工业化的计划。

国民经济在新民主主义经济制度的施行以及社会主义工业建设具有初步规模之后，需要从恢复阶段转入稳定的工业建设发展阶段，由此第一个五年计划应运而生。依照过渡时期党对国内经济建设的规划，在国内实现社会主义工业化是党的经济政策的核心。党从 1951 年就开始着手进行“一五”计划的编制工作，但由于受到经验的缺乏、实际经济情况的掌握不完整和朝鲜战争的爆发等诸多因素的影响，直到 1955 年才完全确定下来“一五”计划的具体内容。此外，由于国内早期进行工业化建设的经验主要来源于苏联在中国的 156 个援建项目（1950 年确定的 50 个项目，1953 年新增的 91 个项目以及 1954 年的 15 个项目，并称为苏联援建的 156 项工程），具体援建项目的落实进度也对“一五”计划的编写带来诸多影响。尽管计划的最终确定是在 1955 年，但对诸多领域的计划指标早在 1953 年就开始付诸实施。

"一五"计划建设指标的确定主要来源于两个方面，一是国内经济恢复时期党对各个生产领域的观察，二是苏联对中国工业的援建项目。根据 1952 年的统计，尽管国内经济已经从战乱环境中得到了较大的恢复，但中国的工业水平还远远落后于苏联在 1928 年的工业水平。此外，1952 年年底的国民收入的统计显示，个体经济占 71%，远高于国营经济的 19.1%，合作社经济的 1.5% 等社会主义性质或者半社会主义性质的经济成分。个体经济中还出现大量的投机倒把、囤积居奇、哄抬物价等扰乱市场秩序和威胁经济稳定的负面行为。针对国民经济中存在的问题，党在"一五"计划期间以"一化三改"（工业化，农村合作社改造，手工业改造，私人资本公私合营改造）为重心开展有计划的经济建设。

首先是工业化建设。工业化建设贯穿于整个"一五"计划，同时在苏联的帮助下实现了国营工业的生产布局。"一五"计划的基础建设总投资为 427.4 亿元，工业建设占据了其中过半的投资，达到了 248.5 亿元，其中投资的绝大部分为重工业。在这个阶段，轻重工业之间的投资比例大约是 1 : 9。中国在经济建设初期的资源短缺阶段选择了重工业作为工业化的突破口，这并非是忽视了轻工业的重要性，而是考虑到轻工业在国内尚存在一定的基础，而重工业的建设在基础方面存在更大的缺口。苏联对我国的工业援助主要是重工业的援助，为了确保重工业基础的有效建设，在"一五"计划期间才出现了如此悬殊的投资偏重。其结果是显著的，经历了"一五"计划，中国的工业化建设尽管规模都还较小，但工业已基本实现了种类齐全和自力更生的建设目标。

其次是农村合作社改造。受到国民经济恢复时期出现的农民互助现象的启发，"一五"计划从组建农村合作社的角度来推动农业的发展。恢复时期农民相互帮扶农业生产与农作物的季节性有关，而农村合作化运动则是进一步将这种具有季节性的互帮互助行为提升为常驻性的合作社性质，从而推动农业的集体化生产，促进农业发展。"一五"计划期间的农村合作社改造经历了试点、推广、政策支持和合作社干部培养等几个从摸索到成熟的发展阶段。合作社根据集体化程度也划分为初级合作社和高级合作社，其中初级合作社保留了土地入股分红的形式，而高级合作社则实现了统购统销的农业生产模式。合作社模式通过发挥土地集中化和有效配置农村劳动力的优势来提高农业的产量，为农民增加了收入。据统计，在63万多个初级合作社中，80%以上的初级合作社都实现了农业的增产。合作社模式在农村经济中发挥的积极作用也不断吸引农民加入合作社建设的队伍。截至1955年，参加合作社的农户达到1692万户，占全国总农户的14.2%。

再次是手工业改造。尽管手工业也属于工业的范畴，但与大工业存在着质的区别。手工业的从业者多为独立的个体户，因其生产方式较为灵活，全国的手工业从业者分布较为松散，其产品的供销问题始终困扰着手工业行业。尤其在新中国成立初期，手工业产品在各个生产领域都起到举足轻重的作用。在国民经济恢复时期，中央通过倡导手工业合作化的方式来尝试解决手工业产品的供销问题，尽管颇有成效但手工业合作化的普及程度始终较低。"一五"计划将手工业合作化的发展方向作为解决手工业供销问题的主要手段来加强推广。相较于个体户式的手工业生产，合作化的手工业生产以集体所有制为基础，统一销售，统一计算盈亏，在社员之间实行按劳分配利润所得。手工业的合作化改革基本解决了个体户式生产所具有的盲目性和供应不稳定的问题，为手工业产品的需求提供了较为稳定的生产产品来源。据不完全统计，在 1954 年全国手工业总产值的 85% 由全国各个手工业合作社通过国营商业部门和供销合作社渠道占有。

最后是私人资本公私合营改造。为了将私人资本掌控下的工商业纳入国家经济建设的计划之中，国家在国民经济恢复时期推行公私合营的改革思路。公私合营的改造主要体现在两个层面，第一个层面是在企业外部，通过调控企业的原材料供应、投资和企业订单来将私营企业纳入国家经济建设的计划之中；第二个层面是在企业内部，通过派遣代表国家投资的干部参与企业的生产管理，企业利润按投资比例分红。私人资本与社会主义制度之间的矛盾一直存在于新中国的经济环境之中。旧体制下的私人资本不仅带有资本主义条件下的劳资对立矛盾，还因为国民党官僚资本的存在而形成的腐败性质。在国民经济恢复时期，党中央没有直接将私人资本取缔，而是采取了循序渐进地将其融入社会主义制度之中的策略。由国民党官僚资本掌控下的私人资本已经在恢复时期被收归国有，而对拥护社会主义体制的私人资本的改革策略则在"一五"计划期间试点和推广。将私人资本纳入社会主义计划经济之中有利于克服生产的无序性和盲目性，从而使得新中国在成立早期更加有效率地发展生产力。据统计，到 1955 年为止私人资本掌控下的企业的全部产值之中，公私合营企业占 49.7%的产值，加工订单的私营企业占 41.1% 的产值，而自产自销的私营企业仅占 9.2%。这说明"一五"计划实施的前三年时间，私人资本掌控下的企业已基本被纳入社会主义经济的总体计划之中。

"一五"计划的制定与落实实现了社会主义经济的计划性

生产，在确保重工业种类基本齐全的基础下，农业、手工业和私人资本掌控下的企业都分别以不同的改革方法融入社会主义计划经济之中，并且在各领域实现了产能和产值的提升。然而较之于计划实施的前三年，后两年的生产出现了盲目追求数量，违背生产的客观规律的负面现象。在数量指标上"赶英超美"导致部分重工业部门，尤其是钢铁行业，兴起了群众大炼钢铁等忽视产业生产规律的热潮。农业方面出现了过度放大合作社作用、忽略探索阶段的客观发展过程，直接以集体所有制的狂热取代现实的生产过程，出现了夸大、瞒报产量的虚假发展现象。

纵观"一五"计划从设计到圆满完成、再到后期出现负面现象的整个过程，党在把握国民经济发展的大方向是正确的。在重工业基础几乎为零、产业类别不齐全以及手工业、私营企业发展畸形的国民经济大背景下，党在较短时间内建立了整个国家的经济系统，将国民经济的发展纳入计划经济之中，从而克服了散乱的生产造成的盲目性，真正将国民经济的各个组成部分在社会主义经济制度的框架下重新凝结成为一个有机体。在"一五"计划后期出现的经济过热现象，一方面体现了党对客观经济建设存在认识上的不足，决策出现了误判。另一方面，经济建设的过热现象也引发了党对计划指标的反思，即计划指标不能单单从数量的方面去考虑，还要结合生产的质量方面的考量。党在"一五"计划结束之后花费了相当长的一段时间去反思计划经济的指标质量问题，国民经济也由此进入了全面调整的时期。

四、社会主义经济建设的探索与国民经济的全面调整

① 工业化发展战略

三大改造完成后，根据中国仍处于农业国的经济落后状况，中国共产党继续采取优先发展工业、以实现国家工业化的发展战略。中国共产党对实现工业化的重大意义的认识一直十分明确。早在新中国成立前党的七届二中全会上，毛泽东就提出了使中国由农业国变为工业国、把中国建设成为一个伟大的社会主义国家的目标。这一时期中国共产党关于国家工业化发展战略的部署要点如下。

第一，保护和发展生产力的重点是实现工业化。1955 年 3 月，毛泽东在中国共产党全国代表会议上提出："我们进入了这样一个时期，就是我们现在所从事的、所思考的、所钻研的，是钻社会主义工业化，钻社会主义改造，钻现代化的国防，并且要钻原子能这样的历史的新时期。"① 社会主义生产关系已经建立起来，它和生产力的发展相适应；但还很不完善，还需要在发展生产力的过程中不断调整。1957 年 2 月 27 日，毛泽东在《关于正确处理人民内部矛盾的问题》中强调指出："我们的根本任务已经由解放生产力变为在新的生产关系下面保护和发展生产力"②，这表明社会主义建设过程中的阶段性。只有解放生产力，才能为发展生产力提供可靠的环境保证；只有发展生产力，才能使解放生产力落到实处，从而发挥社会主义制度的优越性，实现社会主义

---

① 中共中央文献研究室.毛泽东文集（第六卷）[M].北京：人民出版社，1999：395.

② 中共中央文献研究室.毛泽东文集（第七卷）[M].北京：人民出版社，1999：218.

制度的巩固和发展。中国进入社会主义建设时期后，社会主义建设的重点转向了发展生产力。而对于当时的中国，仍然没有摆脱帝国主义的经济封锁和国内的经济困难，发展生产力自然地以生产资料的优先增长为基础和前提，而重工业的发展无疑又成为实现生产力发展和生产资料优先增长的重中之重。

1956 年 4 月，毛泽东在《论十大关系》中，提出要把国内外一切积极因素调动起来，为社会主义事业服务，也就是为新中国发展社会生产力服务。毛泽东从工业化是经济建设的重点这一角度，论述了发展生产力的问题。1956 年 9 月召开的中国共产党第八次全国代表大会，分析了社会主义改造基本完成之后，我国在阶级关系和主要矛盾方面出现的新情况。由于社会主义改造取得决定性胜利，几千年来的剥削制度已基本结束，社会主义制度在我国已基本建立，我国无产阶级同资产阶级的矛盾已基本解决，这时国内的主要矛盾，是人民对于建立现代工业国的要求同落后的农业国的现实之间的矛盾，已是人民对于经济文化迅速发展的需要同当前经济文化不能满足人民需要的状况之间的矛盾。主要矛盾变了，党和全国人民当前的主要任务也要随之发生变化。党的八大指出，党和全国人民当前的主要任务，就是集中力量解决这个主要矛盾，发展社会生产力，把我国尽快地从落后的农业国变为先进的工业国，以逐步满足人民日益增长的物质和文化需要。在《关于正确处理人民内部矛盾的问题》中，毛泽东提出："这里所讲的工业化道路问题，主要是指重工业、轻工业和农业的发展关系问题。我国的经济建设是以重工业为中心，这一点必须肯定。但是同时必须充分注意发展农业和轻工业。"[1]

---

① 中共中央文献研究室. 毛泽东文集（第七卷）[M]. 北京：人民出版社，1999：240.

第二，通过工业体系建设完成工业化战略。在毛泽东看来，发展生产力最主要的就是实现工业化，而实现工业化的标志是建立完整的工业体系，在建立完整的工业体系的过程中，逐渐实现"四个现代化"。这样，建立完整的工业体系和实现"四个现代化"就成为发展生产力的基本战略。党的八大确定了中国社会主义工业化的标准，即：为了把我国由落后的农业国变为先进的社会主义工业国，我们必须在三个五年计划或再多一点时间内，建成一个基本上完整的工业体系。所谓基本上完整的工业体系，就是自己能够生产足够的主要原材料；能够独立地制造机器，不仅能够制造一般的机器，还要能制造重型机器和精密机器，能够制造新式的保卫自己的武器，像国防方面的原子弹、导弹、远程飞机；还要有相应的化学工业、动力工业、运输业、轻工业、农业，等等。建立独立、完整、现代化的工业体系，就是实现工业化和现代化的过程。1959 年底到 1960 年 2 月，毛泽东在读苏联《政治经济学教科书》的谈话中指出："建设社会主义，原来要求是工业现代化，农业现代化，科学技术现代化，现在要加上国防现代化。"①1964 年在三届全国人大一次会议上，周恩来代表党中央郑重宣布：我们一定要在本世纪内，把我国建设成为一个具有现代农业、现代工业、现代国防和现代科学技术的社会主义强国。

第三，通过技术革命推动工业化。新中国成立后，尤其是社会主义改造完成后，毛泽东始终十分重视科学技术的发展。他对技术革命作了两步走的设想：整个技术革命大约需要 20～25 年的时间，第一步，社会主义改造与技术革命同时并进，以社会主义改造为主、技术革命为辅；第二步，在社会主义改造完成后，

---

① 中共中央文献研究室.毛泽东年谱（一九四九—一九七六）（第四卷）[M].
北京：中央文献出版社，2013：270.

把工作重点转移到技术革命上来。1955 年 7 月，毛泽东提出："我们现在不但正在进行关于社会制度方面的由私有制到公有制的革命，而且正在进行技术方面由手工业生产到大规模现代化机器生产的革命，而这两种革命是结合在一起的。"①1958 年 1 月，鉴于社会主义改造已完成，毛泽东认为由社会主义改造向社会主义革命转移的时机已经成熟，强调党的工作的重点要放到技术革命上。他说："社会主义三大改造，即生产资料所有制方面的社会主义革命，在一九五六年基本完成。接着又在去年进行政治战线上和思想战线上的社会主义革命。这个革命在今年七月一日以前可以基本上告一段落……现在要来一个技术革命，以便在十五年或者更多一点的时间内赶上和超过英国。"②

毛泽东认为技术革命属于生产力、管理方法和操作方面的问题。技术革命的开展，可以推动生产力的发展，使中国的经济面貌全部改观，使中国迅速摆脱经济和科学技术的落后状态，赶上经济发达国家。他强调知识分子在技术革命中的重要作用，要求注重培养又红又专的知识分子。毛泽东还特别注重独立自主地开发自己的技术。他在 20 世纪 50 年代中期确立的、60 年代大力推行的、70 年代坚持的发展尖端科学技术的战略方针，使艰难初创的新中国科技事业获得振兴和发展。其结果是，通过发挥社会主义制度的优越性和巨大潜力，对原子能、航天器等世界前沿尖端科学技术的研制在较短时间内实现了突破，导弹、原子弹和卫星的试验成功，不仅促进了中国科技体系的发展，而且奠定了中国在世界高科技领域中的地位。

---

① 中共中央文献研究室.毛泽东年谱（一九四九——一九七六）（第二卷）[M].北京：中央文献出版社，2013：410.
② 中共中央文献研究室.建国以来重要文献选编（第十一册）[M].北京：中央文献出版社，1995：45.

②. 经济建设方针

针对当时经济发展中出现的"冒进"现象，1956 年 5 月中央会议通过了"既反保守，又反冒进，即在综合平衡中稳步前进"的经济建设方针。

（1）积极、稳妥可靠的发展速度

周恩来在党的八大所作的《关于发展国民经济的第二个五年计划的建设的报告》中提出，应该根据需要和可能，合理地规定国民经济的发展速度，把计划放在既积极又稳妥可靠的基础上，以保证国民经济比较均衡地发展。实现的方法是，应该把长期计划的指标定得比较可靠，而由年度计划加以调整。编制长期计划时，应该按照实现社会主义工业化的根本要求和国家物力、财力、人力的可能性，实事求是地规定各项指标，同时又要保留一定的后备力量，这样才能使计划比较可靠。编制年度计划，则应根据当时条件，加以努力，使长期计划能够确保完成和超额完成。同时要防止顺利时冒进，困难时裹足不前的错误倾向，尽可能地把本年度和下年度的主要指标作统一的安排，以便使每个年度都能够互相衔接和比较均衡地向前发展。

所谓均衡发展，就是按比例发展。周恩来提出："应该使重点建设和全面安排相结合，以便国民经济各部门能够按比例地发展。"① 要防止乱铺摊子盲目冒进，从而影响重点建设和只顾重点不及其余的两种倾向。陈云对按比例发展也极为重视。第一个五年计划时期，陈云就提出了研究工业与农业、轻工业与重工业、工业发展与铁路运输、技术力量需求与供给诸方面比例问题。

---

① 中共中央文献研究室.建国以来重要文献选编（第九册）[M].北京：中央文献出版社，1994：177.

1957 年他又提出"要认真研究国民经济的比例关系"，否则"必然造成不平衡和混乱状态"。①

（2）建设规模要和国力相适应

建设规模的大小，必须和国家的财力物力相适应，这是陈云在 1957 年提出的著名论断，是关系到经济稳定的原则问题。建设的规模超过国家财力物力的可能，就是冒了，就会出现经济混乱；两者合适，经济就稳定。当然，如果保守了妨碍了建设应有的速度也不好。这两种倾向都应反对。使建设规模与国力相适应的最重要的方法就是对国民经济进行综合平衡。②

新中国成立初期，陈云就提出采取统一财政经济工作的措施，以实现财政收支、物资供需和现金这三大平衡的思想。在实行第一个五年计划时，他不仅再次强调了保持财政收支平衡和购买力与商品供应之间的平衡的问题，而且深刻论述了按比例和平衡之间的关系，他指出按比例发展的法则是必须遵守的，但各生产部门之间的具体比例，在各个国家，甚至一个国家的各个时期，都不会是相同的。唯一的办法是看是否平衡。合比例就是平衡的；平衡了，大体上也会是合比例的。1957 年 1 月，陈云又提出了进行综合平衡的主要措施：（一）财政收支和银行信贷都必须平衡，而且应该略有节余。只要财政收支和信贷是平衡的，社会购买力和物资供应之间总体上必然是平衡的。财政收支应略有节余的原因是我国的经济建设规模日益扩大，便需要逐年增加物资的周转量，也就是要适当地增加库存量。（二）物资要合理分配，排队使用。应该先保证必需的生产和必需的消费，然后再进行必需的

---

① 陈云纪念馆，张凤翱.陈云对中国特色社会主义道路的探索 [M]. 北京：人民出版社，2015：157.

② 陈云.陈云文选（1956—1985）[M]. 北京：人民出版社，1986：44.

建设。（三）人民购买力提高的程度，必须同能够供应的消费品相适应。生产消费品的原材料的来源，一是农产品，二是用出口农产品换回的原料，三是重工业部门生产的原材料。（四）基本建设规模和财力物力——投资、机器设备和原材料、消费物资、外汇四个方面的平衡，不但要看当年，而且必须瞻前顾后，安排当年基本建设时，要看到前一年基建情况，考虑后一年的财力、物资供应等方面的能力，前后衔接，避免陡升陡降，造成损失。（五）农业对经济建设的规模有很大的约束力，由于中国农业经济比重大，国家收入与农业有很大的关系，但由于农村人多地少，农业生产增长率不高，必然制约每年新增加的购买力和出口创汇能力。因此，建设规模必须限制在农业所能承受的限度内。

（3）处理好财政与经济、积累与消费之间的关系

为了贯彻经济建设的新方针，发展社会主义事业，必须正确处理经济和财政的关系。周恩来指出，我们的财政收入必须建立在经济发展的基础上，我们的财政支出也必须首先保证经济的发展。具体而言，应该首先考虑经济、特别是工农业生产的发展计划，然后根据它来制定财政计划，用财政计划保证经济计划的圆满执行。财政的收入计划，必须考虑到经济发展的可能性，考虑到积累和消费之间正确的比例关系，避免把收入定得过分紧张。财政支出计划，则应保证重点建设和国民经济按比例发展要求并留有预备费以作机动，同样应"避免把支出定得过分紧张"。

积累和消费问题是国民经济的重要比例。关于二者间的合理的比例关系，薄一波在党的八大所作的《正确处理积累和消费的关系》的发言中对此进行了探讨。薄一波指出，合理地解决积累和消费关系的意义，就是要将集体的、长远的利益和个人的正当的利益正确地结合起来，使之既有利于国家经济建设、特别是重

工业建设的迅速发展，又有利于人民消费水平的逐步提高。在社会主义建设时期，我们应该做到：（一）必须尽力把国民经济中可能聚集的资金都积累起来，并按照恰当的比例，首先满足工业特别是重工业建设的需要。（二）首先国家工业化要同人民消费水平的逐步提高密切结合起来，只有这样，才能调动广大群众建设社会主义的积极性，进一步巩固工农联盟，使社会主义建设事业顺利地健康地进行。所以，确定积累规模要考虑两方面的制约因素：一方面积累只能随着社会生产的发展、劳动生产率的提高和国民收入的增长而逐步地增加；另一方面，由于我国经济落后，人口众多，人民生活水平较低，积累也不可能过多、过快地增加，应该在发展生产和提高劳动生产率的基础上提高人民的消费水平。

3. 经济体制改革的最初探索

从在解放区建立国营经济开始，中国共产党就仿照苏联模式，逐步建立起高度集中统一的计划经济体制。当时建立这种体制有着深刻的政治、经济、历史的原因。第一个五年计划时期，党依靠这一体制取得巨大成就，证明它是符合当时中国需要的。但这种体制在运行中逐渐暴露了许多弊端，国家对企业管得过严，统得过死，企业没有自主权，缺乏竞争压力。三大改造确立了公有制经济在中国的主体地位，但试图完全消灭私有制经济的做法，对国民经济的发展和人民生活的改善产生了不利影响。中国共产党逐步觉察到了这些问题，并在党的八大前后对经济体制的改革进行了认真探讨，取得了一定进展。

（1）中央向地方分权和扩大企业自主权

原有计划经济体制的一大弊端，是权力过分集中在中央。

毛泽东在《论十大关系》中指出，中央权力过于集中，不利于发挥地方的积极性。同时，中央过于集权会滋生官僚主义，反而削弱中央权力。因此，毛泽东等人主张中央向地方分权。毛泽东说："目前要注意的是，应当在巩固中央统一领导的前提下，扩大一点地方的权力，给地方更多的独立性，让地方办更多的事情。"①地方的权力过小，对社会主义建设是不利的。毛泽东认为地方也要发展工业，农业和商业则更需要依靠地方。周恩来进一步指出："实行中央与地方分权，是为了发展生产，不是为了缩小和妨碍生产。"②他还提出改革这种体制要全面规划，加强领导，因地制宜，逐步实行。党的八大划分了中央和地方的行政管理职权，改进国家的行政体制，以利于地方积极性的发挥，并规定了分权的七项原则：（一）明确规定省一级有一定范围的计划、财政、企业、事业、物资、人事的管理权。（二）凡关系到整个国民经济而带全局性、关键性、集中性的企业和事业，由中央管理；其他的企业和事业，应该尽可能多地交地方管理；企业和事业在下放的时候，同他们有关的计划、财务管理和人事管理一般应该随之下放。（三）企业和事业的管理，应改进和推行以中央为主、地方为辅，或者以地方为主、中央为辅的双重领导的管理方法，切实加强对企业和事业的领导。（四）中央管理的主要计划和财务指标，由国务院统一下达，改变过去许多主要指标由部门条条下达的办法。（五）某些主要计划指标和人员编制名额等，应该给地方留一定的调整幅度和机动权。（六）对于民族自治地方各项自治权利，应该作出具体实施的规定。（七）改进体制要逐步

---

① 中共中央文献研究室.毛泽东年谱（一九四九——一九七六）（第二卷）[M].北京：中央文献出版社，2013：568.

② 中共中央文献研究室.周恩来年谱（一九四九——一九七六）（上卷）[M].北京：中央文献出版社，1997：591.

实现，稳步进行。这些原则，既达到了分权的目的，又抑制各行其是、各自为政的倾向，为调动中央、地方的积极性，建设社会主义提供了保证。

（2）社会主义社会的所有制结构

建立和发展社会主义公有制经济，是中国共产党坚定不移的奋斗目标。"三大改造"的完成使这一目标得到了初步的实现。然而，中国共产党从实践中认识到，在坚持公有制经济为主体的前提下，适当发展个体经济，作为国营、集体经济的补充，对于提高生产力水平、改善人民生活非但无害，而且有益。1956 年12 月 7 日，毛泽东与黄炎培、陈叔通等人谈话时提到，在国营、集体经济为主体的前提下，适当保存和发展一些私营经济，促进国营、集体经济与其竞争，发展社会经济，满足社会、人民的需要。同时，毛泽东也认为，消灭资本主义是一个长期的过程。

刘少奇、周恩来、陈云等也提出了类似观点。刘少奇说："我们国家有百分之九十几的社会主义，有百分之几的资本主义，我看也不可怕，它是社会主义的一个补充嘛……有这么一点资本主义，一条是它可以作为社会主义经济的补充。另一条是它可以在某些方面同社会主义作比较。"[1]周恩来讲得更具体："大煤矿国家开办，小的，合作社、私人都可以开……主流是社会主义，小的给些自由，这样可以帮助社会主义的发展……我看除了铁路不好办外，其他的都可以采取这个办法。"[2]

在三大改造过程中，陈云主张要保留一些自负盈亏的个体小商店、销售工业、服务业等，认为把它们都搞掉了，对人民对国

---

① 罗平汉，何蓬.中华人民共和国史（1956—1965）[M].北京：人民出版社，2010：42.

② 中共中央文献研究室.建国以来重要文献选编（第十册）[M].中央文献出版社，1994：164.

家皆不利。1956 年 6 月在一届人大三次会议上、7 月在《要使用资方人员》讲话中，陈云都提出在长时期内，大部分小商贩在中国社会里是不可少的，如果没有小商小贩，市场一定会很死，居民也会感到不方便。在党的八大发言中，陈云指出，我们的社会主义经济的情况将是这样：在工商经营方面，国家经营和集体经营是工商业的主体，但是附有一定数量的个体经营。这种个体经营是国家经营和集体经营的补充。他还认为，农村的许多副业生产应该放手让社员分散经营，才能增产各种各样的产品，适应市场需要，增加社员收入。在条件许可地区，可以让社员多占一些自留地，以便种植饲料和其他作物来养猪增加副业产品。

（3）社会主义社会的计划和市场

党的八大前后，中国共产党对计划和市场两种调节手段的关系进行了探索。在生产领域、流通领域，党的领导人初步提出了计划调节与市场调节相结合的设想。陈云在八大发言中提出："生产计划方面，全国工农业产品的主要部分是按照计划生产的，但是同时有一部分产品是按照市场变化而在国家计划许可范围内自由生产的。计划生产是工农业生产的主体，按照市场变化而在国家计划许可范围内的自由生产是计划生产的补充。"[①]在流通领域，陈云肯定我国商业是有计划的，既要实行计划经济，管好市场，反对投机倒把，又不要把市场搞死。这样，在社会主义的统一市场里，国家市场是它的主体，但是附有一定范围内国家领导的自由市场。这种自由市场，是在国家领导之下，作为国家市场的补充，因为它是社会主义统一市场的组成部分。

当时党的领导人已明确认识到价值规律在社会主义社会一定范围内对生产的调节作用。周恩来在八大上提出："要在适当的

---

① 陈云 . 陈云文选（第三卷）[M]. 北京：人民出版社，1995：13.

范围内，更好地运用价值规律，来影响那些不必要由国家统购包销的、产值不大的、品种繁多的工农业产品的生产，以满足人民多样的生活需要。"[①]刘少奇也指出，我们应当改进现行的市场管理办法，取消过严过死的限制，并且应当在统一的社会主义市场的一定范围内，允许国家领导下的自由市场的存在和一定程度的发展，作为国家市场的补充。

（4）固定工与合同工并存的两种劳动制度

新中国成立初期，我党实行"包下来"的劳动用工政策。对所接收的官僚资本主义企业的职工和国民党政府的军政人员都给予生活照顾并适当安排工作。这对于稳定社会秩序，迅速恢复生产、促进革命胜利起了很大作用。然而，当人民政权逐步巩固后，这种做法却并未改变，1957 年 3 月，劳动部又明文规定编制人员不得任意辞退，从而逐步形成我国国营、集体企业的人员能进不能出、统包统配的固定工制度，俗称"铁饭碗"。在这一制度下，企业没有用人权，工厂无权辞退不合格员工，从而给生产、经营管理带来了种种困难，妨碍了生产力的提高和国民经济的发展。刘少奇因此提出实行固定工与合同工并存的两种劳动制度，调动工人生产积极性。

4. "大跃进"及国民经济调整

"一五"计划指标的顺利达成基本实现了工业体系化建设的目标，国民经济在"一五"计划期间得到了较大发展。各项指标在计划开始后的三年时间之内已基本完成。然而在"一五"计划后期，由于中央和地方群众对提前完成预期建设指标形成了过于乐观的估计，从而出现了一些经济建设中冒进现象。经济建设逐

---

① 中共中央文献研究室 . 建国以来重要文献选编（第九册）[M]. 北京：中央文献出版社，1994：203.

渐出现脱离正常发展轨道的迹象，甚至出现了违背经济建设的客观规律的"共产风"现象。地方群众，尤其在农业和部分重工业部门，纯粹追求生产的数量增长，并将这种量上的增长视为是集体所有制的优势，从而产生了数量增长与实现共产主义相挂钩的经济过热幻象。党中央从 1958 年开始逐渐反思"一五"计划后期的经济建设过程中出现的过热状态。直到 1960 年，党中央才彻底遏制住了"大跃进""共产风"等盲目狂热的势头，从而转向对生产发展质量的考察。尽管群众对国民经济充满了信心，一时间也兴起大跨步迈入共产主义的生产热潮，但我国所处的生产力水平在客观层面还是较为低下的。"一五"计划是集中优势资源优先发展重工业体系，同时对其他行业和部门提出了改革的方向或者方案，这是一种有效率地解决我国工业基础薄弱问题的方法，但并不等于是健康的国民经济结构。党中央及时"刹车"，宁可经济发展稍有迟缓，也要为全面调整留出足够的空间。

针对国民经济的调整中出现的冒进现象，1960 年党开始对经济发展的指标进行反思和调整。全面调整包括以下两个方面：

其一是理性看待国民经济恢复时期各领域的增长率。高增长率受过渡时期的特殊条件限制，因而不可能保持甚至追求更高的增长率。在"大跃进"时期，号召群众通过劳动热情来推动社会生产力的发展，盲目通过群众运动来推动工业生产方式的变革，其结果是不仅在生产方面出现了质量低下的工业产品，同时大搞群众改革生产方式的运动除了收到较多虚假、浮夸的土办法以外，劳动群众不顾生产的客观规律的做法甚至阻碍了工业生产的正常运行。国民经济也因为此种重生产轻需求、重数量轻质量、重工业轻其他产业的做法而出现了比例的失调，甚至出现了粮食的短缺问题。失衡的经济建设不能推进城市建设和提高人民的生活水平，工业的盲目发展也未起到预期的效果。党中央在 1960 年开始全面整顿生产领域出现的脱离实际的浮夸风气，提出了"调整、巩固、充实、提高"的方针。降低数量要求，提高质量要求，全面摸底 1958 年到 1960 年间各产业的实际产量和生产水平的实际情况，将生产拉回到遵循客观规律的轨道上来。在此基础上，党中央从 1960 年开始持续 3 年对生产领域出现的思想浮夸风气作出了批判和纠正，彻底清算了忽视现实发展状态、盲目追求建成共产主义的不切实际的生产目标。

其二是开展全国工业化布局规划，即三线建设。因早期工业化建设受苏联的援建原因，工业建设多集中于东北地区。由于 1960 年苏联单方面撤走全部援助的专家，此后中苏关系不断恶化，在东北集中发展工业容易受到苏联的威胁。此外，不同种类的工业在扩大生产规模过程中需要依赖于较多的原材料运输，而东北物资的匮乏限制了工业规模的进一步发展。因此毛泽东主张将东北的工业转移到全国各地去，特别是西部内陆地区。三线建设实际上是一种备战思想主导下的工业建设布局，将工业从高度聚集的状态改为星罗棋布地分散到全国各地，这样一来能够避免工业基础在突发战争期间受到毁灭性的打击，同时又能够发挥各省份拥有的自然资源对工业发展的天然优势。从长期来看，党中央将重要的工业基础分散到不同的省份的做法有助于全国经济建设的并联式发展，有助于地方经济的百花齐放。

经济建设的全面调整在 1963 年迎来深入调整的三年时期，与前三年的大刀阔斧的调整不同，党中央从 1963 年开始主导的三年调整主要是针对前三年调整过程中存在的不足和问题进一步深入研究解决的办法。前三年在思想上的调整要逐渐转化为经济建设上的调整。"大跃进"运动以及初步调整的三年阶段忽视了人民生活质量的提高，同时对各产业的生产设备造成了一定的破坏。首先是要恢复各个部门的生产能力，缓解农业生产的压力，调节积累与消费之间的失衡关系和重新修复工业生产的各类生产设备。直到 1965 年，国民经济建设才走出"大跃进"运动对生产带来的负面困境。

全面调整时期经历了生产上的曲折发展，但也加深了党对生产的客观规律的认识。生产力的发展需要参与生产的各方面在长期的积累之中才能得到逐渐的提高，而这一过程是不能够完全脱离客观的生产过程的。党对生产规律的认识能够进一步推动计划经济中政府宏观制订计划指标，引导经济建设的发展，从而使得生产的计划更加科学。

五、"文化大革命"时期的经济建设

全面调整时期重回正轨的经济建设，在"文化大革命"期间，遭受到了政治运动对工业生产带来的巨大的冲击。尽管"文化大革命"期间群众的政治运动一度带来较大的混乱，但经济发展作为国家发展的基础和维系社会安稳的一道最终防线，先后负责主持国内经济生产的周恩来和邓小平始终将经济生产的命脉牢牢把握住，极力避免政治运动对企业生产带来破坏。在动乱期间保存国民经济发展的成果，是"文化大革命"时期经济建设的主要思路。

①. "文化大革命"中党内"左"倾经济思想和政策

"文化大革命"期间，党内"左"倾思想占据了主导地位，使党对中国社会主义建设道路的探索出现了曲折。这一时期，党对国民经济建设的指导思想和大部分方针政策都具有"左"的特点。

（1）政治决定一切思想的膨胀

国民经济调整初步完成后，党的一些领导人开始强调政治对经济等各项工作的决定性作用。1966年，党中央机关刊物《红旗》发表了题为《政治是统帅、是灵魂》的社论，提出政治对生产、技术、业务起根本的决定作用；党的主要任务是进行社会主义革命，经济建设则事实上被放在次要地位。"文化大革命"开始后，这种经济思想的集中表现，就是批判所谓"唯生产力论"。对"唯生产力论"进行批判的理由之一，就是认为社会主义制度虽然已经建立起来了，但它在各方面都还带有它脱胎出来的那个旧社会的痕迹，如果看不到我国社会主义生产关系还很不完善的一面，误认为生产关系的问题已经完全解决了，只要埋头生产就行了，其结果不但生产力的发展必然受到阻碍，社会主义还会和平演变为资本主义。另一个理由是，认为只有进行革命（包括变革生产关系），只有实现人的思想革命化，才能促进生产力的发展。"文化大革命"时期，这些观点一度左右了党的经济工作，按照这种观点，经济上不去不要紧，只要政治上坚持社会主义就行了。这是一种反马克思主义的"贫穷社会主义"的谬论。至于他们所主张的"社会生产力的发展，是在不断改革生产关系和上层建筑的过程中实现的"观点，更是一种否定生产力自身发展规律和科学技术对生产力的巨大推动作用的历史唯心论。

（2）"五七指示"勾画的自然经济模式

"文化大革命"前夕，毛泽东对国际国内政治形势做了错误的估计，决定通过进行政治文化方面的革命即"文化大革命"来改造中国社会，防止资本主义复辟。在1966年5月7日写给林彪的信中，即"五七指示"中，毛泽东勾勒了这种模式。"五七指示"提出社会各行业皆以一业为主，兼顾其他的主张，这是一种企图取消社会分工的思想。而按照马克思主义的观点，社会分工的出现是人类社会进步的产物，又是人类社会继续发展的基本前提。在现代，随着科学技术的迅猛发展和生产力的迅速提高，社会分工呈现越来越细密的趋势。按照"五七指示"，减少以至取消社会分工后，中国社会实际上会成为一种自给自足或半自给自足的社会。"五七指示"也反映了重生产、轻流通、轻视商品经济的思想。"文化大革命"中，江青等人将这一思想推到了极端。他们提出，既然商品生产和发达的商品流通是资本主义产生的历史前提，那么社会主义社会存在的商品流通，也必然会产生资本主义和资产阶级。为此，必须对商品流通加以限制。他们采取的方法是取消农村集市贸易，限制商品流通等，造成了"文革"时期商业萎缩、市场肃杀、供应更加紧张的局面。

（3）农村中"割资本主义尾巴"和"以粮为纲"的片面发展

所谓"资本主义尾巴"是指农村社员的个体经济，其中包括家庭副业、自留地（自留树等）以及在此基础上形成的集市贸易。强行取消这些个体经济便叫作"割资本主义尾巴"。

继"割资本主义尾巴"之后，"以粮为纲"的口号也给农村集体经济发展带来了不良影响。长期以来党在认识上形成了一个观点，即发展粮食是社会主义，而发展副业就有可能走上资本主义道路。因为粮食是国家统购统销的物资，生产粮食卖给国家支援社会主义建设。但副业生产出来的不是国家控制的商品，可以由社员自由买卖。这样就有可能使一些社员不安心集体生产，走上发财致富的道路。1970 年全国计划会议拟定的第四个国民经济五年计划纲要（草案）提出：农业要以粮为纲，全面发展。这是"文革"时期党的农业经济思想的主要内容。就这个方针本身来说，没什么问题。但是在实际贯彻执行时，各地又片面地发展粮食，不仅挤掉了林、牧、副、渔，而且在很多地方还严重地破坏了生态环境和自然资源。

②. 党内正确思想对"左"倾经济思想的抵制和批判

"文化大革命"给党和国家带来的影响在经济上表现尤为明显。"文化大革命"对经济冲击最严重的时期有：1966—1968 年的"打倒一切，全面夺权、全面内战"时期；1974 年"批林批孔"和 1976 年批邓、反击右倾翻案风运动。经济方面的困难表现在以下几个方面：

经济领导或管理机构瘫痪或半瘫痪。"文化大革命"初期，由于形势的极度混乱，国民经济实际上处于无政府状态。1968 年的年度计划也无法制订，成为我国建立计划经济以来唯一没有国民经济计划的一年。1974 年"批林批孔"运动使国民经济再次处于严重混乱之中，许多单位"闹派性、拉山头、打内战"，经济领导机构实际处于半瘫痪状况。1976 年批邓、反击右倾翻案风，提出不为错误路线生产，使经济领导机构无法指挥生产。

行之有效的一整套规章制度被废弃，如生产责任制、质量检查制等被当作"修正主义的管、卡、压"加以批判，党委领导下的厂长负责制、总工程师对技术工作的负责制，被诬为"取消党的领导""专家治厂"，实行资产阶级专政；按劳分配的一系列办法被说成是"物质刺激"的资本主义做法。总之，生产单位的必要的规章制度被取消，造成了企业管理混乱，劳动纪律松弛，产品质量下降，生产大幅滑坡等严重问题。

交通运输阻塞。由于前两个原因，再加上派性的影响，"文化大革命"时期的交通运输一直处于不正常的状态，打乱了国民经济运行的秩序。

面对"文化大革命"对经济造成的破坏，以周恩来、邓小平为代表的领导干部，在极其困难的条件下进行了不同程度的抵制，他们先后对"左"倾错误的纠正和对经济的整顿，减少了国民经济的损失。

（1）周恩来对"左"倾经济思想的抵制与批判

"文化大革命"前，周恩来正在全力以赴领导国民经济建设。他在许多场合表示，鉴于国家一穷二白的状态尚未摆脱，工农业都比较落后，我们还需要集中力量和时间大力发展生产；过去，时间已经被我们耽误了，因此今后要快抓，不能慢，时不我待。"文化大革命"发动后，周恩来与林彪、江青集团的矛盾，首先表现在要不要保证国家经济生活的正常运行上。周恩来坚决落实毛泽东提出的"抓革命、促生产"的指示，坚决反对"停产闹革命"，坚决反对搞乱国家经济生活。他多次在接见群众组织的讲话中，反复强调搞好工农业生产对于社会主义建设和人民生活的重要意义。要求广大工人、农民、科研人员、企业干部坚守工作岗位，"文化革命"要在 8 小时以外去搞，把革命干劲用到生产和科研工作中去。1966 年 9 月，根据周恩来的意见，中央发出了《关于抓革命促生产的通知》，要求保证生产、建设、科研、市场、收购等工作的正常进行。要求各企事业单位的职工坚守岗位，红卫兵不要进入工矿企业、科研单位去"串连"，以免影响生产、建设、科研设计工作的进行。对于那些已经开展"文化大革命"运动的企事业单位，《通知》提出在党委统一领导下组成两个班子，一个班子抓革命，一个班子抓生产、抓业务。《通知》明确规定：职工的"文化革命"，放在业余时间去搞。这个通知反映了以周恩来为代表的中央领导层对"文革"中"左"倾错误的抵制。

在"文化大革命"的特殊条件下，周恩来不可能从全局上、根本上去抵制和纠正经济领域中的"左"倾错误，他只能利用各种机会努力去纠正局部的和具体的错误，尽量减少经济损失。1971年林彪事件发生后，周恩来抓住时机批判"左"倾思潮，纠正经济领域中的"左"倾错误。1971年12月中央召开全国计划会议，周恩来在听取国家计委汇报时指出，现在我们的企业乱得很，要整顿。根据这个精神，会议起草了《1972年全国计划会议纪要》，提出了整顿企业的若干措施，明确规定企业要恢复和健全7项制度，包括岗位责任制、考勤制、技术操作规程等。与此同时周恩来还领导了对农村"左"倾经济政策的纠正，要求适当放宽农村经济政策，在保证集体经济占绝对优势的前提下，允许农民个人经营少量自留地和家庭副业，允许生产队拥有因地制宜种植的灵活性。1972年，由于基建规模过大而导致的国民经济比例失调问题显露，周恩来一方面继续纠正"左"倾经济政策的工作，另一方面又要进行调整国民经济的工作。1973年2月，国家计委根据周恩来的指示起草了《关于坚持统一计划，加强经济管理的规定》，力图肃清无政府主义和极"左"思潮的流毒，克服生产建设上存在的盲目性和无组织无纪律的现象。周恩来在起草这个文件过程中尖锐批判了"文化大革命"中"左"倾错误对经济建设的破坏，阐明了他关于社会主义经济建设的一些基本思想：

①国民经济要按比例发展。这是周恩来一贯的思想，他强调中央和地方都要压缩基本建设战线，不许乱上基建项目；还要整顿地方五小工业，发展五小工业要有个范围，不能跟大厂争原料，变成自由发展，这样才能保证国民经济按比例发展。

②坚持按劳分配制度。针对"文化大革命"对按劳分配制度

的破坏，周恩来说：现在是四个一样（即干多干少一个样，干好干坏一个样，会干不会干一个样，干与不干一个样），不利于调动职工积极性。他提出，必要的奖励制度是可以的。

③要学习外国的长处，发展对外贸易。周恩来在领导国内社会主义建设时，始终密切关注着世界经济、技术的发展。周恩来明确指出"出国参观、考察，就是为了学习人家的长处。"①"我们希望在平等互利和互通有无的基础上进行贸易。"

1975年1月，周恩来在第四届全国人民代表大会第一次会议上作了《政府工作报告》。他在报告中重申了三届人大提出的发展我国国民经济的设想，即第一步在1980年前，建成一个独立的比较完整的工业体系和国民经济体系；第二步在本世纪内，全面实现农业、工业、国防和科学技术的现代化，使我国国民经济走在世界前列。报告还指出，为使我国社会主义经济建设有较大的发展，必须继续执行以农业为基础、工业为主导的方针和一系列"两条腿走路"的政策；要按照农、轻、重的次序安排国民经济计划；要坚持自力更生为主，争取外援为辅；要认真学习外国的好经验，也一定要研究外国的坏经验，引以为戒。报告所提出的宏伟目标，反映了中国亿万人民的共同愿望，激发了全党全国人民投身于社会主义经济建设的热情。

（2）邓小平关于整顿经济的思想

1974年，"批林批孔"运动对国民经济造成了严重影响。毛泽东提出，无产阶级"文化大革命"已经八年，现在以安定团结为好，全党全军要团结。1975年1月，全国人大四届一次会议根据毛泽东提议，确定邓小平为国务院第一副总理。之后邓小平在周恩来治病疗养期间代总理主持中央日常工作。四届人大后，

---

① 周恩来.周恩来选集（下卷）[M].北京：人民出版社，1984：474.

邓小平在各个方面进行了大刀阔斧的整顿。整顿工作从 1975 年 2 月开始，首先从当时严重混乱的工业交通、特别是铁路运输着手。之后，整顿工作逐渐在各个领域展开。这一时期邓小平的经济思想主要有以下几个方面：

①要把国民经济搞上去，大力发展社会生产力。针对"文革"中流行的"政治决定论"，邓小平明确提出：现在有一个大局，全党要多讲。大局就是要把我国建成一个四个现代化的社会主义强国。把发展国民经济作为全党全国的大局，其实质是要把党和国家的工作重心由抓阶级斗争为主转移到抓四个现代化建设、发展生产力上来。

②确立以农业为基础，为农业服务的思想。邓小平在部署加快工业发展的同时，牢牢抓住农业这个基础。在《关于加快工业发展的若干问题》中指出：国民经济计划，不论是全国的，还是地方的，必须坚持按农、轻、重的次序进行安排，把农业放在第一位。邓小平深刻指出，工业越发展，越是要把农业放在第一位。

③加强科学研究，采用先进技术。邓小平指出："加强企业的科学研究工作，这是多快好省地发展工业的一个重要途径。"为此，大厂要有自己独立的科研机构；小厂的科研可以由市里综合办，也可以由几个厂联合在一起搞。科学技术不仅要自己搞，而且必须虚心地学习外国一切先进的优良的东西，有计划有重点地引进国外的先进技术，为我所用，以加快国民经济的发展速度。

④整顿企业管理，建立必要的规章制度。邓小平在 1975 年多次讲话中强调要整顿企业管理，建立必要的规章制度，《关于加快工业发展的若干问题》重申了 1972 年全国计划会议提出的企业必须恢复和健全的 7 项制度。强调指出，责任制是企业规章制度的核心，没有严格的责任制，生产只能打乱仗，要把建立责

任制，作为整顿企业管理的重要一环。

⑤基本建设要严格控制。针对"文革"中基建规模居高不下的状况，《关于加快工业发展的若干问题》提出，要采取果断措施，定出一套严格的管理制度来解决基本建设的问题。基建投资应该按照国家的物力、财力和人力的可能来安排。不能超越这种可能。所有建设工程都要严格按基建程序办事，没有设计，没有安排好设备，不能列入年度计划，不能施工。从地质勘探、设计、施工到验收，都要建立严格的规章制度和责任制。

③. 1970 年国民经济发展的转变

集中爆发于上层领域的"文化大革命"首先使生产的指挥系统瘫痪，生产秩序受到了影响。其次，部分产业因为工人参与红卫兵运动而导致生产受到阻碍。此外，商业、外贸等部门的销售产品被政治化和标签化，大多数产品因被冠上政治标签而被迫停售。生产秩序和市场的正常运转在某些局部地区受到了较大冲击。而在 1967 年和 1968 年，这种政治层面的冲击开始由局部扩散到整个经济领域，工人放下生产任务转向政治批斗的运动使得诸多生产领域被迫停产，而在各部门的领导层面，迫于政治运动的压力干部们不得不放下生产"抓革命"。国民经济的发展计划因此受到了打击，计划经济出现了计划基本无法传达到生产部门的困境，从而产生了无计划的经济混乱状态。

直到 1969 年，周恩来为了结束长达两年的无计划经济状态而临时组织起来一部分代表，一起制定了 1969 年的国民经济计划指标。然而这份计划指标并未完全摆脱政治运动的消极干预。由于缺乏必要的调查研究，该计划的诸多指标被制定得过高，而且计划关注的产业领域主要围绕着政治运动展开。这份计划指标

虽然起到的实际指导作用有限，但在政治局面稍有缓和的 1969
年，还是对经济的回升起到了一定的作用。在此基础上，1970 年
国民经济的发展开始出现转变。为了在政治运动中拯救国民经济，
1970 年制订的经济计划主要涵盖恢复农民积极性、全面铺开内地
建设、加快地方"五小工业"（小钢铁、小机械、小化肥、小煤窑、
小水泥）的发展以及经济管理体制的改革。但这些计划没能起到
预期的效果，其原因在于这个阶段的经济建设受到严重的政治运
动的影响，其暴露出来的矛盾主要体现在以下两点：在工业规模
方面，尽管建设规模得到了有效的扩大，然而始终忽视消费不足
的现实问题，这导致社会积累率始终过高。加之政治运动的影响，
内地经济建设完全忽视了经济结构的影响，始终将重工业摆在全
部经济建设的首位。这最终导致了内地经济建设出现了农业、轻
工业等部门的建设的畸形发展结果。另一方面，在经济管理体制
方面的改革也没有取得理想中的成果。党中央进行经济管理体制
改革的目的在于将经济发展的主动权下放到地方，从而刺激地方
企业的发展。然而在"文化大革命"的特殊背景下，中央下放的
权力导致地方企业脱离了中央对经济建设的指导，出现了地方自
成体系的生产混乱现象。

国民经济在 1970 年陷入新的混乱状态，在 1971 年伴随着林
彪反革命集团的覆灭而得到改善。周恩来总理指出，1970 年国民
经济中出现了三个危险的信号：社会积累率过高、职工人数迅速
膨胀、工资总额和粮食销量脱离计划。生产与消费的不相匹配导
致货币回流遇到障碍，并最终有可能为国民经济带来危险。针对
这三个危险的信号，1971 年由周恩来总理主导下的经济建设工作
的重心主要放在消解可能存在的国民经济危机上面。但稍有转机
的国民经济在 1973 年又遭遇了江青团伙主导的"批林批孔"运

动的破坏。接下来国民经济动荡的三年间，国民经济再次回到工业停产、运输业受阻和外贸受阻的混乱场面。邓小平在 1975 年接替了周恩来主导国民经济发展的工作，全面调整混乱的经济局面，起到一定的作用。但在 1976 年，随着邓小平遭受到"四人帮"的迫害被迫离开工作岗位，一度有些许起色的国民经济又再度陷入巨大的破坏之中。

　　"文化大革命"最终在"四人帮"的覆灭中迎来了结束，纵观整个十年"文革"期间的国民经济发展，其经历了波折的"三起三落"。"文化大革命"期间的国民经济生产是波折的，也暴露出了经济建设中存在的一些错误。这些深刻的教训告诉了我们政治环境的稳定性、正确判断国际形势以及加强科学文化教育对于国民经济的建设有着重要的意义。

第三章

中国共产党与改革开放以来
中国经济的改革发展

1978 年 12 月，党的十一届三中全会召开，作出了"改革开放"的伟大决策，党的工作重心正式转移到社会主义现代化建设上来，中国经济发展迎来伟大的转折。改革开放初期，中国农村以包产到户为核心的第一步改革取得巨大成效，城市经济体制改革的试验逐步展开。在改革开放的实践过程中，中国共产党人对中国所处的历史方位作出了科学的判断，提出了社会主义初级阶段理论，并制定了经济改革进程的阶段性目标。20 世纪 80 年代末 90 年代初，面对着国际形势的巨大变化和国内经济的波折，中国共产党人敢于突破，提出社会主义市场经济理论，推动经济体制的转轨。进入 21 世纪以后，中国共产党审时度势，以更积极的姿态融入世界市场，在提高对外开放水平的同时，也向中国社会主义现代化的道路上迈出了坚实的一步。

一、党的工作重心的转移

1976 年 10 月"四人帮"被粉碎后，党中央和国务院先后召开了一系列的铁路、基建、计划、工业、农业、煤炭、电力、运输、粮食、农田水利等经济会议，也出台了一系列有利于经济发展的政策、措施和制度，国民经济逐步从"文化大革命"的困顿中恢复起来。但是，粉碎"四人帮"后的两年中，党内的"左"倾错误并没有完全被纠正，出现国民经济比例严重失调等问题，经济发展出现徘徊。直至 1978 年 12 月，中国共产党召开了十一届三中全会，作出了把党和国家的工作重点转移到社会主义现代化建设上来的重要决策，提出了对整个国民经济实行"调整、改革、整顿、提高"的方针，为改革开放政策的顺利实施打下了坚实的基础。

①. 国民经济的恢复与徘徊

粉碎"四人帮"后，党中央和广大人民群众以极大的热情投身经济建设中。1977 年 3 月召开的全国计划会议，强调要突出解决几个问题：一是农业和轻工业必须加快发展，改变不适应生产建设和人民生活需要的情况；二是大力发展燃料动力工业和原材料工业，以适应整个国民经济发展的需要；三是现有基本建设规模超过了当前财力、物力的可能，要予以控制。[1]1977 年 8 月 12 日，中共第十一次全国代表大会召开，华国锋在政治报告中提出："第一次无产阶级'文化大革命'的胜利结束，使我国社会主义革命和社会主义建设进入新的发展时期。"1978 年 2 月，华国锋在第五届全国人大一次会议上提出了新时期的奋斗目标："在本世纪内把我国建设成为农业、工业、国防和科学技术现代化的伟大的社会主义强国"[2]，并正式将"新时期总任务"写入宪法。在这

---

[1]　丛树海，张桁.新中国经济发展史（1949—1998）[M].上海：上海财经大学出版社，1999：103.

[2]　华国锋.团结起来，为建设社会主义的现代化强国而奋斗 [M].人民日报.1978-03-07.

样的背景下，党中央和国务院以及一些省、自治区、直辖市采取
了一系列有利于农业生产、工业发展和人民生活稳定的措施和制
度，但在"左"倾错误没有完全纠正的情况下，国民经济在加速
发展的道路上陷入了徘徊。

（1）农业发展状况

为促进农业生产发展和农村经济复苏，中央和地方制定了一
些政策和法规。中共安徽省委和中共四川省委分别于 1977 年 11
月和 1978 年 2 月制定了《关于目前农村经济政策几个问题的规
定（试行草案）》和《关于目前农村经济政策几个主要问题的
规定》，提出恢复和建立规章制度，加强人民公社的经营管理；
尊重生产队的自主权，减轻社员和生产队的负担；坚持按劳分配，
保证社员分配兑现；开展多种经营；积极而又慎重地对待基本
核算单位由生产队向生产大队过渡；在保证集体经济占绝对优
势的条件下，允许和鼓励社员经营少量的自留地和正当的家庭
副业。[①]1978 年 6 月，中共中央批转了湖南省湘乡县关于减轻农
民负担的报告，指出农民负担过重是一个在全国相当多的地方
普遍存在的严重问题，各地都要根据当地的情况认真加以解决，
并作出维护社会和生产队正当权益的规定。这些措施有效提高
了农民的生产积极性，1977 年在遭受严重自然灾害的情况下，
我国农业总产值仍然呈现增长的态势，1978 年的增速更是达到
了 9%。1978 年，我国主要农产品产量较 1976 年有了明显提升，
具体情况见表 3-1。

---

① 赵德馨 . 中华人民共和国经济史（1967—1984）[M]. 郑州：河南人民出版社，
1989：379-380.

表 3-1　1977—1978 年主要农产品产量 [①]

产品	单位	1977 年	1978 年	1978 年比 1976 年增长率（%）
粮食	万吨	28275	30475	6.4
棉花	万吨	204.9	216.7	5.5
油料	万吨	401.5	521.8	30.2
甘蔗	万吨	1775.3	2111.7	27
甜菜	万吨	245.6	270.2	−7.8
黄红麻	万吨	86.1	108.8	48.8
蚕茧	万吨	21.6	22.8	18.1
茶叶	万吨	25.2	26.8	15.0
猪（年末数）	万头	29178	30129	4.9
羊（年末数）	万只	16136	16994	7.4
大牲畜（年末数）	万头	9375	9389	1.1
水产品	万吨	470	466	4.0

　　农业生产和农村经济发展的同时，"文化大革命"的影响并未完全消退，很多不切实际的指标被提了出来，例如，到 1980 年粮食和棉花的产量要分别达到 7000 亿斤和 6000 万～6750 万担。受"左"的政策和高指标的影响，我国农产品比例严重失调，很多农副产品缺乏并严重依赖进口，1978 年农副产品的进口总额高达全部产品进口总额的 20%。

　　（2）工业发展状况

　　工业是国民经济发展的重中之重，两年徘徊期，党中央和国务院也对国内工业发展作出一系列部署。1977 年 2 月 2 日召开的全国铁路工作会议提出，铁路必须狠抓整顿，迅速恢复和建立行之有效的规章制度，以使铁路畅通无阻，安全正点，多拉快跑，使整个国民经济活跃起来。1977 年 4 月初，国务院召开的全国

---

① 赵德馨. 中华人民共和国经济史（1967—1984）[M]. 郑州：河南人民出版社，1989：384.

冶金工作会议要求各个冶金企业都要在中国共产党各级党委领导下，建立起由领导干部负责的、有权威的生产指挥系统，要建立和健全包括岗位责任制的各项规章制度，要开展社会主义劳动竞赛，大搞增产节约运动。1978 年 4 月，中共中央将《关于加快工业发展若干问题的决定（草案）》下发到全国各工业管理机关、工业交通企业试行，该决定系统地总结了前 30 年企业整顿的经验，分配方式上重新确立按劳分配的主体地位，恢复奖励和计件工资制度；企业组织上重新启动按专业化协作原则改组企业，这对于工业生产和工业经济的恢复起到了一定积极作用。1977 年和 1978 年，主要工业产品产量较 1976 年显著提升，具体情况见表 3-2。

表 3-2　1977—1978 年主要工业产品产量 ①

产品	单位	1977 年	1978 年	1978 年比 1976 年增长率（%）
原煤	亿吨	5.5	6.18	28
原油	万吨	9364	10405	19.4
发电量	亿度	2234	2565.5	26.3
钢材	万吨	1633	2208	50.6
生铁	万吨	2505	3479	55.8
钢	万吨	2374	3178	55.3
木材	万立方米	4967	5162	12.9
水泥	万吨	5565	6524	39.7
化肥	万吨	723.8	869.3	65.8
农药	万吨	45.7	53.3	36.3
塑料	万吨	52.4	67.9	96.8
机床	万台	19.9	18.3	16.6
汽车	万辆	12.54	14.91	10.3
拖拉机	万台	9.93	11.35	54

---

① 赵德馨 . 中华人民共和国经济史（1967—1984）[M]. 郑州：河南人民出版社，1989：383.

续表

产品	单位	1977 年	1978 年	1978 年比 1976 年增长率（%）
机车	台	293	521	59.3
化学纤维	万吨	18.98	28.46	94.8
棉布	亿米	101.51	110.29	24.8
食糖	万吨	131.6	226.7	37.4
自行车	万辆	743	845	27.8
缝纫机	万架	424.2	485.5	33.7
手表	万只	1104	1351	48.2

1976 年至 1978 年，工业发展也在一定程度上受到了"左"倾错误的影响。很多部门提出了不切实际的高指标，比如到 1985 年原油产量要达到 2.5 亿吨等。为了完成高指标，国务院主要采取了两个办法：一是继续派遣经济考察团出访欧洲和日本，进一步扩大引进外国技术和设备的规模；二是不断追加基本建设投资。这些举措不但加剧了经济发展失衡的程度，也加重了我国财政困难。

（3）城市建设工作发展情况

"文革"期间，城市建设与城市管理工作遭遇严重破坏，城市规划混乱，城市化严重滞后，城市的功能和地位被弱化。1977年城市人口占全国人口的比重仅为 17.6%。比 1966 年的 17.9% 还低 0.3 个百分点，城市发展进程被严重拖累。1977 年 12 月国家基本建设委员会副主任韩光率领工作组先后在西安、广州、上海召开西北、中南、华东 3 个地区的城市建设座谈会，调研城市建设需要解决的问题，为城市工作会议作准备。[①]1978 年 3 月 6 日，国务院在北京召开了第三次全国城市工作会议，制定了《关于加强城市建设工作的意见》，确立了城市发展在国民经济发展中的地位和作用。1978 年 9 月，国家基本建设委员会又召开了城

---

① 曹洪涛，储传亨．当代中国的城市建设 [M]．北京：中国社会科学出版社，1990：78.

市住宅建设工作会议，讨论了 1979 年至 1985 年全国城市住宅建
设规划。

② 国民经济的转折与调整

两年徘徊期中涌现了很多关于经济改革的思想，也有一些突
破僵化思想束缚的声音，尤其是在 1977 年 7 月邓小平正式复出
后，发展方向愈发明朗。我们必须要彻底纠正"文化大革命"的
错误理论，才能使中国迈上新的台阶。1978 年 11 月 10 日党中央
在北京召开工作会议，陈云提出，要坚持有错必纠的方针，建议
中央考虑并作出决定，解决重大历史遗留问题。12 月 13 日，邓
小平发表了《解放思想，实事求是，团结一致向前看》的重要讲
话。这些都为迎来国民经济发展的伟大转折做了充分准备。1978
年 12 月 18 日，中共中央召开十一届三中全会，党的工作重心正
式从阶级斗争转移到经济建设。

（1）国民经济的调整

以经济建设为工作重心和以解放思想、实事求是为思想路线
重新确立后，国民经济比例失调问题亟待解决。1979 年 3 月 14 日，
陈云、李先念在《关于财经工作给中央的信》中指出，国民经济
比例失调的情况相当严重，要有两三年的调整时间，前进的步子
要稳，要按比例发展。①3 月 30 日，邓小平在党的政治工作务虚
会上提到："有些不切实际的对整个经济害多利少的高指标要坚
决降下来，有些管理不善、严重亏损的企业要限期整顿，甚至于
停下来整顿……为了有效地实现四个现代化，必须认真解决各种
经济体制问题，这也是一种很大规模的很复杂的调整，我们今年

① 陈云，李先念.关于财经工作给中央的信 [M]// 陈云文选（1956—1985）.北
京：人民出版社，1986：224.

能把第一年的调整工作做好，就是一个巨大的前进，就是为工作重点转移创造良好的开端。"①

1979 年 4 月 5 日，中央召开会议通过了中央政治局提出的"调整、改革、整顿、提高"的方针，决定用三年时间对国民经济进行调整。所谓调整，就是自觉地调整被"四人帮"搞乱的比例关系，使国民经济各部分能够比较协调地向前发展，使积累和消费之间保持合理的比例；所谓改革，就是对经济管理体制有步骤地进行全面改革，使社会主义制度的优越性比较充分地发挥出来；所谓整顿，就是把现有企业特别是一部分管理混乱的企业整顿好，使所有企业的各项工作走上正确轨道；所谓提高，就是大大提高生产水平、技术水平和管理水平。②

在农业方面，党的十一届三中全会上通过了《关于加快农业发展若干问题的决定（草案）》，肯定了包工到组、联产计酬等形式；之后还采取了大幅提高棉粮油等 18 种主要农副产品的收购价格，降低农业机械化肥农药的销售价格，减免部分社队企业税收，鼓励农民发展多种经营等措施。在工业发面，实行轻纺工业优先政策，军工企业也开始生产民用品，技改资金、银行贷款、外汇支出等也开始向轻工业偏移；在城镇发展方面也实施了企业奖金制度和发放副食价格补贴等措施以改善城镇居民生活。对于 1979 年计划中的高指标也进行了一定调整，例如对粮食棉花、钢铁、煤炭等产品产量的指标进行压缩，对财政收入、基建投资、外汇收入等高指标进行调整。

但是，国民经济的调整不是一蹴而就的，很多地区担心调整

① 邓小平.坚持四项基本原则 [M]// 邓小平文选：第二卷.北京：人民出版社，1994：161.
② 丛树海，张桁.新中国经济发展史（1949—1998）[M].上海：上海财经大学出版社，1999：114.

政策会出现反复，采取了犹豫观望的态度，1979年和1980年国家基本建设支出和消费支出仍然超过了财政收入。其中，1979年财政赤字高达170亿元，1980年也有127亿元的财政赤字。[①] 为了解决巨额财政赤字问题，中央增发货币，这又造成了物价上涨，影响了人民群众的生活，国民经济调整亟须正确的指引。

（2）八字方针的贯彻和落实

1980年12月16日至25日，中共中央在北京召开了讨论经济形势和经济调整问题的工作会议。邓小平作了《贯彻调整方针，保证安定团结》的讲话，提到了"我们这次调整，是健康的、清醒的调整。这次调整，在某些方面要后退，而且要退够"，"只有某些方面退够，才能取得全局的稳定和主动，才能使整个经济转上健全发展的轨道"。[②] 根据邓小平讲话的精神，中央和地方各级政府机关做了大量的工作，国民经济调整取得了一定的进展。农业、重工业、轻工业的比例由1978年的28∶31∶41调整为1981年的32∶35∶33，[③] 财政赤字也缩减为25.5亿元。

为了加快农业和农村经济调整的步伐，党中央和国务院采取了若干措施。1980年9月27日，中共中央印发《关于进一步加强和完善农业生产责任制的几个问题》，肯定和支持了联产承包责任制，促进了这一模式的普遍推行；1981年1月30日，国务院作出了减轻农村社队企业工商税负担的决定；3月10日，党中央、国务院转发了国家农业委员会的《关于积极发展农村多种经营的报告》，鼓励开展多种经营、鼓励发挥个人的积极性；

① 苏星.新中国经济史[M].北京：中共中央党校出版社，2007：508.

② 邓小平.贯彻调整方针，保证安定团结[M]// 邓小平文选：第二卷.北京：人民出版社，1994：354-355.

③ 《当代中国的计划工作》办公室.中华人民共和国国民经济和社会发展计划大事辑要（1949—1985）[M].北京：红旗出版社，1987：449-450.

1982 年 1 月 3 日，国务院决定实行粮食征购、销售、调拨、包干，一定三年的管理办法，生产队、组、户在完成征购超购任务后，有权自行处理多余的粮食。在这些措施和政策的作用下，农民的生产积极性得到了显著的提高，农业发展速度更快，农村经济也更有活力，1981 年农业总产值为 2460 亿元，较上年增长率为 12.8%，1982 年农业总产值为 2785 亿元，较上年增长率为 13.2%。这一时期，乡镇企业也迅速发展，全国乡镇企业总产值由 1978 年的 43.15 亿元，增长到 1982 年的 77.18 亿元，涨幅近 80%。[①] 根据调查，1981 年农民生活的各个方面都较 1978 年有了显著提升，具体情况如下：农民人均纯收入增加 7.3%；生活消费品支出增长 64.9%，其中，细粮、食用油、肉类增长都超过50%，化纤布、毛线、绸缎等也成倍增长，自行车、收音机、缝纫机等大件物品激增；农民的储蓄余额也达到了 169.6 亿元。[②]

工业比例的失调问题比农业更为严重，不仅轻、重工业比例失调的问题，重工业内部比例也严重失调。中央对于工业的调整是循序渐进的，国务院副总理姚依林在 1980 年、1981 年和 1982年对于工业发展的预期都根据实际情况进行了调整。1980 年的《关于 1980、1981 年国民经济计划安排的报告》计划轻工业总产值增长 8%，工业总产值增长 6%，并进一步调整重工业特别是机械工业结构；1981 年的《关于调整 1981 年国民经济计划的报告》将计划钢产量又减少 200 万吨；1982 年的《关于 1982 年经济和社会发展计划草案的报告》计划整个工业总产值增长 4%，轻工业增长率下降为 7%，重工业增长率下降为 1%。对企业的一些改

① 张占斌.中国农村经济改革 [M].北京：红旗出版社，2009：34.
② 丛树海，张桁.新中国经济发展史（1949—1998）[M].上海：上海财经大学出版社，1999：119.

革也促进了工业企业的整顿和提高。1980年9月，国务院批准从1981年起在国营工业企业中全面推开扩大企业自主权的工作，使企业在人财物、产供销方面有了更多自主权，能够根据企业的实际情况及时进行调整。企业岗位责任制的推行也改善了企业的经营管理；1981年11月，国务院颁布《关于实行工业生产经济责任制若干问题的暂行规定》，次年1月又颁发了《国营工厂厂长工作暂行条例》和《关于国营工业企业进行全面整顿的决定》，确立了党委领导下的厂长负责制，也提出了分期分批对所有国营工业企业进行全面整顿。经过调整，工业生产回到了正轨，轻重工业的比例关系明显改善，1981年，轻工业总产值占比提升到了51.4%。

二、改革开放政策的制定及实施

把党的工作重心转移到经济建设上来，对于我国的经济发展来说是具有战略性意义的决策。为了实现社会主义现代化，中国共产党拉开了改革开放的序幕，并将"坚持改革开放"作为两个基本点之一。党的十一届三中全会确立对内改革、对外开放的政策，改革是在坚持社会主义不动摇的前提下，自觉调整生产关系、上层建筑使之与相应的生产力以及经济基础相适应；开放是在独立自主的前提下，积极利用外资、引进先进技术等。中国的改革开放政策是根据实践不断调整和完善的，改革开放思想也是不断深化的；对内改革是基于国情的，从农村开始、自下而上；对外开放是循序渐进的，对外开放层次逐步调整。实践也证明了改革开放实现了中国特色社会主义事业的伟大飞跃，正如习近平在庆祝改革开放40周年大会上指出的："正是这个伟大的觉醒孕育了我们党从理论到实践的伟大创造。"①

①. 农村经济改革

党的十一届三中全会以来，党中央积极支持和引导农村经济改革，带来了农村面貌的巨变，并以农村改革为突破口，将改革扩展到其他领域，促进了整个国民经济的发展。农村改革的第一步是推行家庭联产承包责任制；在激发农民生产积极性后，推动了农村流通体制的改革，增强农业经济活力；为优化农村经济结构和吸收剩余劳动力，又大力推动了乡镇企业改革与发展。

（1）从家庭联产承包责任制到农业适度规模经营

推行家庭联产承包责任制是农民以家庭为单位，向集体经济组织（主要是村、组）承包土地等生产资料和生产任务的农业生产责任制形式，是改革开放以来我国农村经济改革的第一步，这一模式开始是存在很大争议的。1977 年安徽省和四川省出台了农村经济政策，开始允许生产队实现单位责任制，允许农民开展正当的家庭副业并将产品进行出售等；1978 年冬，安徽省已有一些地区开始实施包产到户。最初对于"包产到户，包干到户"是不是偏离了社会主义道路存在争议，邓小平认为，要调动农民生产积极性，还是要从生产关系上解决，可以先行试试看。1979 年 9 月，党的十一届四中全会通过了《中共中央关于加快农业发展若干问题的决定》，明确允许在生产队统一核算和分配的前提下包工到组，允许在副业生产特殊需要和边远山区等特殊情况下包产到户。邓小平在 1980 年 5 月与中央负责同志的谈话以及 9 月与各省第一书记的座谈会上的态度，都给在全国范围内推行家庭联产承包

---

① 习近平. 在庆祝改革开放 40 周年大会上的讲话 [M]. 北京：人民出版社，2018：4.

责任制打了一剂"强心针"。到 1983 年初，全国实行农户家庭联产承包责任制的生产队达到了 93%。[①]家庭联产承包责任制采用自主经营、自负盈亏的模式，农民获得一定的种植经营权，农民的权、责、利紧密结合起来，它克服了集体经济中在生产环节管理过于集中、在分配环节追求平均主义的弊病，解除了工分制管理对生产力的束缚，在保留集体经济优越性的前提下充分调动了农民的积极性，农业总产值逐年上涨，农村居民人均可支配收入也取得了质的飞跃，具体情况如图 3-1 所示。

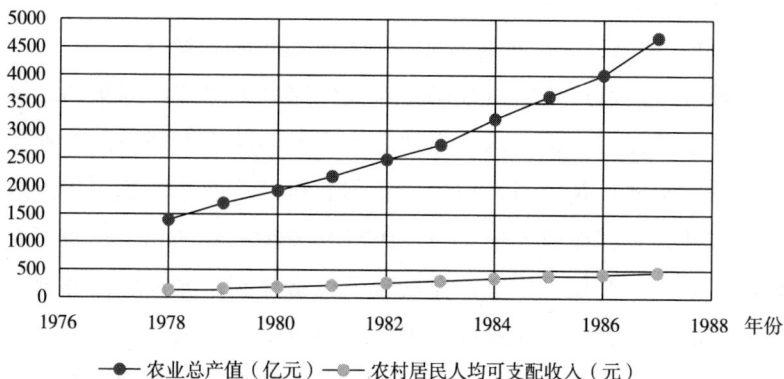

注：数据根据《中国住户调查年鉴 2019》整理

图 3-1　1978—1986 年农村经济状况

随着家庭联产承包责任制的红利被充分激发，责任制也带来了土地块状分割的问题，这不利于现代农业的推进，也增加了单家独户面对市场的风险。邓小平审时度势，于 1990 年提出了发展农业适度规模经营。发展适度规模经营不是规模越大越好，也不是重新回归"一大二公"人民公社的老路上，也不是全国整齐划一的规模

---

① 周太河.当代中国经济体制改革 [M].北京：中国社会科学出版社，1984：274.

经营，是根据各地区农业生产的需要和可能，根据农民的意愿合理地进行要素的组合和配置，使政策更加契合农业生产力发展的需要。

（2）农村流通体制的改革

新中国成立以来，我国农产品一直是统购统派，改革开放以来，这是农村经济发展的阻碍之一，也是农村经济改革的重要环节。农村流通体制的改革是从提高农产品的收购价格和减少统购、派购品种开始的。1979年，国务院决定，从3月起，陆续提高粮食、棉花等18种农产品的价格，平均提价幅度为24.8%；在提高收购价格的同时，对完成粮食以及棉花、油料、糖料、烤烟等统购任务的超购部分，实行加价政策。1983年和1984年国家又放宽了议购议销商品的范围，下放一些品种的价格管理权限。

1981年，全国农村工作会议提出对供销合作社进行体制改革，即恢复其合作商业的性质，推动供销社和农民形成利益共同体。1982年中央一号文件指出："要恢复和加强供销社组织上的群众性、管理上的民主性和经营上的灵活性，使它在组织农村经济生活中发挥更大的作用……在自愿原则下扩大吸收生产队和农民入股，分配根据股金和交售农副产品数量分红，供销社实行民主管理、独立核算、自负盈亏"。[1] 在改革试点成功后，中央进一步明确了要恢复供销社的合作商业性质，制定供销社章程，实行民主管理，恢复理事会和监事会，成立社员代表大会选举领导机构和领导者、恢复供销社的群众性、民主性和灵活性。

1979年11月，全国供销社下发了《关于扩大基层供销社自主权试点的几点意见》，分别从人权、经营权、财权、物权与价

---

① 郑有贵，李成贵. 一号文件与中国农村改革 [M]. 合肥：安徽人民出版社，2008：328-329.

格权等方面给予基层供销社一定程度的自主权。1980年4月供销合作总社与财政部联合下发文件指出，县以上供销社实行利润留成制度，具体比例是全国供销社系统利润留成的43%。同时，根据邓小平同志"在管理制度上要加强责任制"的指示精神，1983年3月，在1981年6月文件提出供销社要实行经营责任制的基础上，又特别强调了不要"一刀切"，要根据供销社自身的特点有针对性地实行经营责任制。之后，从基层供销社到很多县以上的公司都实行了经营责任制。[①]改革后的供销社为农村经济发展提供了良好的平台。农村经济的改革也推动了农村产业结构的调整，党中央明确了农业发展不能只靠粮食，只有多种经营发展了才会出现各种各样的农村专业队伍，促进农村商品经济的发展。

经过一系列改革，农村经济充满活力，出现了新的合作模式。供销社同农民联合兴办农作物业、养殖业商品基地，部分地区甚至出现了跨地区、跨部门的横向联合。1986年，全国供销合作社系统通过同农民联合兴办商品基地，向农民提供生产基金6亿多元，同时发布有关生产、技术、市场信息。在河北省，供销社同农民建立起养鸡、养羊、养貂、养蜂、养兔和食用菌、农产品加工等200多个专业合作组织，为81万个专业户的商品生产提供服务，并建立起一批县、乡、村的不同规模、不同类型的生产基地。[②]

（3）从社队企业到乡镇企业

在农民有了相对独立的经济地位以后，农业生产中出现了一批"能人"，再加上政策的扶持，社队企业也开始蓬勃发展。家

---

① 杨勇．邓小平农村经济改革思想研究 [D]．太原：山西大学博士学位论文，2018：77.

② 丛树海，张桁．新中国经济发展史（1949—1998）[M]．上海：上海财经大学出版社，1999：266.

庭联产承包责任制的普遍实行，使农民可以自由地支配自己的劳动时间和安排农事生产，极大地提高了农业劳动生产率，促进了农村商品经济的发展，农民的收入水平大大提高。在生活消费和必要的农业投入之后有了一定的剩余资金，农村也出现了大量的剩余劳动力，剩余资金和剩余劳动力需要寻找新的出路。但是由于城市的容纳量有限，再加上户籍制度的限制，农民很难去城市就业，而农民较深层次的需求及农村经济的进一步发展，需要有新的突破。这就需要继续创新，需要在农村就地寻找出路，对农村产业结构进行调整，离土不离乡的乡镇企业应运而生并迅速发展起来。

我国的乡镇企业是由社队企业发展而来的。改革开放之初，中央就强调了对社队企业的鼓励和支持。1979 年 9 月，党的十一届四中全会文件明确提出："社队企业要有一个大发展"，并从不同角度提出了支持社队企业发展的方针政策：社队企业要逐步加工宜于农村加工的农副产品；城市要从设备支援、技术指导层面给予支持；国家要根据不同情况对其实行低税、免税政策。1984 年 2 月，国务院发布了《关于农村个体工商业的若干规定》，规定："国家鼓励农村剩余劳动力经营社会急需的行业。对于经营手工业、修理业、服务业、饮食业等社会急需行业而确有困难的，国家可以在贷款、价格、税收等方面给予适当照顾，并在技术上给予必要的帮助。""国家保护农村个体工商业户的合法权利和利益，对侵犯农村个体工商业户合法权利和利益的行为，个体工商业户有权向当地或上级人民政府提出控告，或依法向人民法院起诉。"[1]1984 年 3 月，农牧渔业部和部党组就社队企业的

---

① 丛树海，张桁. 新中国经济发展史（1949—1998）[M].上海：上海财经大学出版社，1999：130.

发展和下一步走向进行了研究，指出社队企业必须进行改革，并就社队企业的发展创新作了报告，中共中央、国务院转发此报告并就社队企业更名为乡镇企业表示了赞同。党中央、国务院明确指出，乡镇企业是农村生产发展的重要组成部分，是农业生产不可分割的支柱，同时还是促使广大农民群众迈向共同富裕的重要支撑和主要途径。并且指出乡镇企业是国营企业的重要补充，要求各级党委和政府要给予必要的扶持。在多种政策的支持下，乡镇企业取得了较好的发展。1988 年全国乡镇企业单位为 1888.2 万个，比上年增加 137.9 万个，增长 7.9%，从业职工 9545.5 万人，比上年增加 740.3 万人，增长 8.4%，总产值为 6495.7 亿元，比上年净增 1731.4 亿元，增长 36.3%。[①] 乡镇企业不仅成为农村经济的半壁江山，在全国社会生产中都占有重要地位，1988 年乡镇企业占全国社会总产值的比重上升为 24%，占国家各项税收总额 13.1%。

② 城市经济改革

我国的城市经济改革是从工业管理体制改革开始的，并以国有工业企业改革为开端。虽然改革开放以来，农村经济改革和城市经济改革是同步进行的，但是农村经济改革进程较快，可以说，我国经济改革的重心是由农村逐步转移到城市的。在农村改革取得巨大成功并且开始向城市"外溢"，形成城乡协同改革的局面。1978 年以来，我国进行了以扩大企业自主权为主的企业改革，增强企业活力；推进了计划体制改革，为商品经济正名；鼓励和支持非公有制经济发展，促进经济协调发展。

---

① 丛树海，张桁. 新中国经济发展史（1949—1998）[M]. 上海：上海财经大学出版社，1999：133.

（1）以扩大企业自主权为中心的企业改革

扩大企业自主权是在工交企业中先行试点的。1980 年 9 月，国务院作出了 1981 年起在国营工业企业中全面推开扩大企业自主经营权的工作的决定。企业改革工作是在 1984 年 10 月通过了《中共中央关于经济体制改革的决定》（以下简称《决定》）后全面开展的。《决定》直击当时国内经济的痛点，"政企职责不分，条块分割，国家对企业统得过多过死，忽视商品生产、价值规律和市场的作用、分配中平均主义严重。这就造成了企业缺乏应有的自主权，企业吃国家'大锅饭'，职工吃企业'大锅饭'的局面，严重压抑了企业和广大职工群众的积极性、主动性和创造性"[①]。《决定》指出，增强企业的活力，特别是增强全民所有制的大中型企业的活力，是以城市为重点的整个经济体制改革的中心环节。

过去国家对企业管得太多太死的一个重要原因，就是把全民所有同国家机构直接经营企业混为一谈。根据马克思主义的理论和社会主义的实践，所有权和经营权是可以适当分开的。[②] 政府和企业要各司其职，使企业真正成为相对独立的经济实体。政府通过计划和经济、行政、法律等手段对企业进行必要的管理、指挥和调节，对必须由国家统一使用的收入，政府需要通过税收等形式从企业集中。政府有权委派、任免或批准、评选企业的主要领导人员，并且可以决定企业的创建和关停并转迁工作。企业内部实行厂长经理负责制，在服从国家计划和管理的前提下，由厂长统一指挥生产经营活动。企业可以自主选择灵活多样的经营方式，安排自己的产供销活动，有权拥有和支配自留资金，在国家

① 丛树海，张桁 . 新中国经济发展史（1949—1998）[M]. 上海：上海财经大学出版社，1999：133.
② 赵德馨 . 中华人民共和国经济史（1985—1991）[M]. 郑州：河南人民出版社，1999：33.

允许的范围内确定本企业产品的价格。

为了提高生产经营效率，企业中的党组织要发挥政治思想领导的核心作用，并积极支持厂长行使统一指挥生产经营活动的职权。在企业内部，要明确对每个岗位、每个职工的工作要求，建立以承包为主的多种形式的经济责任制。这种责任制的基本原则是：权、责、利相结合，国家、集体、个人利益相统一，职工劳动所得同劳动成果相联系。[1] 企业经济责任制深受干部和工人的欢迎，它打破了一贯沿用的国家企业分配关系上统收统支的局面，使企业在完成包干任务之后取得一定的留存利润用于扩大生产，形成了企业利润增加和职工工资提高的双赢局面。"利改税"的实行进一步浇灌了企业发展的土壤，1983年4月，国务院开始在全国范围内实行"税利并存"，对国营大中型企业统一征收55%所得税；1983年9月，国务院正式推行"以税代利"，设置若干具体税种和税率。1986年12月5日，国务院印发《关于深化企业改革增强企业活力的若干规定》，提出推行租赁制、利税分流制、股份制等多种形式的经营承包责任制，给经营者以充分的自主经营权。从1987年5月开始，全国范围内普遍推行承包经营责任制。到1987年底，全国预算内全民所有制工业企业已有78%实现了承包制，其中大中型企业达到了80%；[2] 到1988年底时，全国预算内的工商企业承包面超过了90%，其中大中型企业达到了95%。[3]

① 赵德馨.中华人民共和国经济史（1985—1991）[M].郑州：河南人民出版社，1999：33.

② 中国的道路——中国改革与发展报告（1978—1994）[M].北京：中国财政经济出版社，1995：85.

③ 丛树海，张桁.新中国经济发展史（1949—1998）[M].上海：上海财经大学出版社，1999：136.

以扩大企业自主权为中心的企业改革工作推进以来，中国工业进入了持续高速增长阶段，1984年至1988年5年间，工业总产值平均增长率超过17%，工业增加值平均增长率也超过了14%，工业基本建设投资也处于高速增长状态，具体数据见表3-3。

表3-3　1984—1988年中国工业增长率 ①　　　　（单位：%）

年份	工业总产值计划增长率	工业总产值增长率	工业增加值增长率	工业基本建设投资增长率
1984	5.0	16.3	14.9	21.0
1985	8.0	21.4	18.2	30.7
1986	8.8	11.7	9.6	19.1
1987	7.0	17.7	13.2	28.4
1988	8.0	20.8	15.3	16.6

（2）计划体制改革与价格改革

改革开放以前，我国基本上是依靠行政手段和指令性计划管理经济活动的，改革开放政策的推进使计划经济模式逐渐松动。1979年3月，陈云同志指出："整个社会主义经济必须有两个部分：（一）计划经济部分（有计划按比例的部分）；（二）市场调节部分（即不作计划，让它根据市场供求的变化进行生产，即带有'盲目'调节部分）。第一部分是基本的、主要的，第二部分是从属的、次要的，但又是必须的。"② 中国共产党人开始抛弃"市场经济是资本主义特有的东西"这种偏见。邓小平在1980年1月16日的干部会议的讲话中也提到："我们在发展经济方面，正在寻求一条合乎中国实际的，能够快一点、省一点的道路，其中包括扩大企业自主权和民主管理，发展专业

① 《中国统计年鉴（1992）》，中国统计出版社，第31、56页；《中国统计年鉴（1989）》，中国统计出版社，第488-489、523页.

② 陈云.计划与市场问题 [M]// 中共中央文献研究室.三中全会以来重要文献选编.北京：人民出版社，1982：66.

化和协作，计划调节和市场调节相结合，先进技术和中等技术相结合，合理利用外国资金、外国技术等。"①1982年中共十二大基本明确了"计划为主，市场为辅"的原则，党的十二大报告中明确指出："我国在公有制基础上实行计划经济。有计划的生产和流通，是我国国民经济的主体。同时，允许对于部分产品的生产和流通不作计划，由市场来调节，也就是说，根据不同时期的具体情况，由国家统一计划划出一定的范围，由价值规律自发地起调节作用。这一部分是有计划生产和流通的补充，是从属的、次要的，但又是必须的、有益的……我们要正确划分指令性计划、指导性计划和市场调节各自的范围和界限，在保持物价基本稳定的前提下有步骤地改革价格体系和价格管理办法，改革劳动制度和工资制度，建立起符合我国情况的经济管理体制"。②党的十二届三中全会通过的《关于经济体制改革的决定》又提出了社会主义经济是公有制基础上的有计划商品经济的概念。

计划体制改革初期，市场经济运行市场化只局限在商品市场上，资本和劳动力市场、产权的明晰化仍然被或明或暗地加以限制，市场体系不健全，市场竞争不充分。当时完全由市场调节的生产和交换主要是农副产品、日用小商品和服务修理行业的劳务活动。尽管如此，有计划的商品经济理论的提出仍是重大的突破，因为它完全打破了社会主义和商品经济对立的传统观念，为国民经济的全面发展做好了铺垫。我国原先确定的国家统配物资为259种，计划内的物资分配采取敞开供应、核实供应、凭票供应和承包配套供应等多种办法。1981年后，国家只对其中重要的

① 邓小平：目前的形势和任务[M]//邓小平文选：第二卷.北京：人民出版社，1994：246-247.

② 中共中央文献研究室.十二大以来重要文献选编（上）[M].北京：人民出版社，1986：23.

短缺物资和汽车实行计划分配，对工业消费品由过去的团购包销改为少数实行统购统销，多数采取计划收购、定购选购和自由购销等方式。对农副产品统购派购品种由原先的 132 种减少到 71 种，取消了几十种商品凭票、凭证供应的办法。[1] 国民经济是一个极其复杂的、有机的、多部门、多环节、多层次、多因素的综合系统，在运行过程中，各个生产经营单位以及它们同消费者的关系处于千变万化的运动之中，很难提前作出一个全面的、符合经济形势的计划，而计划体制的改革有效提高了资源配置的效率，也提高了计划的科学性。

计划体制的改革带动了价格体制的改革，使我国在 20 世纪 80 年代中期到 90 年代中期形成了独特的价格双轨制，即同一种产品存在着计划价格和市场价格。中国由于其特殊的历史经济社会条件，在实行计划经济的过程中，计划经济和计划价格从来没有覆盖整个社会，因此，一直存在着计划和市场的双轨价格。自陈云在 20 世纪 60 年代困难时期首创计划高价商品的双轨制先河后，国家从改革开放伊始就广泛采用超计划加价的双轨多轨制价格，并将其作为调节经济和推动改革的重要方式。[2]1979 年开始，国家对油、棉、生猪等各类农副产品的收购价都相应提高，并实行 30% 左右的超购加价，从而在全部农产品收购上实行基数和超购计划价格双轨制；1981 年，随着国内外原油价格差距加大，原油价格也开始双轨制价格并存，随后，天然气、煤炭等也开始了价格改革。1984 年 9 月，莫干山会议上，学者们就价格体制改革进行了激烈的讨论，"调放结合、先放后调"的改革思路得到了

① 当代中国研究所 . 中华人民共和国史稿：第四卷 [M]. 北京：人民出版社，2012：220.
② 华生，张宇，汲铮 . 中国独特的价格双轨制改革道路的成因——中华人民共和国成立 70 年回看历史的透视 [J]. 中国经济史研究，2020（4）.

认可，即利用工业品自销比例扩大、价格松动的趋势，因势利导，取消国家对超计划产品的价格控制，组建生产资料市场，扩大工业品直接进入市场的比重，等到主要物资市价统一、平稳、下跌后再分步调价。这样通过几个调放周期，用 4 至 5 年的时间最后实现两个价格的统一，完成价格改革。1985 年 4 月，国务院确立了价格改革的基本方针：放调结合，小步前进；之后，价格双轨制全面铺开。价格体制改革存在很多争议，并且在 1988 年出现了较大的经济波动和通货膨胀，中央不得不暂停改革，并进行了反思。1988 年 9 月举行的党的十三届三中全会的报告首次在党的正式文件中提到双轨制，报告指出价格双轨制是我国一定历史条件下的产物，在商品经济还很不发达、市场远未发育的情况下，硬性取消看来是行不通的。既然双轨制在一定时期内不可避免，就必须强化管理和监督，减少混乱现象，尽量限制它的弊端。之后，价格改革进入了为期三年的调整期，并在 20 世纪 90 年代中期基本完成了向市场价格并轨。

（3）非公有制经济的发展

流通体制的改革和计划体制的改革搞活了城市和农村的商品经济，在全民所有制经济外，集体和个体商业有了很大发展，相继出现了联营商店、小商品批发市场、农工商联合企业等多种形式。改革开放之初，个体经济是作为国营经济的助手和补充来发展的，主要是为了解决就业问题和满足城乡居民生活需要。

1980 年 8 月全国就业会议的文件《进一步做好城镇劳动就业工作》将个体经济定性为"社会主义公有制经济的不可缺少的补充"，并允许个体经济在相当长的历史时期"适当发展"，基于此种认识，该文件要求"有关部门对个体经济要积极予以支持，不得刁难、歧视。一切守法的个体劳动者，应当受到社会的尊重"。[1]1980 年 10 月，国务院发布的《关于开展和保护社会主义竞争的暂行规定》明确了个体经济成分受国家法律的保护。1981 年 6 月，党的十一届六中全会通过的《关于建国以来党的若干历史问题的决议》中指出，"国营经济和集体经济是我国基本的经济形式，一定范围的劳动者个体经济是公有制经济的必要补充"[2]。1981 年 7 月，国务院下发的《关于城镇非农业个体经济若干政策性规定》对于个体经济的行业、雇员数量等有了较为明确的说法。个体经济的行业包括各种小型的手工业、零售商业、饮食业、服务业、修理业、非机动工具的运输业、房屋修缮业等；个体户在必要时可以请一至两个帮手，对于技术性较强的，可以带不超过 5 个学徒。1982 年 12 月，全国人大五届五次会议通过的《中华人民共和国宪法》总纲规定："在法律规定范围内的城乡个体劳动者经济，是社会主义公有制经济的补充。国家保护个体经济的合法的权利和利益。国家通过行政管理，指导、帮助和监督个体经济。"[3]城乡个体经济的地位以宪法的形式被明确下来。根据统计，到 1982 年底，我国从事社会零售、饮食业、服务业的全民所有制、集体所有制、合营、个体等各种经济类型机构达 383.2 万个，人员达 1292.1 万人，城乡集市达到 44775 个。[4]个体经济的地位得到法律承认，并且切实改善了就业问题，方便了城乡居民生活。党中央和国务

① 董大伟.改革开放以来党的非公有制经济政策演进研究（1978—2016）[D].北京：中共中央党校博士学位论文，2017：23.
② 中共中央文献研究室.三中全会以来重要文献选编（下册）[M].北京：人民出版社，1982：840-841.
③ 中共中央文献研究室.新时期经济体制改革重要文献选编（上）[M].北京：中央文献出版社，1998：163.
④ 国家统计局.中国统计年鉴（1983）[M].北京：中国统计出版社，1983：386、399.

院又出台了一系列政策、采取了一系列措施，引导个体工商业的发展。1983 年 3 月 5 日，中共中央和国务院下发了《关于发展城乡零售商业、服务业的指示》，从政治经济学理论角度批评了一些旧社会的陈腐观念，强调商业和服务业既有生产劳动，也有非生产的服务劳动。在社会主义制度下，为人民服务是从来不分尊卑贵贱的，服务性劳动是为人们所需要，对社会有贡献的光荣岗位。同时，为了解决个体商业、服务业人才短缺问题，文件要求"各省、市、自治区要有重点地办好几个中等商业、服务学校"，而且"提倡和扶助各社会团体和个人举办职工技术学校。"[1]1983 年 4 月，国务院发布的《关于城镇非农业个体经济若干政策性规定的补充规定》扩大了个体工商户的经营范围，开始有条件地允许个体户从事长途贩运和批量销售。尽管《规定》对于人口流动还是有一定限制，但对个体经济的发展具有重大促进作用。1984 年 2 月，国务院发布《关于农村个体工商业的若干规定》，提出对农村剩余劳动力经营社会急需行业的鼓励政策，并要求对困难个体户在贷款、价格、税收、技术等方面给予适当照顾和必要帮助；此文件还放宽了对农村个体销售形式的限制，规定在以零售商业为主之外，还可以从事城乡贩运和批量销售。对于特殊地区的农村个体户，文件放宽其经营范围。1984 年 10 月 20 日，党的十二届三中全会通过《中共中央关于经济体制改革的决定》，提出要积极发展多种经济形式。关于个体经济的性质，文件强调我国的个体经济与社会主义公有制相联系，是社会主义经济必要的有益的补充，从属于社会主义经济的，不

---

① 董大伟.改革开放以来党的非公有制经济政策演进研究（1978—2016）[D].北京：中共中央党校博士学位论文，2017：26.

同于和资本主义私有制相联系的个体经济。①

　　政策的支持与经济改革进程的推进使个体经济成为我国经济的重要组成部分，具体情况见表3-4。从数据可以看出，1982年以宪法的形式明确个体经济的地位极大地刺激了个体经济发展的积极性，1983年个体户户数增长126.1%，个体经济从业成员增长133.4%，这都是政策在经济发展过程中的反馈。1981年至1987年，个体经济一直保持着积极的发展态势，虽然受1985年国家收缩银根的影响，1986年个体经济增速仍然保持了正增长。1987年同改革前的1978年相比，全民所有制企业的产值虽然大幅增长，但是它所占的比重由77.6%下降到59.7%，集体经济由22.4%上升到34.6%，其他非公有制经济成分由几乎为零上升到了5.6%。在社会商品零售总额中，全民所有制商业由54.6%下降到了38.7%；集体商业由43.3%下降到了35.7%，非公有制经济则从2.1%上升到了24.6%。②总的来说，个体经济在改革开放起步阶段发展势头较好，在解决就业问题、活跃经济、发展生产等方面起到了重要的作用，也为经济体制的进一步改革营造了良好的环境。

表3-4　1981—1987年全国个体工商户发展情况 ③

年份	户数		从业人员	
	户数（万户）	比上年增长（%）	人数（万人）	比上年增长（%）
1981	183	—	227	—
1982	261	42.6	320	40.6

---

① 中共中央文献研究室.新时期经济体制改革重要文献选编（上）[M].北京：中央文献出版社，1998：289.

② 丛树海，张桁.新中国经济发展史（1949—1998）[M].上海：上海财经大学出版社，1999：134.

③ 数据来自《中国私营企业发展报告》（1978—1998）.

年份	户数		从业人员	
	户数（万户）	比上年增长（%）	人数（万人）	比上年增长（%）
1983	590	126.1	746	133.4
1984	933	58.1	1304	74.6
1985	1171	25.5	1766	35.5
1986	1211	3.4	1846	4.5
1987	1373	13.4	2158	16.9

③. 对外开放

党的十一届三中全会坚定而果断地提出了对外开放政策，开启了我国对外开放的新篇章。对外开放与对内改革是不可分割的，中国要想改变贫穷落后的状况，就要尽快改革，而对外开放则是改革的外在动力，随着对外开放的发展，国内经济改革也会不断深化。以邓小平为核心的党的第二代领导集体根据国际国内形势具体勾画了对外开放的形式、途径、步骤等，形成了与国内经济改革进程相契合的对外开放模式。

（1）"全方位多层次宽领域"的对外开放格局

依据国情和对国际形势的科学判断，邓小平认为现在的世界是开放的世界，中国的发展离不开世界。为此，中国的开放不应该是某一领域、某一方面的开放，而应是全方位的开放，是面对西方发达国家、苏联和东欧国家以及发展中国家和地区的开放。在当时的国际政治经济体系中，发达资本主义国家在资本、科学技术设备与管理经验等方面占有绝对的优势，我们吸收外资和引进技术也主要是从它们那里来；它们还掌握了制定国际政治经济秩序的话语权，决定着国际市场的变化，向西方发达国家开放是我们融入世界市场的第一步。虽然发展中国家和我们站在差不多的起跑线上，技术落后，经济不发达，但是对第三世界国家的开放也十分重要，有助于我们团结起来，不被发达国家牵着鼻子走，发展中国家是我们经济上的支撑和政治上的依靠；苏联和东欧国家则一直是我们学习的对象，它们起步比我们早，技术水平比我们更发达，进一步向它们开放不仅有利于引进先进的科学技术，也能增强社会主义阵营的力量。

由于我国幅员辽阔，各地自然、人文条件差别很大，经济技术发展水平又极不平衡，我国的对外开放也必然是多层次的，即分阶段、分地域逐步扩展、逐渐推进。国家并不是一下子把整个国民经济推向国际市场，而是根据我国的基本国情，首先从国内条件相对比较好的、容易跟国际市场和世界经济衔接的沿海局部地区开始，再向整个沿海地区拓展的方式开放。按照中央和国务院的指导方针，我国将采用逐步推进的开放方式：建立经济特区——沿海开放城市——沿海经济开放区——沿江和沿边开放区——内地，由南到北、由东到西、由外到内、由沿海到内地等维度来开展。①

我国的对外开放也是宽领域的开放，包括对外贸易、资金往来、引进技术、劳务合作、国际旅游等多种形式，并且随着改革的推进不断扩充。改革开放以来，我国实行了一系列的重大措施开展对外贸易、引进外资、引进先进科学技术、学习管理经验，并积极与国外开展对外劳务合作、促进和发展国际旅游等事业。邓小平认为，首先要实行科学技术领域的对外开放，学习、引进和吸收国外的科学技术，尤其是高科技。我国也非常重视思想文化领域中的对外开放。邓小平指出，"经济上实行对外开放的方针，

---

① 赵玉华. 中国社会主义对外开放思想发展研究 [D]. 兰州：兰州大学博士学位论文，2019：128.

是正确的，要长期坚持，对外文化交流也要长期发展。"根据邓小平的要求，我们要坚持两手抓，一手抓物质文明，一手抓精神文明。在经济领域实行对外开放获得迅速发展的时候，也要在文化领域方面实行对外开放，广泛交流与发展。交流形式既有官方又有民间，形式丰富多样，内容包括科技、文化、教育、体育等许多方面。[①]

（2）改革开放初期经济特区的建设

建立经济特区是我国对外开放的第一个层次，主要起到试验田的作用。在我国建立经济特区之前，国际上已经存在了大量的经济特区，国外建立的经济特区大部分都是面向国外市场，印度等国家对经济特区甚至允许外资的全额投资，并对进出口货物全部免征关税，国外经济特区的模式在某种意义上是在一国境内划出一片区域进行资本主义模式的生产经营。但我国经济特区建设无论成功与否，都必须坚持始终走社会主义道路，经济特区的成果要始终为社会主义人民服务。

我国经济特区的发展历史起步于 1979 年。1979 年 1 月，广东省委在全省传达十一届三中全会精神的时候，提出了广东在改革开放中如何发展的问题，经过讨论初步形成了利用毗邻香港的天然优势发展经济特区的设想。1979 年 4 月，广东省委将这一设想向中央进行了汇报，邓小平听取广东省委情况汇报时，对该设想给予了大力支持，并将革命根据地与经济特区进行对比，以诠释经济特区的意义、价值和功能。但是当时并没有正式对深圳经济特区命名，也没有形成政策性的文件，只是在原则上同意了这一设想。后经国务院和广东省委的共同考察，研究制定了深圳经济特区建设的初步方案，上报中央后很快得到了同意，并于 1979

---

② 赵玉华 . 中国社会主义对外开放思想发展研究 [D]. 兰州：兰州大学博士学位论文，2019：130.

年 7 月获得了中央的正式文件回复，建议初步将深圳定位为"出口特区"，强调这种出口特区主要是"试办"。接到批复文件后，广东省率先在深圳建立了蛇口工业区，主要从事出口产品的加工，并且入驻企业主要是港资企业。1980 年 5 月中央在批准广东、福建两省试办出口加工区的文件中，正式将出口加工区命名为"经济特区"。1980 年 8 月全国人大通过了《广东省经济特区条例》，意味着经济特区建设中的法制化建设起步。在深圳经济特区开工建设不到一年的时间内，珠海、厦门、汕头三个经济特区分别在1980 年的 10 月和 11 月相继开工，至此，第一批经济特区的 4 个城市全部进入了实施阶段。经济特区运行 4 年后，1984 年初邓小平考察了深圳、厦门、珠海 3 个经济特区，正面回答了社会对创办经济特区的质疑，认为经过实践证明我国创办经济特区的思路是正确的。随后，关于经济特区建设的经验得到了社会认可，并将经济特区模式迅速向全国推广。1984 年 2 月 24 日，邓小平提出"除现在的特区之外，考虑再开放几个点，增加几个港口城市。如大连、青岛。这些地方不叫特区，但可以实行特区的某些政策"。[①]1984 年 4 月，中央政治局通过了在大连、秦皇岛、天津等 14 个沿海城市以及海南岛实行经济特区政策。1985 年 12 月，经济特区的范围进一步扩张，向珠江三角洲和长江三角洲扩散，并计划将这些地区建设成沿海经济开放区。1986 年 4 月，深圳、珠海、厦门、汕头 4 个经济特区开始向特色经济特区转变，并且明确提出了以工业为主、工贸结合的外向型经济模式。1987 年 8 月，国务院正式向全国人大提出议案，建议撤销海南行政区，设立海南省并同时划定海南岛为经济特区。1988 年 4 月，酝酿许久的海

---

① 邓小平.办好经济特区，增加对外开放城市 [M]// 邓小平文选：第三卷.北京：人民出版社，1993：52.

南经济特区在第七届全国人大一次会议上正式获得批复，成为全国最大的经济特区。①

经济特区的政策极大加速了五大经济特区的经济发展进程，完全改变了特区的经济面貌，五大经济特区依靠各自的区位优势或资源优势，形成了适合该地的经济发展模式。深圳特区毗邻香港，设立特区后，大量港资企业进入深圳投资，运输、餐饮、金融服务等行业迅速发展；厦门则加深了与台湾的电子产品加工业的合作，并且依托浙江等地的服装加工业的优势，加大了服装出口加工的比例；海南则依靠区位和气候优势大力发展农业和热带经济作物，农业产值攀升；珠海的家电产业和汕头的工业玩具产业也都形成了特色。经济特区开始推行以来，五大特区的生产总值突飞猛进，特区总产值占全国生产总值的比例也不断提高。特区之间的发展也逐渐出现了差异，深圳从1980年敬陪末座到1988年跃居特区之首，具体情况见表3-5。

表3-5　五大经济特区 GDP 总量　　　　（单位：亿元）

年份	1980	1984	1988
深圳	1.96	23.42	86.98
珠海	2.61	6.79	25.07
汕头	10.79	6.79	57.14
厦门	6.4	12.29	35.98
海南	19.33	37.18	77.13
特区合计	41.27	79.68	282.3
全国总计	4517.8	7171	14928.3
特区占全国比重	0.91%	1.11%	1.89

（注：数据根据中国统计年鉴计算得出）

---

① 赵胜文.中国特色社会主义经济特区建设研究 [D]. 长春：东北师范大学博士学位论文，2015：36-37.

（3）"引进来"和"走出去"相结合战略的实施

"引进来"指的是要争取从国际市场上获得资金、技术、人才、管理、设备等国际资源，要引凤筑巢，借助境外这些优势资源，大力发展我国建设，与国际经济建立联系，开展经济贸易往来。"走出去"就是利用国内要素配置国际资源，通过主动对外投资、境外经营，拓展国内市场，进军国际市场，培育跨国企业，扩大利用资源的范围，提高国内企业的国际竞争能力。

在改革开放之初，面对资金短缺、技术落后的局面，我国主要实施的是"引进来"战略。邓小平指出，对外开放是在坚持社会主义原则下开展的，将外国先进的科学技术、资金吸引过来，或者兴办中外合资企业、外商独资企业等，都是对社会主义经济的补充，这样做不会也不可能破坏社会主义经济。[①]在发达国家，经济增长的贡献率主要来源于科学技术，我国的科学技术当时十分落后，与社会主义现代化建设要求完全不匹配，所以我们欢迎国外先进技术。我国引进技术主要是以成套设备、关键设备、生产线，专业技术许可、技术咨询、技术服务为主。同时，引进先进技术设备，提高劳动生产率时，也强调"软科学"管理。

对外开放初期，我国的"引进来"战略以引进外资为主。为了给引用外资创造一个良好的法律环境，1979 年 7 月 1 日，第五届全国人民代表大会第二次会议审议通过了《中华人民共和国中外合资企业经营法》；8 月设立了外国投资管理委员会；1980 年 10 月和 12 月，又先后制定并公布了《中外合资经营企业所得税法》及实施细则。对于经济特区的对外经济合作，我国还采取了特殊的管理体制。例如，特区内多种经济成分并存，但以中外合资经营企业、中外合作经营企业以及外商独资企业为主；对于前来投资

---

① 邓小平.邓小平文选：第三卷 [M].北京：人民出版社，1993：139.

的客商，在税收、土地使用费、入境管理方面，给予特殊的优惠和方便等。①

开放初期实施"引进来"战略的同时，也有一些企业实施了"走出去"战略，主要表现为大的外贸公司在国外投资设立贸易分支机构或者联合在境外设立贸易公司。基于当时国内经济发展水平，对外直接投资或与外商合作在外投资较少。到20世纪90年代后期，我国"走出去"的步伐才开始加快。

三、社会主义初级阶段理论的提出

1987年，党的第十三次全国代表大会召开，我国的改革开放政策也实施了将近10年的时间。在这期间，我国经济发展状况发生了巨大的变化，农村经济开始活跃，国营企业进行了改革，个体经济迅速发展，私营和"三资"企业也开始出现，价值规律在国民经济中发挥着越来越重要的作用。中国的改革进程已经突破了原有的设想。于是，中国共产党总结改革开放以来的发展经验，结合国内外经济发展情况，提出了社会主义初级阶段理论，以推动改革的深入发展。社会主义初级阶段理论的提出，是对中国国情的再认识，也进一步完善了经济发展战略的构想，明确了进一步改革的目标和实现路径。

1. 社会主义初级阶段理论的酝酿和正式形成

从社会主义初级阶段理论开始酝酿直至正式形成，可以概

括为三个阶段，即党的十一届三中全会至党的十二大的酝酿期、党的十二大至党的十三大的初步形成期和十三大以后的确立发展期。1981 年 6 月，党的十一届六中全会通过的《中共中央关于建国以来党的若干历史问题的决议》第一次明确指出："尽管社会主义还处于初级阶段，但我国已经进入了社会主义社会。"①1982年党的十二大强调了我国的社会主义现在还处在初级发展阶段。1986 年党的十二届六中全会通过的《中共中央关于社会主义精神文明建设的指导方针的决议》指出："我国还没有走出社会主义初级阶段。"②1987 年 2 月，邓小平为党的十三大报告定下了"在理论上阐述什么是社会主义，讲清楚我们的改革是不是社会主义"的理论基调。1987 年 8 月，邓小平进一步明确提出："我们党的十三大要阐述中国社会主义是处在一个什么阶段，就是处在初级阶段，是初级阶段的社会主义。社会主义本身是共产主义的初级阶段，而我们中国又处在社会主义的初级阶段，就是不发达的阶段。一切都要从这个实际出发，根据这个实际来制订规划。"③1987年 10 月，党的十三大上，邓小平对社会主义初级阶段理论进行了系统阐述："初级阶段要上百年，从 1956 年我们进入社会主义开始算，进入社会主义就进入了社会主义初级阶段。要上百年，那就是到 21 世纪中叶，这段时间都是属于社会主义初级阶段。"④

　　社会主义初级阶段，是特指我国社会主义必然要经历的特定

①　中共中央文献研究室.关于建国以来党的若干历史问题的决议（注释本）[M].北京：人民出版社，1983：27.

②　中共中央关于社会主义精神文明建设指导方针的决议 [M]. 北京：人民出版社，1986：26.

③　邓小平.一切从社会主义初级阶段的实际出发 [M]// 邓小平文选：第三卷.北京：人民出版社，1993：252.

④　中共中央文献研究室.十三大以来重要文献选编（上）[M].北京：人民出版社，1991：35.

阶段，而不是泛指任何国家经历的起始阶段。它不是"初级阶段"
与"社会主义"理论的简单叠加，而是两者有机联系中形成的具
有特定内涵的科学概念。该论断可从两个方面进行论证："一是
我国已进入社会主义，只能坚持而不能离开社会主义；二是我国的
社会主义还处在初级阶段，只能从实际出发，而不能超越这个阶
段。"① 这一方面强调了我们的社会性质，另一方面指出了我们
不发达的状况，我们在生产力和生产关系、经济基础和上层建筑
等领域，存在着许多不完善之处。正如十三大报告提到的："这
个阶段，既不同于社会主义经济基础尚未奠定的过渡时期，又不
同于已经实现社会主义现代化的阶段。我们在现阶段所面临的主
要矛盾，是人民日益增长的物质文化需要同落后的社会生产之间
的矛盾。阶级斗争在一定范围内还会长期存在，但已经不是主要
矛盾。为了解决现阶段的主要矛盾，就必须大力发展商品经济，
提高劳动生产率，逐步实现工业、农业、国防和科学技术的现代
化，并且为此而改革生产关系和上层建筑中不适应生产力发展的
部分。"② 中国共产党将中国的发展阶段科学地定位为社会主义
初级阶段，将对中国国情的认识提升到了新高度和新阶段，也为
我国之后的经济改革奠定了理论基础，指明了发展方向。

②. 进一步改革的战略规划

党的十三大还提出了社会主义初级阶段的基本路线："领导
和团结人民，以经济建设为中心，坚持四项基本原则，坚持改革
开放，自力更生，艰苦奋斗，为把我国建设成为富强、民主、文明

① 中共中央文献研究室.十三大以来重要文献选编（上）[M].北京：人民出版社，
1991：9.
② 中国共产党第十三次全国代表大会文件汇编 [M].北京：人民出版社，
1987：10.

的社会主义现代化强国而奋斗。"[①]根据这一基本路线，在"两步走"实现小康目标的战略基础上，邓小平提出了社会主义现代化建设"三步走"的经济发展战略目标和战略步骤。党的十一届三中全会以后，我国经济建设的战略部署大体分三步走：第一步，实现国民生产总值比 1980 年翻一番，解决人们的温饱问题；第二步，到 20 世纪末，使国民生产总值再增长一倍，人们生活达到小康水平；第三步，到 21 世纪中叶，人均国民生产总值达到中等发达国家水平，人民生活比较富裕，基本实现现代化。党的十三大报告将中国从改革开放后算起的"三步走"各个阶段赋予了对应的阶段性目标。目标的定量部分是国民生产总值的翻倍，定性部分是对人民生活水平的描述。邓小平对人民生活的描述分别使用了"温饱""小康""富裕"三个核心词语。三个词语反映了生活水平不断提高的递进关系，也反映了党中央对未来中国经济建设工作的决心。"三步走"战略指明了未来不同时期我国现代化建设所追求的方向和重点所在，促进了经济工作和国家发展。[②]

"三步走"的发展战略是建立在科学量化基础上的，它不同于以往过于抽象或不切实际的目标。第一步的目标业已实现，第二步的翻两番是建立在从 1980 年到 20 世纪末国民生产总值年均增长 7.2% 基础上的。1953 年至 1978 年的 26 年间，中国国民生产总值平均增长速度为 6.1%，[③]考虑到"大跃进"和"文革"对经济的巨大冲击，那么在党的工作重心已转移到经济建设的情况

① 中国共产党第十三次全国代表大会文件汇编 [M]. 北京：人民出版社，1987：15.

② 王锐. 中国社会主义经济建设的历史进程和基本经验 [D]. 北京：中共中央党校博士学位论文，2019：77.

③ 赵德馨. 中华人民共和国经济史（1985—1991）[M]. 郑州：河南人民出版社，1999：52.

下，实现年均 7.2% 的目标并不是遥不可及的。

制定和实施"七五"计划是实现"三步走"中的第二步战略目标的重要路径。1986 年，经六届全国人大四次会议审议批准了"中华人民共和国国民经济和社会发展第七个五年计划"，对 1986 年至 1990 年的国民经济发展进行了规划。推动经济改革顺利开展是"七五"期间的重要任务，在"七五"的前两年，改革的重点是围绕稳定经济的要求，从宏观上加强、完善间接调控体系，价格改革不再采取大的措施，落实扩大企业自主权的各项规定，减轻全民所有制大中型企业的负担，增加它们的活力。"七五"的后 3 年，要围绕发展社会主义商品市场的要求，进一步加强、完善间接控制，搞好生产资料价格的改革，完善税制，改革金融体制。① 尽管由于 1988 年严重通货膨胀影响了"七五"计划的完成度，但是"七五"计划的方向是正确的，"三步走"战略和"七五"计划也分别代表了中国共产党对于国民经济发展的长期规划和短期规划，体现了中国经济改革的渐进性。

③ 国民经济的治理整顿

20 世纪 80 年代，中国经济体制改革全面铺开，经济连续高速增长，但是，在新旧体制转换的过程中，旧的经济调节手段逐步减少，新的调节体系又不健全，微观经济主体的激励机制与约束机制不对称，宏观经济调控难度增大，投资与需求都出现了膨胀的趋势，引发了 1988 年的严重通货膨胀。

1988 年 9 月下旬召开的党的十三届三中全会对造成严重通货膨胀的原因进行分析，认为根本原因是经济过热，社会总需求超

---

① 赵德馨. 中华人民共和国经济史（1985—1991）[M]. 郑州：河南人民出版社，1999：68.

过总供给；会议提出了要下最大的决心，在坚持改革开放的总方向的前提下，把 1989 年和 1990 年改革和建设的重点突出地放在治理经济环境和整顿经济秩序上来。

在整顿治理初期，政府采取了一系列紧急措施。1988 年 10 月 24 日，国务院发出《关于加强物价管理，严格控制物价上涨的决定》以保障群众生活必需品的价格稳定。为了稳定金融，1989 年中国人民银行两次提高居民定期存款利率，并且严控贷款规模，紧缩银根。中央还采取了压缩固定资产投资规模、清理整顿公司等紧急措施。为了保证国民经济的长期稳定发展，1989 年计划的宏观调控目标也有所收紧：在提高经济效益的前提下，保持适度的经济增长率，使农业生产比上年增长 4%，工业生产增长 8%，国民生产总值增长 7.5%；全社会固定资产投资水平比上年压缩 20% 以上；国家预算赤字和货币发行量都要低于上年。[①] 在这样的紧急应对和宏观调控下，1990 年初通货膨胀情况就有所缓解，但是出现了市场疲软、工业滑坡、经济生活发生困难等问题。为了克服困难，中央将整顿的时间延长至 1991 年，在继续控制社会总需求，努力稳定金融，平衡财政收支的同时要启动经济，保持工业生产的适度增长。在调整城乡生产结构、优化流通环境和发展对外关系等方面也采取了一系列措施。到 1991 年，我国经济增长基本恢复到了正常水平。在高速发展的进程中进行治理整顿，是中国共产党在社会主义初级阶段作出的正确决策。但是，治理整顿主要是通过行政手段代替经济手段来解决问题，深层次的矛盾难以化解，我们必须要进一步解放思想，通过进一步深化和完善各项改革措施，逐步建立起符合计划经济与市场调节相结

---

① 赵德馨.中华人民共和国经济史（1985—1991）[M].郑州：河南人民出版社，1999：111-112.

合原则的，经济、行政、法律手段综合运用的宏观调控体系。

四、社会主义市场经济体制的建立

1992 年 10 月，中国共产党召开了第十四次全国代表大会，明确提出了我国经济体制改革的目标是建立社会主义市场经济。20 世纪 80 年代末 90 年代初，苏联解体、东欧剧变，国际共产主义运动受挫，国内又出现了严重通货膨胀，经济体制改革遭遇波折。确立社会主义市场经济体制是对国际国内复杂形势的回应，也是中国经济改革实践的必然要求，中国经济改革进入了正式转轨阶段，也开始面临新的挑战。

1. 社会主义市场经济建设的探索

（1）社会主义市场经济理论的形成

社会主义市场经济体制是在理论与实践的互相推动中发展的，是中国共产党人逐步摆脱对计划和市场的传统观念，形成新认识以及这种新的认识不断深化的结果，也是自党的十一届三中全会以来改革开放实践的必然结果。

早在 1979 年 1 月，邓小平会见美国客人时就提道："市场经济不能说只是资本主义的。市场经济，在封建社会时期就有了萌芽。社会主义也可以搞市场经济。"[①]1985 年 10 月，邓小平会见美国客人时再次指出："社会主义和市场经济之间不存在根本矛盾。问题是用什么方法才能更有力地发展社会生产力。我们过

---

① 邓小平. 社会主义也可以搞市场经济 [M]// 邓小平文选：第二卷. 北京：人民出版社，1994：236.

去一直搞计划经济，但多年的实践证明，在某种意义上说，只搞计划经济会束缚生产力的发展。把计划经济和市场经济结合起来，就更能解放生产力，加速经济发展。"①1987 年 2 月，邓小平在接见几位中央负责同志时说："计划和市场都是方法嘛。只要对发展生产力有好处，就可以利用。它为社会主义服务，就是社会主义的；为资本主义服务，就是资本主义的。"②1992 年的南方谈话正式奠定了社会主义市场经济理论的基础，邓小平指出，"计划多一点还是市场多一点，不是社会主义与资本主义的本质区别。计划经济不等于社会主义，资本主义也有计划；市场经济不等于资本主义，社会主义也有市场。计划和市场都是经济手段。"③在实践过程中，我们也经历了从"计划经济为主，市场调节为辅"到有计划的商品经济再到社会主义市场经济几个发展阶段。

　　1992 年 10 月，江泽民在党的第十四次全国代表大会上作了《加快改革开放和现代化建设步伐，夺取有中国特色社会主义事业的更大胜利》的报告，正式确立了社会主义市场经济理论的地位。提出为了加速改革开放，推动经济发展和社会全面进步，必须努力实现十个关系全局的主要任务。1993 年 12 月，党的十四届三中全会作出了《中共中央关于建立社会主义市场经济体制若干问题的决定》，全面系统地阐明了经济发展的基本框架和战略部署，提出了发展全国统一市场和进一步扩大市场作用的要求。1993 年末和 1994 年初，国务院又作出了《关于实行分税制财政管理体

---

① 邓小平.社会主义和市场经济不存在根本矛盾 [M]// 邓小平文选：第三卷.北京：人民出版社，1993：148-149.

② 邓小平.计划和市场都是发展生产力的方法 [M]// 邓小平文选：第三卷.北京：人民出版社，1993：203.

③ 邓小平.在武昌、深圳、珠海、上海等地的谈话要点 [M]// 邓小平文选：第三卷.北京：人民出版社，1993：373.

制的决定》《关于金融体制改革的决定》和《关于进一步深化对
外贸易体制改革的决定》等多项多领域的改革决策。

（2）社会主义基本经济制度的确立

社会主义市场经济体制是同社会主义基本制度结合在一起
的，社会主义市场经济理论的提出也推动了社会主义基本经济制
度的正式确立。党的十一届三中全会以来，中国共产党认真总结
了以往我国在所有制关系问题上的经验教训，制定了公有制为主
体、多种所有制经济共同发展的方针，并在 1997 年党的十五大
报告中第一次明确地把以公有制为主体、多种所有制经济共同发
展当作我国社会主义初级阶段的一项基本经济制度，并强调实行
这一制度是由我国社会主义初级阶段的国情决定的：第一，我国
是社会主义国家，必须坚持公有制作为社会主义经济制度的基础；
第二，我国处在社会主义初级阶段，需要在公有制为主体的条件
下发展多种所有制经济；第三，一切符合"三个有利于"的所有
制形式都可以而且应该为社会主义服务。[①]

将非公有制经济纳入基本经济制度体系，进一步解放了思想，
各地纷纷将私营经济作为重要的经济增长点，个体经济也逐渐规
模化，一些个体户升级为私营企业。社会主义基本经济制度确立
以来，个体户和私营企业发展情况如图 3-2、图 3-3 所示。个体户
到 1999 年底达到顶峰，随后缓慢下降，而私营企业数量则稳步
攀升，为越来越多的城乡居民提供了就业岗位。

---

① 张宇. 中国的转型模式：反思与创新 [M]. 北京：经济科学出版社，2006：
104-105.

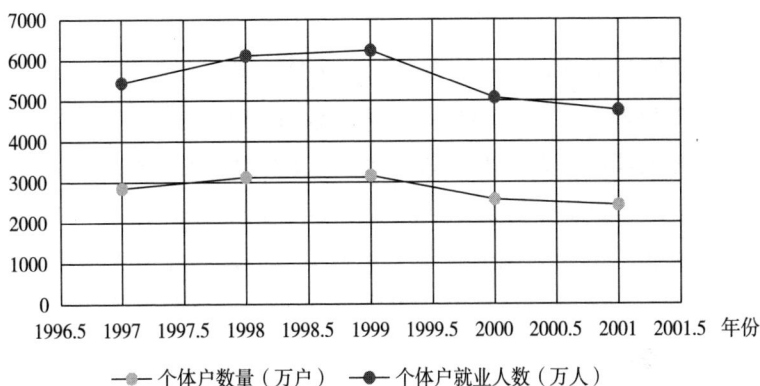

图 3-2　1997—2001 年个体户发展情况

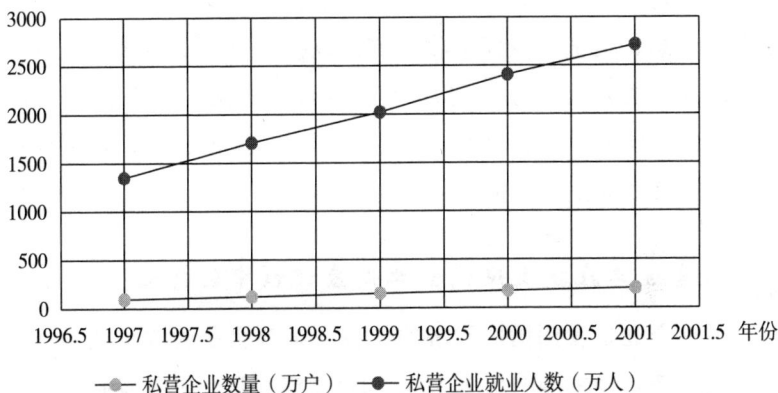

（根据国家统计局数据绘制）

图 3-3　1997—2001 年私营企业发展情况

（3）与社会主义市场经济相适应的分配制度

分配关系是社会经济关系的核心内容，理顺分配关系事关广大人民群众的切身利益。改革开放以来，围绕着克服平均主义、贯彻按劳分配原则和发挥市场机制的作用，我国的分配制度改革不断深化。① 面对经济发展带来的分配不均问题，党的十四大指出："分配制度上，以按劳分配为主体，其他分配方式为补充，兼顾效率与公平。运用包括市场在内的各种调节手段，既鼓励先进，促进效率，合理拉开收入差距，又防止两极分化，逐步实现共同富裕。"② 为了更好地引导经济改革和收入分配，1993 年 11 月，党的十四届三中全会通过了《中共中央关于建立社会主义市场经济体制的若干问题的决定》，提出"坚持按劳分配为主体，多种分配方式并存的原则"，这一政策将改革后多种分配方式并存的分配格局进行了确立。除了进一步确认了以诚实劳动、合法经营等方式取得劳动收入之外，还承认了非劳动收入的合法性，包括红利、股息、资金以及债券收入等。以按劳分配为主体、多种分配方式并存的分配格局，适应了我国初级阶段生产力的发展要求，符合我国的实际情况，使得城乡居民的收入来源扩大，极大地调动了人民群众的生产积极性。

② 国有企业在建立现代企业制度过程中的探索

国有企业是我国国民经济的支柱，国有企业的改革关系到整个国民经济建设发展的历史走向。1992 年 6 月，国务院制定并通过了关于《全民所有制工业企业转换经营机制条例》的草案，在上海、广东、天津等一些省市进行了试点。在试点过程中发现，国有企业存在经营管理不善、债务沉重、产品缺乏竞争力等多方面问题。国有企业改革是我国发展和完善社会主义经济的"硬骨头"。

---

① 张宇 . 中国的转型模式：反思与创新 [M]. 北京：经济科学出版社，2006：110.

② 中共中央文献研究室 . 十四大以来重要文献选编（上）[M]. 北京：人民出版社，1996：19.

党的十四大明确了国有企业改革应当以企业制度改革为重点，明确了建立现代企业制度是发展社会化大生产和市场经济的必然要求。1994年11月，国务院批准了《关于选择百家国有企业进行现代企业制度试点的方案》，首先选择在全国100家国有大中型企业中开展建立现代企业制度试点，试点发现一些国企高度依赖上级控股集团的日常安排和业务指导，将厂长变身为董事长，继续担任法定代表人并兼任总经理，结果导致企业领导层与党委会班子高度重合。针对国有企业改革出现的新形势和新问题，1996年5月江泽民在上海出席了包括上海、江苏、浙江、山东4省市企业参加的改革和发展座谈会，阐述了国有企业改革的8条方针，明确了国有企业的国民经济支柱地位，要求把国有企业的改革与改组、改造、加强管理相结合，通过存量资产的流动和重组对国有企业实施战略性改组，并要求加快国有企业的技术进步，增强企业的市场竞争能力，严格企业内部管理，形成符合市场经济要求的管理机制。江泽民还提出要协调推进各项配套改革，加快建立健全社会保障制度，为国有企业改革提供必要的外部条件。①

党的十五大确立了"抓大放小"的国企改革战略，把国有企业的改革同改组、改造、加强管理结合起来，着眼于搞好整个国有经济，搞好大的，放活小的，对国有企业实施战略性改组。1998年，中央开始对若干国有企业进行了公司制和股份制改造。从1998年到2000年，中央确定了520多家重点企业，有430家进行了公司制股份制改革，国有及国有控股工业企业实现利润大幅增加。到2000年年底，在1997年亏损的6599家国有及国有

---

① 王锐.中国社会主义经济建设的历史进程和基本经验[D].北京：中共中央党校博士学位论文，2019：87.

控股的大中型企业，亏损企业数量减少了 70% 以上，共实现利润
2392 亿元，比 1997 年增长了 1.97 倍。①

③. 对外开放步伐的加快

社会主义市场经济体制的建立也加快了我国对外开放的步
伐。党的十四大进一步提出了扩大对外开放的三个主要目标和任
务：一是对外开放的地域要扩大，形成多层次、多渠道、全方位
开放的格局；二是利用外资的领域要拓宽，采取更加灵活的方式，
继续完善投资环境，为外商投资经营提供更方便的条件和更充分
的法律保障；三是积极开拓国际市场，促使对外贸易多元化，发
展外向型经济，积极扩大我国企业对外投资和跨国经营。② 中共
十五大又提出，我们要正确处理对外开放同独立自主、自力更生
的关系，维护国家经济安全。

20 世纪 90 年代，我国对外开放进入了第四个层次——开放
沿江及内陆和沿边城市。1992 年 6 月，党中央、国务院决定开放
长江沿岸的芜湖、九江、岳阳、武汉和重庆 5 个城市。沿江开放
对于带动整个长江流域地区经济的迅速发展，对于我国全方位对
外开放新格局的形成起了巨大推动作用。不久，党中央、国务院
又批准了合肥、南昌、长沙、成都、郑州、太原、西安、兰州、
银川、西宁、乌鲁木齐、贵阳、昆明、南宁、哈尔滨、长春、呼
和浩特共 17 个省会城市为内陆开放城市。同时，我国还逐步开放
内陆边境的沿边城市，从东北、西北到西南地区，有黑河、绥芬
河、珲春、满洲里、二连浩特、伊宁、博乐、塔城、普兰、樟木、

① 国务院研究室编写组 . 九届全国人大四次会议"十五"计划纲要报告学习辅
导 [M]. 北京：中国言实出版社，2001：137-138.
② 张宇 . 中国的转型模式：反思与创新 [M]. 北京：经济科学出版社，2006：
110.

瑞丽、畹町、河口、凭祥、东兴等。到 1997 年，我国对外开放的一类口岸达到 235 个，二类口岸达到 350 个，逐步形成了从沿江到沿海、从沿边到内陆的全方位、多层次、宽领域的对外开放格局。2000 年以后，伴随着西部大开发战略的实施，国家加大了对中西部地区的支持力度，对外开放进一步向全国腹地纵深扩展，全方位对外开放格局更加完善。[①]

利用外资一直是我国对外开放的重要组成部分，随着对外开放进程的推进，我国利用外商投资行业准入从一般加工制造业到金融等服务业扩展到负面清单以外的所有行业，利用外资的区域从经济特区到沿海、沿江及沿边开放城市，再到内陆省会及其他地区，利用外资方式从合作合资到外商独资再到股份制等各种创新形式。相应地，利用外资的理论与政策也在不断创新。1995 年6 月，国家颁布了《指导外商投资方向的暂行规定》，并同时发布了《外商投资产业指导目录》，引进外资工作更规范。这一时期，我国的外资利用水平有所提高，更多地引进先进技术、管理经验和高素质人才，注重引进新技术的消化吸收和创新提高，将利用外资与国家经济发展规划有机结合起来。

五、对外开放层次的提升

2001 年 12 月，中国经过 16 年的艰苦谈判终于加入了世界贸易组织（WTO），中国成为了多边贸易体制的正式成员，加速了融入全球经济的步伐。走入 21 世纪，面对新的机遇和挑战，我国

---

① 王锐．中国社会主义经济建设的历史进程和基本经验 [D]．北京：中共中央党校博士学位论文，2019：93.

经济发展和对外开放也进入了新的阶段，国内经济建设迎来了转型，对外开放的发展水平也在不断提升。

①. 市场经济体制改革的深化

2000 年 10 月，党的十五届五中全会提出，从新世纪开始，我国进入了全面建设小康社会，加快推进社会主义现代化的新的发展阶段。2002 年 5 月 31 日，江泽民在中央党校省部级干部进修班毕业典礼上发表重要讲话，并提出"二十一世纪头二十年对我国来说是必须紧紧抓住并且可以大有作为的重要战略机遇期"的观点。2002 年 11 月，党的十六大提出，原定"三步走"的第三步阶段（即 21 世纪上半叶的 50 年）之中与"重要战略机遇期"重合的前 20 年，既是实现社会主义经济建设和现代化建设战略目标必经的承上启下阶段，同时也是完善社会主义市场经济体制和扩大对外开放的关键阶段。

在这一阶段，我国的经济体制改革在重点领域和关键环节取得了新的突破和进展：在完善基本经济制度方面，建立了国有资产监督管理体制，放宽了非公有制经济的市场准入；在经济发展方式转型方面，提出了走新型工业化道路、推进产业结构优化升级、坚持科教兴国和人才强国战略等措施；在统筹区域城乡协调发展方面，也采取了一系列措施。

统筹区域城乡协调发展是我国新世纪以来的重点工作，也是全面建设小康社会的重要一环。由于自然地理环境、资源禀赋和区位优势的不同，我国区域、城乡发展不平衡的问题较为严重，并且随着改革开放的进程进一步加剧，不符合先富带动后富的理念，也不利于我国市场经济体制改革的深化。

党的十六大以来，中央对统筹区域协调发展作出了新的战略部署：一是在西部地区积极推进"西部大开发"战略；二是实施振兴东北地区等老工业基地战略；三是实施中部崛起发展战略。根据这三个地区的区位特点，党中央采取了不同的措施。为推动西部大开发，中央出台了《关于实施西部大开发若干政策措施》《西部地区人才开发十年规划》《西部开发总体规划》等文件，中央还通过增加转移支付的方式帮助西部地区完成了一系列重要的基础设施建设，包括西气东输工程和青藏铁路等。东北地区有良好的工业发展基础，2003 年中共中央、国务院印发了《关于实施东北地区等老工业基地振兴战略的若干意见》，明确了振兴战略的指导思想和目标方针，制定了一系列相关政策全面支持东北地区改革发展，使得东北地区大批国有大型工业企业股份制改造取得重要进展，一批重点企业技术水平持续提高、工业制造能力显著增强。中部地区交通便利，资源丰富，只是在对外开放的过程中被落了下来，2004 年 3 月，温家宝在政府工作报告中提出"加快中部地区发展，促进中部地区崛起"的战略构想，提出加强现代农业和重要商品粮基地建设、发展有竞争力的制造业和高新技术产业等思路，中部地区的区位优势和资源优势也逐渐被激发出来。

为促进城乡协调发展，中央也采取了一系列措施。2002 年 1 月，中央农村工作会议提出以"多予、少取、放活"作为农民增收的指导思想。2002 年，国务院以"积极稳妥、分步实施"的方针，在河北、内蒙古、黑龙江、湖南、重庆、四川等 16 个农业大省和粮食主产省进一步扩大了农村税费改革试点。2005 年 12 月，十届全国人大常委会第十九次会议通过《废止〈中华人民共和国农业税条例〉的决定》，切实起到了减负的效果。国家通过引导合作社经营、家庭经营等多种经营方式实现土地使用权的流转，建立起农业适度规模经营的主体。部分农业带头人将其他农村人口承包土地的经营权，在依法自愿有偿的前提下流转到自己名下，扩大了自身经营规模，通过规模化、集约化经营实现与市场对接，增强农产品在市场的竞争力。[①]农民生活得到了一定程度的改善。

② 对外开放层次的进一步提高

（1）完善开放型经济体系

加入 WTO 后，我国在履行降低关税、消除非关税壁垒和实施知识产权保护等承诺同时，也在认真思考如何充分利用国内外两个市场、两种资源、将国内发展与对外开放有效结合起来，以更加积极的姿态走向世界。在加速融入世界经济阶段，我国的进出口商品结构日趋合理，引进外资规模平稳增长，"走出去"的步伐不断加大，开放型经济体系建立起来并日趋完善。

对外开放前，我国出口商品主要是初级产品，进口商品主要是生产资料设备。1978 年对外开放后，随着我国技术进步和生产水平的不断提高，出口商品中工业制成品比重超过 90%，改变了用大量初级产品来换取工业品的不利贸易局面。[②]加入世贸组织以后，我国出口初级产品比重持续下降，进出口高新技术产品比重明显加大。高新技术产品在出口贸易中的比重从 2001 年的 17.5%提高到 2008 年的 29.1％，高新技术产品在进口贸易中的比重从 26.3%提高到 30.2%。初级产品出口在出口贸易中的比重从 2001 年的 9.9%下降到 2008 年的 5.4%。[③]尽管 2008 年的全球经济危机使对外贸易产生了一定的波动，但是对外开放形势总体向好。

① 王锐 . 中国社会主义经济建设的历史进程和基本经验 [D]. 北京：中共中央党校博士学位论文，2019：109.

② 曹令军 . 近代以来中国对外经济开放史研究 [D]. 长沙：湖南大学博士学位论文，2012：155.

③ 根据国家统计局数据整理，http：//www.stats.gov.cn/tjsj/ndsj/.

加入 WTO 后，我国引进外资进入了平稳发展阶段，在引进
外资的具体政策上进一步扩大了开放程度。2002 年，外商直接投
资稳步扩大，全年外商直接投资合同金额 828 亿美元，比上年增
长 19.6%；实际使用金额 527 亿美元，增长 12.5%。[①]2005 年，
我国实行了以市场供求为基础、参考"一篮子"货币的人民币汇
率制度，从外汇方面为吸引外资创造条件。在众多吸引外资政
策推动下，我国外商直接投资由 2000 年的 407.15 亿美元增长到
2011 年的 1060.11 亿美元。[②] 这一阶段，我国引进外资情况也与
国内产业调整情况相契合，外资投资于第三产业的比例大幅提高，
具体利用外资情况见表 3-6。

表 3-6　2001—2012 年外资在三大产业的实际投资情况　（单位: 万美元）

年份	第一产业 外商直接投资额	第二产业 外商直接投资额	第三产业 外商直接投资额
2001	89873	3479795	1118091
2002	102764	3946489	1225033
2003	100084	3917919	1422464
2004	11434	4546306	1505258
2005	71826	4469243	1491400
2006	59945	4250660	1991456
2007	92407	4286105	3098277
2008	119102	5325624	3794818
2009	142873	5007582	3852817
2010	191195	5386037	4996292
2011	200888	5574870	5825342
2012	206620	5245768	5719626

（注：根据国家统计局历年统计年鉴数据整理计算）

① 根据国家统计局数据整理，http：//www.stats.gov.cn/tjsj/ndsj/.
② 国家统计局. 中国统计年鉴 2012[M]. 北京：中国统计出版社，2012：259.

我国在提出对外开放之初就制定了"引进来"与"走出去"相结合的战略，对外开放的前20年，"走出去"的步伐较小。随着我国综合国力的增强以及融入全球经济的程度加深，我国"走出去"的速度也开始加快。2003年，中国共对510家境外非金融类中资企业进行直接投资，投资金额达到20.87亿美元，同比增长112.3%。① 之后，我国对外投资与经济合作规模不断扩大，仅2006年至2009年，我国对外直接投资由211.6亿元增长至565.3亿元，年均增速达38.8%。② 我国对外投资合作形式也由单个项目建设逐步向区域化投资、跨国并购、经济贸易合作区建设等综合领域拓展；对外投资主体也由原先的国有企业为主，发展到民营企业和地方企业共同发展的局面。

（2）自由贸易区战略

21世纪以来，我国积极顺应区域经济一体化潮流，稳步推进自由贸易区建设，在短短几年内，我国自由贸易区建设从无到有、从少到多，从广泛接触到重点选择，其范围遍及亚洲、大洋洲、拉美、欧洲、非洲等30多个国家和地区。③ 党的十七大进一步提出要继续实施自由贸易区战略，自由贸易区是我国提高对外开放水平、建设和谐世界的重要抓手。

2002年11月，第六次"中国—东盟"领导人会议签署了《中国与东盟全面经济合作框架协议》，决定到2010年建成"中国—东盟"自由贸易区。2004年至2009年，中国与东盟分别签署了多份协议推动自由贸易区在货物和服务贸易领域的合作。2010年，

① 曹令军. 近代以来中国对外经济开放史研究 [D]. 长沙：湖南大学博士学位论文，2012：156.

② 根据国家统计局数据计算整理，http://www.stats.gov.cn/tjsj/ndsj/.

③ 赵玉华. 中国社会主义对外开放思想发展研究 [D]. 兰州：兰州大学博士学位论文，2019：212.

中国—东盟自贸区全面建成，东盟越、老、柬、缅四国与中国贸易的绝大多数产品实行零关税。

2005 年 11 月，中国和智利签订了《中国—智利自由贸易协定》，并于 2006 年开始全面启动关税减让进程。2007 年中智双边贸易达到 147 亿美元，比 2006 年增长 65%，其中，中国自智利进口 103 亿美元，对智利出口 4 亿美元，分别比上年增长 79% 和 42%。[①]2008 年 2 月，两国又签署了《服务贸易协定》，双边贸易合作进一步深化。

2006 年 11 月中国和巴基斯坦签署了《中国—巴基斯坦自由贸易协定》，并于 2007 年 7 月实施。双方承诺三年内将约占各自税目总数 36% 的产品关税降为零，五年内，将占各自税目总数 85% 的产品以不同的税幅实施降税。2010 年，中巴自贸协定中的正常产品实现零关税。

随后，中国又推动了中国—新西兰自贸区、中国—新加坡自贸区、中国—秘鲁自贸区和中国—哥斯达黎加自贸区等自贸区的建立，形成了中国的全球自由贸易区网络。自由贸易区模式的推广优化了我国对外开放的环境，使我国对外开放的层次进一步提升，也为国内高质量的经济发展提供了有力支撑。

---

① 赵玉华.中国社会主义对外开放思想发展研究 [D].兰州：兰州大学博士学位论文，2019：212.

第四章

中国共产党与新时代中国特色社会主义经济

中国特色社会主义进入了新时代，我国经济发展也进入了新时代，中国社会的主要矛盾发生转变，经济改革和发展也面临新的局面。在新形势、新的历史背景下如何促进我国经济发展，成为摆在我们面前一个重大的理论和现实问题。党的十八大以来，习近平总书记高度重视对马克思主义政治经济学的学习、研究、运用，立足于中国的实际，深刻理解和把握中国的历史和现状，具体分析和解决中国的实际问题，将马克思主义政治经济学基本原理与中国社会主义建设道路和改革开放的新实践相结合，形成习近平经济思想，继承和发展了马克思主义政治经济学，为推动中国经济持续健康发展提供了科学指南。习近平经济思想，在理论上不断拓展新视野、作出新概括，提出了许多新的创新性理论观点，极大地丰富和发展了当代中国马克思主义政治经济学、中国特色社会主义政治经济学。

2015年11月23日下午，中共中央政治局就马克思主义政治经济学基本原理和方法论进行第二十八次集体学习。中共中央总书记习近平在主持学习时强调，要立足我国国情和我国发展实践，揭示新特点新规律，提炼和总结我国经济发展实践的规律性成果，把实践经验上升为系统化的经济学说，不断开拓当代中国马克思主义政治经济学新境界。习近平经济思想，正是在新时代我国经济社会波澜壮阔的历史巨变中形成的，它深刻总结了我国经济发展实践的成功经验，回答了马克思主义经典作家没有讲过、我们的前人从未遇到过、西方经济理论始终无法解决的许多重大理论和实践问题，为马克思主义政治经济学的发展作出了原创性贡献。

习近平经济思想，是一个科学完整、逻辑严密的理论体系，系统回答了新时代中国特色社会主义经济发展中存在的系列重大问题，主要包括供给侧结构性改革的方向和内容、政府与市场关系、金融与实体经济关系，以及如何构建现代化经济体系、如何构建中国特色社会主义政治经济学话语体系等几个重要方面。

一、新时代中国特色社会主义政治经济学的构建

中国共产党历来重视对马克思主义政治经济学的学习、研究、运用，立足于中国的实际，深刻理解和把握中国的历史和现状，具体分析和解决中国的实际问题，将马克思主义政治经济学基本原理与中国社会主义建设道路和改革开放的新实践相结合，形成一系列重要理论成果，继承和发展了马克思主义政治经济学。新的历史条件下，生产技术和方式发展极大变化，我国经济发展进入新常态，如何处理好社会主义市场经济中政府与市场的关系、如何逐步实现全体人民共同富裕，重大现实问题的解决为当代中国马克思主义政治经济学的发展提供了新机遇。党的十八大以来，以习近平同志为核心的党中央坚持观大势、谋全局、干实事，紧紧围绕发展新时代中国特色社会主义经济的重大时代课题，提出一系列治国理政新理念新思想新战略，形成了习近平经济思想，为推动中国经济持续健康发展提供了科学指南，开拓了当代中国马克思主义政治经济学的新境界。

① 开拓当代中国马克思主义政治经济学的新境界

党的十八大以来，习近平总书记高度重视马克思主义政治经济学，多次就坚持和发展马克思主义政治经济学作出重要论述。2014年7月8日，习近平在主持召开经济形势专家座谈会时强调，各级党委和政府要学好用好政治经济学，自觉认识和更好遵循经济发展规律，不断提高推进改革开放、领导经济社会发展、提高经济社会发展质量和效益的能力和水平。2015年11月23日，习近平总书记在主持中央政治局第二十八次集体学习时强调，要立足我国国情和我国发展实践，揭示新特点新规律，提炼和总结我国经济发展实践的规律性成果，把实践经验上升为系统化的经济学说，不断开拓当代中国马克思主义政治经济学新境界。在2015年底召开的中央经济工作会议上，习近平总书记指出，要坚持中国特色社会主义政治经济学的重大原则。2016年5月17日，习近平总书记在哲学社会科学工作座谈会上的讲话中强调，有人说，马克思主义政治经济学过时了，《资本论》过时了。这个说法是武断的。在2016年7月8日召开的经济形势专家座谈会上，习近平总书记指出，要加强研究和探索，加强对规律性认识的总结，不断完善中国特色社会主义政治经济学理论体系，推进充分体现中国特色、中国风格、中国气派的经济学科建设。在2020年8月24日召开的经济社会领域专家座谈会上，习近平总书记强调，面对错综复杂的国内外经济形势，面对形形色色的经济现象，学习领会马克思主义政治经济学基本原理和方法论，有利于我们掌握科学的经济分析方法，认识经济运动过程，把握经济发展规律，提高驾驭社会主义市场经济能力，准确回答我国经济发展的理论和实践问题。

纵观人类社会发展的历史，重大理论创新总是在破解重大时

代课题中产生。习近平经济思想，是在新时代我国社会主义经济
建设的理论创新与实践创新的良性互动中形成的，是新时代我国
经济发展实践的理论结晶，是习近平新时代中国特色社会主义思
想的重要组成部分。

②. 习近平经济思想：回答我国经济发展的时代之问

党的十八大以来，我国面临的国内外经济形势极其错综复杂，
很多情况是改革开放以来没有碰到过的。国际金融危机深层次影
响持续蔓延，世界经济复苏乏力，国际贸易低迷，保护主义普遍；
国内经济下行压力加大，产能过剩矛盾突出，工业品价格下降，
金融风险隐患增多。与此同时，党和国家事业发展取得的历史性
成就、发生的历史性变革，也是前所未有的。中国特色社会主义
进入了新时代，我国经济发展也进入了新时代，由高速增长阶段
转向高质量发展阶段，社会主要矛盾已经转化为人民日益增长的
美好生活需要和不平衡不允分的发展之间的矛盾，中华民族迎来
了从站起来、富起来到强起来的伟大飞跃，开启了全面建设社会
主义现代化国家新征程。面对新时代新要求、新矛盾新任务，经
济形势应该怎么看？经济工作应该怎么干？经济发展的理念、思
想、战略应该怎么完善？面对新时代提出的重大课题，习近平以
马克思主义政治家、理论家的深刻洞察力和敏锐判断力，就经济
发展提出了一系列新思想、新观点、新论断，形成了以新发展理
念为主要内容的习近平经济思想，全面系统深刻地回答了我国经
济发展的时代之问。

理论源于实践，又进一步指导实践。党的十八大以来，在
习近平经济思想的科学指引下，我国经济建设取得重大成就，经
济发展质量和效益不断提升，经济发展保持中高速、迈向中高端，

全党和全国人民正奋力谱写决胜全面建成小康社会、进而全面建设社会主义现代化强国的新篇章。我国经济发展进程波澜壮阔、实践宏大独特、成就举世瞩目，蕴藏着理论创造的巨大动力、活力、潜力，置身于这一历史性巨变之中的中国共产党人，更有资格、更有能力揭示其中所蕴含的历史经验和发展规律，为发展马克思主义作出中国的原创性贡献。习近平经济思想，正是在新时代我国经济社会波澜壮阔的历史巨变中形成的，它深刻总结了我国经济发展实践的成功经验，回答了马克思主义经典作家没有讲过、我们的前人从未遇到过、西方经济理论始终无法解决的许多重大理论和实践问题，为马克思主义政治经济学的发展作出了原创性贡献。

马克思主义政治经济学是马克思主义的重要组成部分，是坚持和发展马克思主义的必修课。恩格斯指出，无产阶级政党的"全部理论来自对政治经济学的研究"。列宁指出，政治经济学是马克思主义理论"最深刻、最全面、最详尽的证明和运用"。习近平经济思想是中国特色社会主义政治经济学的最新成果，是当代中国马克思主义政治经济学。这一思想的创立，不仅开拓了马克思主义政治经济学发展的新境界，指引着全面建成小康社会、全面建设社会主义现代化强国的伟大实践，而且为世界社会主义的发展、为人类探索更加合理的社会制度、为发展中国家走向现代化贡献了中国智慧和中国方案。习近平经济思想具有极为重要的理论和实践意义，是党和国家十分宝贵的精神财富，我们必须长期坚持，并不断加以丰富和发展。

二、成功驾驭经济发展大局，经济建设取得重大成就

1. 以供给侧结构性改革促进实现社会主义生产目的

随着中国经济进入新常态，经济增长由高速转为中高速。如何适应、把握、引领新常态，中央提出供给侧结构性改革，以解放和发展社会生产力。习近平在中央财经领导小组会议上强调，在适度扩大总需求的同时，着力加强供给侧结构性改革。"一个国家发展从根本上要靠供给侧推动"[①]，"提出推进供给侧结构性改革，是我们综合研判世界经济发展趋势和我国经济发展新常态作出的重大决策"[②]。

如何理解供给侧结构性改革，理论界存在许多不同的声音。厘清供给侧结构性改革的理论渊源、方法论基础和实施背景，对于中国特色社会主义政治经济学的构建、新常态下中国经济的改革和发展具有重大理论和现实意义。供给侧结构性改革一经提出就成为学界讨论的焦点，这是否意味着之前扩内需的政策无效？供给和需求哪一个更为重要？供给侧结构性改革和需求端管理是什么关系？

（1）供给、需求概念及决定因素分析

供给和需求相互联系，不可分割，当前的供给侧结构性改革也应与需求侧改革相互配合。马克思关于生产与消费、供给与需求的相关论述以及新中国在经济结构平衡方面做出的探索，为我们认识和指导供给侧结构性改革提供了理论与实践基础。马克

① 习近平. 在省部级主要领导干部学习贯彻党的十八届五中全会精神专题研讨班上的讲话 [M]. 北京：人民出版社，2016：34.
② 《在中央财经领导小组第十三次会议上的讲话》（2016 年 5 月 16 日）.

思主义政治经济学认为，供给和需求关系实际上是生产和消费关系的另一种表述，而生产和消费在本质上是一个事物的两个不同方面。

"生产不仅直接是消费，消费不仅直接是生产；生产也不仅是消费的手段，消费也不仅是生产的目的，就是说，每一方都为对方提供对象，生产为消费提供外在的对象，消费为生产提供想象的对象；两者的每一方不仅直接就是对方，不仅媒介着对方，而且，两者的每一方由于自己的实现才创造对方，把自己当作对方创造出来。"生产和消费的这一同一性，"在经济学中常常是以需求和供给、对象和需要、社会创造的需要和自然需要的关系来说明的。"①

仅从市场流通领域来看，"说到供给和需求，那末供给等于某种商品的卖者或生产者的总和，需求等于这同一种商品的买者或消费者（包括个人消费和生产消费）的总和。而且，这两个总和是作为两个统一体，两个集合力量来互相发生作用的。"②

但如果只停留在市场流通领域"要给需求和供给这两个概念下一般的定义，真正的困难在于，它们好象只是同义反复。"③例如在商品流通中，生产者出售商品 W，从原来的货币持有者手中获得货币 G，W—G 就是供给和需求交换的过程；生产者获得货币 G，同时产生购买原材料和劳动力商品的需求，因此商品流通 W—G—W 中贯穿着供给与需求相互转化的过程。

---

① 中共中央马克思恩格斯列宁斯大林著作编译局 . 马克思恩格斯文集：第八卷 [M]. 北京：人民出版社，2009：17.

② 中共中央马克思恩格斯列宁斯大林著作编译局 . 马克思恩格斯文集：第七卷 [M]. 北京：人民出版社，2009：215.

③ 中共中央马克思恩格斯列宁斯大林著作编译局 . 马克思恩格斯文集：第七卷 [M]. 北京：人民出版社，2009：207.

　　不仅如此，忽视生产过程而只关注市场供求关系，就无法认清商品价格是如何决定的。关于市场供求关系与商品价格、生产之间的关系，马克思指出："除了价格由供求决定而同时供求又由价格决定这种混乱观点之外，还要加上：需求决定供给，反过来供给决定需求，生产决定市场，市场决定生产。"①

　　以上价格与供求、需求与供给、生产和市场相互决定等混乱观点至今仍然十分流行。习近平总书记指出，"供给和需求是市场经济内在关系的两个基本方面，是既对立又统一的辩证关系，二者你离不开我、我离不开你，相互依存、互为条件。没有需求，供给就无从实现，新的需求可以催生新的供给；没有供给，需求就无法满足，新的供给可以创造新的需求。"② 马克思指出，在解释市场供求关系时，"在供求关系借以发生作用的基础得到说明以前，供求关系绝对不能说明什么问题"③。那么，供求关系借以发生作用的基础是什么呢？

　　马克思指出："当供求在资本主义基础上发生的时候，当商品是资本的产品的时候，供求以资本主义生产过程为前提，因而以和单纯的商品买卖完全不同的复杂化了的关系为前提。……在简单的买和卖上，只要有商品生产者自身互相对立就行了。如果作进一步的分析，供求还以不同的阶级和阶层的存在为前提，这些阶级和阶层在自己中间分配社会的总收入，把它当作收入来消费，因此形成那种由收入形成的需求；另一方面，为了理解那种

---

① 中共中央马克思恩格斯列宁斯大林著作编译局 . 马克思恩格斯文集：第七卷 [M]. 北京：人民出版社，2009：212.

② 习近平 . 在省部级主要领导干部学习贯彻党的十八届五中全会精神专题研讨班上的讲话 [M]. 北京：人民出版社，2016：30-31.

③ 中共中央马克思恩格斯列宁斯大林著作编译局 . 马克思恩格斯文集：第七卷 [M]. 北京：人民出版社，2009：202.

由生产者自身互相形成的供求，就需要弄清资本主义生产过程的全貌。"①

马克思清楚地表明，决定供求关系的有两个重要方面，第一，由不同的阶级和阶层存在。而决定阶级与阶层的就是生产资料所有制，在资本主义制度下，生产资料资本主义私有制决定了工人、资本家和土地所有者以及资本家内部金融资本家和产业资本家等的阶级地位，并由此决定了工人和资本家之间的工资、利润、利息、地租等收入分配。在这个意义上，供求关系中供给由资本家获得利润多少来决定，而需求则是不同阶级的人群在获得自己的工资或利润后形成的有支付能力的需要来决定。

第二，供求关系由"资本主义生产过程的全貌"来决定。资本主义生产过程是劳动过程和价值增殖过程的统一，因此，决定供求关系的实际上是劳动过程和剩余价值的生产及实现过程。首先，劳动过程涉及两大生产部类间的分工比例关系，以及"由生产者自身互相形成的供求"即第 I 部类内部 Ic 交换的比例关系、社会扩大再生产中货币积累和实际积累的比例关系。其次，剩余价值的生产以社会生产力发展水平为基础，取决于剥削率的高低，"生产的扩大或缩小，不是取决于生产和社会需要即社会地发展了的人的需要之间的关系，而是取决于无酬劳动的占有以及这个无酬劳动和对象化劳动之比，或者按照资本主义的说法，取决于利润以及这个利润和所使用的资本之比，即一定水平的利润率"②。再次，剩余价值的实现过程取决于和有支付能力的需要，即不同阶级的人群在获得自己的工资或利润后形成的有支付能力

① 中共中央马克思恩格斯列宁斯大林著作编译局.马克思恩格斯文集：第七卷[M].北京：人民出版社，2009：216-217.
② 中共中央马克思恩格斯列宁斯大林著作编译局.马克思恩格斯文集：第七卷[M].北京：人民出版社，2009：287.

188

的需要，这又是由生产资料所有制关系所决定的。

由此可见，供求关系建立在以下两个重要因素基础上：一是由生产资料所有制关系决定的阶级关系和收入分配关系，二是由社会生产力发展水平决定的社会分工关系。正如马克思所指出的，"'社会需要'，也就是说，调节需求原则的东西，本质上是由不同阶级的互相关系和它们各自的经济地位决定的，因而也就是，第一是由全部剩余价值和工资的比率决定的，第二是由剩余价值所分成的不同部分（利润、利息、地租、赋税等）的比率决定的"①。

在明确供求关系本质及其决定因素的前提下可以认识到，供给侧结构性改革不仅涉及市场流通领域，更要求对收入分配关系从而生产资料所有制关系进行调整，要对产业结构即社会生产分工比例进行调整。在这方面，马克思的社会再生产理论、以此为基础的陈云综合平衡思想为供给侧结构性改革提供了理论与实践基础。

马克思社会再生产理论科学揭示了两大部类间交换的比例关系，为国民经济有计划地按比例发展提供了理论依据，同时也对商品流通关系即市场关系的重要性进行了论述；分析了商品资本循环过程不仅包括生产消费，也包括个人消费，商品资本的运动是生产消费和个人消费的统一；分析了简单商品流通和资本流通的区别与联系，不仅涉及了流通层面，还深入到生产层面，揭示了社会总资本的在生产过程是生产和流通的统一。马克思社会再生产理论深入到生产层面，深刻反映了市场经济宏观运行机制，这对我们构建社会主义市场经济宏观调控理论有积极指导意义，例如遵循货币流回规律，在生产领域中寻找解决金融问题的办法；

---

① 中共中央马克思恩格斯列宁斯大林著作编译局.马克思恩格斯文集：第七卷[M].北京：人民出版社，2009：202.

引入 Ic 内部交换，建立科学的产业结构优化升级理论。

新中国成立以来，在探索我国社会主义社会的国民经济如何实现稳定、快速和持续发展的过程中，取得了许多成功经验，陈云同志的综合平衡思想就是其中的杰出成果。综合平衡思想丰富和发展了马克思主义经济学，促进了马克思主义的中国化。

陈云同志曾是新中国财经工作的主要领导。陈云的综合平衡思想，是在探索我国社会主义社会的国民经济如何实现稳定、快速和持续发展的过程中形成的。它在实践中，对国民经济运行遵循价值规律和社会生产按比例规律，起到了积极的推动作用。陈云指出，按比例，协调好基本建设和财力物力之间四个方面的平衡，就是在宏观调控时，要瞻前顾后，保证国民经济今后的持续稳定增长，防止大起大落；就是当年必须控制好生产资料生产和生活资料（消费资料）生产之间、消费与积累之间比例关系，促进国际收支实现平衡，在动态发展中，实现国民经济良性循环。陈云同志还揭示了判断国民经济是否实现综合平衡的标志，也就是"只要财政收支和信贷是平衡的，社会购买力和物资供应之间，就全部来说也会是平衡的"[1]。陈云的这些经济思想，渗透着历史唯物主义，用劳动二重性原理理解社会再生产，把马克思在价值规律基础上揭示的社会再生产的一系列原理，即社会再生产必须从社会总产品出发，扩大再生产要以简单再生产为前提，社会再生产存在生产资料生产部类和消费资料生产部类、它们必须实现实物补偿与价值补偿、相互和内部都形成一定的比例关系，社会再生产必须遵循货币流回的规律等具体化了，可以说，陈云同志的综合平衡思想，是中国化的马克思社会再生产理论，换句话说，就是中国的马克思主义宏观调控理论。但在计划产品经济体

① 陈云.陈云文选（1956—1985）[M].北京：人民出版社，1986：44.

制下，由于受自然经济影响，人们没有认识到现实的经济运行中是存在市场的，相应地，在理论上忽视了马克思社会再生产理论中关于流通关系、市场关系的描述，认为马克思社会再生产理论与市场经济体制是不相容的。

（2）供给侧结构性改革与中国特色社会主义政治经济学

我们所要建立的宏观调控理论，与西方经济学着眼于短期、局部调节的宏观调控不同，它是着眼于短期调控与长期科学发展统一的、应用于宏观经济管理实践的理论。并且，科学的宏观调控是适应宏观经济进行良性社会再生产、社会经济协调可持续发展的要求，并在生产关系与生产力的相互作用中实现共同富裕，宏观调控的目标是科学发展，而不是单纯地追求经济总量上的增长。要认识到，中国经济发展的目的、中国现实情况与西方国家不同，不能简单套用西方经济学理论，防止将供给侧结构性改革与供给学派政策主张相混淆的倾向，要用中国特色社会主义政治经济学指导供给侧结构性改革。

供给侧结构性改革是对中国特色社会主义政治经济学的重要发展。首先，推进供给侧结构性改革体现了生产力与生产关系的辩证关系。我国正处在社会主义初级阶段，面临的根本任务是解放生产力和发展生产力，供给侧结构性改革的实质就是通过深化经济体制改革，调整生产关系以解放和发展生产力。

其次，推进供给侧结构性改革体现了生产与消费的辩证关系。供给与需求、生产与消费是辩证统一的，必须两端同时发力，在扩大需求的同时着力加强供给侧结构性改革，提高供给的质量与效率，推动经济的协调发展。

再次，推进供给侧结构性改革体现了以人民为中心的发展思想。在不断发展生产力提高资源配置效率的基础上，最大限度地

满足人民群众日益增长的物质文化需要，促进人的全面发展，使
人民群众共享改革发展的成果。

供给侧结构性改革是对中国特色社会主义政治经济学的运
用。我国的供给侧结构性改革，是对中国特色社会主义政治经济
学的运用，与供给学派政策主张有着本质的差别。

首先是"宏观政策要稳"，在减税的同时配合阶段性提高财
政赤字的政策，增加财政支出和政府投资，通过灵活适度的货币
政策降低融资成本。而供给学派则主张实施紧缩性的财政与货币
政策。其次是"产业政策要准"，实施精准有效的产业政策，推
进产业结构的优化升级，是我国宏观调控的重要手段。而供给学
派则反对实施产业政策，认为自由市场会自动实现资源优化配置。
再次是"微观政策要活"，就是要完善市场环境、激发企业活力
和消费者潜力。而供给学派则强调给资本家阶级以最大的自由，
激发资本家的活力。第四是"改革政策要实"，大力推动改革落地，
发挥基层首创精神，使群众有更多获得感。而供给学派的政策主
张则导致了贫富的两极分化。最后，"社会政策要托底"，就是
要守住民生底线，发挥社会保障的社会稳定器作用，而供给学派
则主张削减社会福利，实行公共部门的私有化。

总之，"宏观政策要稳，就是要坚持积极的财政政策和稳健
的货币政策，为经济结构性改革营造稳定的宏观经济环境。产业
政策要准，就是要准确定位经济结构性改革方向，发展实体经济，
坚持创新驱动发展，激活存量增长动力，着力补齐短板，加快绿
色发展，积极利用外资，积极稳妥扩大对外投资。微观政策要活，
就是要坚持和完善基本经济制度，完善市场环境、激发企业活力
和消费潜能，在制度上政策上营造宽松的市场经营和投资环境，
营造商品自由流动、平等交换的市场环境。改革政策要实，就是

要加大力度推动重点领域改革落地，加快推进对经济增长有重大牵引作用的国有企业、财税体制、金融体制等改革。社会政策要托底，就是要守住民生底线，做好就业和社会保障工作，切实保障群众基本生活"①。

　　正如习近平总书记系列重要讲话精神所强调的，供给侧结构性改革，重点是解放和发展社会生产力，用改革的办法推进结构调整，减少无效和低端供给，扩大有效和中高端供给，增强供给结构对需求变化的适应性和灵活性。②供给侧结构性改革的根本目的是提高社会生产力水平，落实好以人民为中心的发展思想。③从根本上说，我国的供给侧结构性改革是为了解放生产力、发展生产力，实现共同富裕，完善社会主义制度。"供给侧结构性改革，重点是解放和发展社会生产力，用改革的办法推进结构调整，减少无效和低端供给，扩大有效和中高端供给，增强供给结构对需求变化的适应性和灵活性，提高全要素生产率。这不只是一个税收和税率问题，而是要通过一系列政策举措，特别是推动科技创新、发展实体经济、保障和改善人民生活的政策措施，来解决我国经济供给侧存在的问题。我们讲的供给侧结构性改革，既强调供给又关注需求，既突出发展社会生产力又注重完善生产关系，既发挥市场在资源配置中的决定性作用又更好发挥政府作用，既着眼当前又立足长远。从政治经济学的角度看，供给侧结构性改革的根本，是使我国供给能力更好满足广大人民日益增长、不断升级和个

① 习近平.在中央财经领导小组第十一次会议上的讲话[N].人民日报，2015-11-11.
② 习近平.习近平谈治国理政：第二卷[M].北京：外文出版社，2017：252.
③ 中共中央文献研究室.习近平关于社会主义经济建设论述摘编[M].北京：中共中央文献出版社，2017：102.

性化的物质文化和生态环境需要，从而实现社会主义生产目的。"①

② 发挥市场的决定性作用，更好发挥政府作用

社会主义市场经济条件下如何处理好政府和市场的关系、更好尊重市场规律和更好发挥政府作用，成为当前社会各界讨论的热点。如果仅限于从政府与市场这个概念层面进行讨论，不仅会落入得出二者对立结论的话语陷阱，更是仅从经济运行层面对社会主义市场经济做出的分析。从商品流通和资本流通结合视角分析市场的本质，以马克思分析管理劳动二重性运用的分析视角分析政府的本质，可以厘清政府与市场关系的本质实际上是国家和资本、劳动的关系，这也是关系到中国特色社会主义政治经济学体系建立的重大原则创新和深化经济体制改革的关键问题。

（1）当前关于政府与市场关系的不同认识视角

当前讨论政府与市场关系，主要存在新自由主义、凯恩斯主义和马克思主义三种理论视角。

新自由主义将政府与市场对立起来，认为市场经济是最优的经济模式，市场自由决策是最有效率的，政府干预只会导致市场决策无效，因此应将政府干预最小化，实行自由化、市场化和私有化。其代表性观点有：批判国有企业是政府"既当运动员又当裁判员"；市场经济最优模式是"小政府、大市场"；政府应简政减税放权，建设"服务型政府"，等等。

凯恩斯在其著作《就业、利息和货币通论》中否定了新古典经济学认为自由市场可自动实现均衡的观点，主张通过国家对市场积极干预，从而消除劳动者失业，摆脱经济危机。持凯恩斯主

---

① 习近平.在省部级主要领导干部学习贯彻党的十八届五中全会精神专题研讨班上的讲话[M].北京：人民出版社，2016：29-30.

义的学者思路是，认为国家与市场地位是平行的，政府应作为市场失灵时的补充，政府的主要职能是进行宏观调控。

马克思主义坚持认为市场经济存在共性，同时社会主义市场经济也有自己的特殊性。资源配置有宏观、微观两个不同层次，还有许多不同领域的资源配置。[①] 必须从中国实际出发，把握三个主要的维度：一是市场经济的一般规律，需要政府的作用，二是国情和发展阶段，三是我国的基本制度赋予政府和市场新的特点。[②]

从马克思主义视角对政府与市场关系进行的上述讨论肯定了政府的积极作用，符合我国的基本国情、基本制度和发展阶段，遵循了客观经济发展的规律和广大人民群众的根本利益。但停留在政府与市场这个概念层面进行讨论，不仅会落入得出二者对立结论的话语陷阱，更是仅从经济运行层面对社会主义市场经济做出的分析。应深入生产领域，从生产关系角度分析政府的本质，以马克思分析管理劳动二重性运用的分析视角分析政府的本质，进而探究出政府与市场关系的本质。

（2）市场的本质：资本主导下的劳资关系

社会主义市场经济就是使市场在社会主义国家宏观调控下对资源配置起决定性作用的经济体制。而市场究竟是什么？西方经济学认为，市场机制的核心就是价格机制，价格都是由商品的需求和供给决定的。如曼昆就将市场等同于供求关系，他认为，市场是指某种物品或劳务的一群买者与卖者的关系，供给与需求是市场经济运行的力量。[③]

---

① 刘国光. 资源配置的两个层次和政府市场的双重作用 [N]. 社会科学报，2014-06-05.

② 张宇. 中国特色社会主义政治经济学 [M]. 北京：中国人民大学出版社，2016：170-171.

③ 曼昆. 经济学原理：上册 [M]. 北京：北京大学出版社，1999：64.

与西方经济学停留在流通层面不同，政治经济学将流通和生产两个层面结合考察市场，"市场是流通领域本身的总表现"[①]。而商品流通是商品生产者之间以货币为媒介而形成的商品交换过程。商品交换网络的发展意味着商品生产条件下的社会分工的发展，因此，商品流通不是简单的两个商品之间的交换，还要联系到生产领域，是生产者之间的人与人的社会关系，正如马克思深刻揭示的，"流通是商品占有者的全部相互关系的总和"[②]。事实上，即使将市场视为供求关系，从马克思主义的角度对供求关系进行深入剖析，也能看出所谓供求关系即市场的本质。

马克思清楚地表明，决定供求关系的有两个重要方面，第一，不同的阶级和阶层存在。而决定阶级与阶层的就是生产资料所有制，在资本主义制度下，生产资料资本主义私有制决定了工人、资本家和土地所有者以及资本家内部金融资本家和产业资本家等的阶级地位，并由此决定了工人和资本家之间的工资、利润、利息、地租等收入分配。在这个意义上，供求关系中供给由资本家获得利润多少来决定，而需求则是不同阶级的人群在获得自己的工资或利润后形成的有支付能力的需要来决定。

第二，供求关系由"资本主义生产过程的全貌"来决定。资本主义生产过程是劳动过程和价值增殖过程的统一，因此，决定供求关系的实际上是劳动过程和剩余价值的生产及实现过程。首先，劳动过程涉及两大生产部类间的分工比例关系，以及"由生产者自身互相形成的供求"即第 I 部类内部 Ic 交换的比例关系、社会扩大再生产中货币积累和实际积累的比例关系。其次，剩余

---

① 中共中央马克思恩格斯列宁斯大林著作编译局 . 马克思恩格斯全集：第四十九卷 [M]. 北京：人民出版社，1982：309.
② 中共中央马克思恩格斯列宁斯大林著作编译局 . 马克思恩格斯文集：第五卷 [M]. 北京：人民出版社，2009：192.

价值的生产以社会生产力发展水平为基础，取决于剥削率的高低，"生产的扩大或缩小，不是取决于生产和社会需要即社会地发展了的人的需要之间的关系，而是取决于无酬劳动的占有以及这个无酬劳动和对象化劳动之比，或者按照资本主义的说法，取决于利润以及这个利润和所使用的资本之比，即一定水平的利润率。"[①]再次，剩余价值的实现过程取决于和有支付能力的需要，即不同阶级的人群在获得自己的工资或利润后形成的有支付能力的需要，这又是由生产资料所有制关系所决定的。

由此可见，供求关系建立在以下两个重要因素基础上：一是由生产资料所有制关系决定的阶级关系和收入分配关系，二是由社会生产力发展水平决定的社会分工关系。正如马克思所指出的："'社会需要'，也就是说，调节需求原则的东西，本质上是由不同阶级的互相关系和它们各自的经济地位决定的，因而也就是，第一是由全部剩余价值和工资的比率决定的，第二是由剩余价值所分成的不同部分（利润、利息、地租、赋税等）的比率决定的。"[②]

从供给与需求概念、供求关系的决定因素的分析中可知，市场是流通关系即供求关系的总和，而供求关系背后则是阶级关系即劳资关系。

市场作为资源配置的手段，社会主义市场经济条件下市场要在资源配置中发挥决定性的作用。而社会生产中，资源不仅包括各种生产要素和商品，还包括资本。因此市场不仅包括商品流通，还包括资本流通，不仅仅是交换关系，还有生产关系。社会主义市场经济的发展需要引入包括私有制在内的多种所有制，在市场

---

① 中共中央马克思恩格斯列宁斯大林著作编译局. 马克思恩格斯文集：第七卷 [M]. 北京：人民出版社，2009：287.

② 中共中央马克思恩格斯列宁斯大林著作编译局. 马克思恩格斯文集：第七卷 [M]. 北京：人民出版社，2009：202.

经济中发挥支配作用的规律就是以劳资关系为基础的资本主义经济规律。①

简而言之，市场是供求关系的总和，或者说供求关系就是生产和消费之间的关系在市场上的表现；而供给由生产者提供，需求由消费者产生；私有制下，生产者即资本家，消费者中绝大多数是劳动者，因此供求关系即市场的本质即劳资关系，而其中起支配或主导作用的是资本。在这个意义上，应以劳资关系或资本范畴来替代其与政府之间的关系。

（3）政府的本质：国家职能执行者

社会主义市场经济条件下，政府要对市场主体的行为进行调控，形成公平竞争、规范有序的市场秩序。当前的供给侧结构性改革中，政府简政放权是重要的一项内容。有人提出，应减少政府干预，放权让利，建立一个"服务型政府"。关键在于，服务的对象是谁？如果对象是人民群众，建设为人民服务的政府，这符合社会主义的方向；但是如果服务的对象是企业（实际上是资本），就很成问题了。社会主义市场经济中政府究竟要扮演何种角色？如何更好地发挥政府的作用？要回答这些问题，首先必须认清政府的本质。

①分析视角：马克思关于管理劳动二重性的分析思路

任何国家的经济和社会发展过程中，政府都发挥着举足轻重的作用，如提供维持治安、国防、基础设施等公共服务，政府代表着社会共同利益。但同时政府又似乎是为部分群体而服务的，如 2008 年国际金融危机中美国政府一方面动用公共财政资金救济华尔街，降低个人所得税税率、资本所得税税率；另一方面大幅削减福利开支，危机应对措施可谓"劫贫济富"，只让少数人

---

① 吴宣恭. 坚持和完善社会主义初级阶段的基本经济制度 [J]. 政治经济学评论，2016（4）.

获益。为什么政府行为会出现如此不同？马克思论述管理劳动二重性的思路为我们认识政府行为本质提供了方法论基础。

职业经理人所获得的管理工资远高于普通工人，因为他的收入中既包括指挥劳动工资又包含监督劳动收入，以及资本家转移给他的部分剩余价值，即源于管理劳动的二重性。马克思指出，"资本主义的管理就其内容来说是二重的"，这是因为，"它所管理的生产过程本身具有二重性：一方面是制造产品的社会劳动过程，另一方面是资本的价值增殖过程"。[①]马克思强调，在考察资本主义生产方式时，决不能把这两种不同性质的管理职能，即"把从共同的劳动过程的性质产生的管理职能，同从这一过程的资本主义的、从而对抗的性质产生的管理职能混为一谈"。[②]也就是说，管理劳动可分为指挥劳动和监督劳动，指挥劳动是社会分工背景下协调各生产流程而必要的，当管理者执行的是从生产劳动的物质内容和技术关系中产生的管理职能时，他是"劳动者"而不是资本家；当管理者执行的是从生产劳动的社会形式和生产关系中产生的管理职能时，他就是作为"非劳动者"的资本家。[③]因此，在工人新创造价值的分配中，管理工资由两部分构成：一是由指挥劳动这种生产性劳动带来的工资，二是监督劳动这种对抗性生产关系产生的对剩余价值的分配，即监督劳动收入。[④]

马克思分析管理劳动二重性的思路同样适用于分析当前发展

---

① 中共中央马克思恩格斯列宁斯大林著作编译局.马克思恩格斯文集：第七卷 [M].北京：人民出版社，2009：385.

② 中共中央马克思恩格斯列宁斯大林著作编译局.马克思恩格斯文集：第七卷 [M].北京：人民出版社，2009：386.

③ 王峰明.历史唯物主义——一种微观透视 [M].北京：社会科学文献出版社，2014：242-243.

④ 何干强.《资本论》的基本思想与理论逻辑 [M].北京：中国经济出版社，2001：262-263.

阶段各国政府的行为。无论处于哪一种社会形态，政府行为只要产生于经济运行的社会形式和生产关系，政府行为就同社会发展没有本质性联系，此时政府就是阶级统治的工具，是统治阶级的"共同事务的委员会"；相反，只要产生于经济运行的物质内容和技术关系，这种行为就是社会发展不可或缺的要素，此时政府就是公共服务的提供者，代表社会成员的共同利益。

②生产关系的体现：统治阶级"共同事务的委员会"

当前流行的新自由主义观点，只强调政府公共服务职能，忽视了政府更为本质的一面。实际上，当我们讨论政府职能时，不能忽视其作为国家行政机构的本质。国家与政府是一对相近的范畴，但二者层次不同，"国家是维护一个阶级对另一个阶级的统治的机器"①，国家是作为统治阶级维护对全社会进行阶级统治的工具而产生的，同样会随着阶级的消亡而消亡。② 政府则是表现国家意志、代表国家行使公共权力的机构。政府最重要的职能是维护统治阶级利益，在这个意义上讲，应以国家范畴代替政府范畴来讨论其与资本的关系。

表面上看，国家是整个社会的代表，但实际上，它不是超乎各阶级之上使各阶级的利益调和起来的力量，而是统治阶级对其他阶级施行压迫的力量，是阶级和阶级派别之间的关系的总和，是一种集中起来的阶级关系③；它不是对各阶级一视同仁地来管理社会公共事务的机构，而只是为统治阶级服务，保证他们能对社会进行政治统治的机构。对于资本主义国家的性质，从资本主

---

① 列宁.论国家[M]// 列宁选集：第四卷.北京：人民出版社，1972：48.

② Ernest Mandel. The Marxist Theory of the State[M]. New York：Pathfinder Press，1971：11.

③ Nicos Poulantzas. State，Power，Socialism[M]. London: Verso，1980：128-129.

义生产方式层次上进行讨论可以看出，资本主义社会关系维护着经济再生产，政治关系成为资本主义社会的组成部分，资本主义国家的存在从总体上保证这些社会关系（包括经济关系）的再生产。① 必须有"理想的"或"总的"资本家来代表资本家阶级的一般利益，以确保货币制度和财税体制等资本主义生产和利润实现的一般条件这个任务得以实现，执行这个任务的机构即国家。② 英国资本主义发展过程中，英国政府在圈地运动中的作用等都表明，其政府是为资本家阶级利益服务的；2008 年爆发的国际金融危机中西方各国政府"劫贫济富"的做法更是毫不掩饰地表明这一点。

马克思揭示出："现代国家政权不过是管理整个资产阶级的共同事务的委员会罢了。"③ 对于中国社会主义市场经济中的政府的角色，应成为管理工人阶级的共同事务的委员会，正如列宁所说，"资产阶级国家虽然形式极其繁杂，但本质是一个：所有这些国家，不管怎样，归根到底一定是资产阶级专政。从资本主义过渡到共产主义，当然不能不产生非常丰富和繁杂的政治形式，但本质必然是一个，就是无产阶级专政"④。

（3）技术关系的体现：公共服务的提供者

阶级分析是马克思主义剖析经济社会问题的重要工具，借此才能从经济运动的社会形式和生产关系层面认识到，政府或国家是统治阶级"共同事务的委员会"。但这并不意味着马克思主义

---

① Ben Fine, Laurence Harris. Rereading "Capital" [M]. London: The MacMillan Press LTD, 1979: 94-95.

② 厄内斯特·曼德尔.权力与货币：马克思主义的官僚理论 [M].孟捷，译.北京：中央编译出版社，2002.

③ 马克思.共产党宣言 [M]// 中共中央马克思恩格斯列宁斯大林著作编译局.马克思恩格斯文集：第二卷.北京：人民出版社，2009：33.

④ 列宁.国家与革命 [M].// 中共中央马克思恩格斯列宁斯大林著作编译局.列宁选集：第 3 卷.北京：人民出版社，1972：200.

对国家的认识仅限于此，从经济运行的物质内容和技术关系层面看，国家是公共服务的提供者。

有人认为在马恩那里并不承认国家具备管理社会公共利益这一职能，国家仅仅为统治阶级服务，只有无阶级的原始社会的机构才执行管理公共利益的职能。① 这是对马克思的误解。也有人认为，除了阶级工具国家观外，马克思主张过在一定环境下国家是一个独立存在物，亦即"一个望之俨然的寄生（在社会之上的）物体"，也就因为如此，国家此时是为各阶级的利益所服务，而不是某一阶级的权力工具。② 国家具有在政治阶级冲突中维持秩序（政治秩序）的职能，同时也是作为统一的调和因素而维持全面秩序的职能。③

马克思认为，国家提供的公共服务是缓解阶级矛盾、维护阶级统治的有效方法。例如对于英国曾颁布的《工厂法》，马克思指出，"英国的工厂法是通过国家，而且是通过资本家和地主统治的国家所实行的对工作日的强制的限制，来节制资本无限度地榨取劳动力的渴望"④。以此防止劳动力的萎缩再生产、保证资本主义的可持续剥削。对于改善工人生产环境恶劣的状况，马克思主张"为了迫使资本主义生产方式建立最起码的清洁卫生设施，必须由国家颁布强制性的法律"⑤。对于提高工人收入、提供福

---

① 张效敏. 马克思的国家理论 [M]. 田毅松，译. 上海：上海三联书店，2013：47-53.

② 姜新立. 分析马克思——马克思主义理论典范的反思 [M]. 台北：五南图书出版公司，1999：230.

③ 尼科斯·波朗查斯. 政治权力与社会阶级 [M]. 叶林，等译. 北京：中国社会科学出版社，1982：37-44.

④ 中共中央马克思恩格斯列宁斯大林著作编译局. 马克思恩格斯文集：第五卷 [M]. 北京：人民出版社，2009：276.

⑤ 中共中央马克思恩格斯列宁斯大林著作编译局. 马克思恩格斯文集：第五卷 [M]. 北京：人民出版社，2009：554.

利国家制度等做法，列宁指出，资产阶级用从国内外剥削而来的超额利润的一部分收买工人中的上层分子，培养出一个工人贵族阶层。"享有特权的工人阶层的比较安定和文明的生活，使这些工人'资产阶级化'了，他们从本国民族资本的利润中分得一点油水，他们摆脱了破产的贫困的大众所遭受的灾难和痛苦，但也丧失了破产的贫困的大众所具有的革命情绪。"①从国家层面推行福利制度，只不过是统治阶级为了缩小贫富差距、延缓阶级斗争的手段而已。

可见，正如列宁揭示的国家维持秩序的职能的实质在于，"在阶级对立中运动着的社会需要有国家，即需要一个剥削阶级的组织，以便维持它的外部的生产条件"。②马克思主义并不否认国家所提供的公共服务的作用，但也揭露了其本质：公共服务一方面保障劳动力的再生产，一方面为资本逐利提供稳定的社会环境，是经济运行在物质内容和技术层面不可或缺的。

（4）处理好国家与资本、劳动三者关系的原则

通过对市场的本质、政府的本质的剖析，可以说政府与市场关系是国家与资本、劳动三者关系的表现形态。我们应跳出当前讨论政府与市场关系的话语体系，用劳资关系或资本范畴代替市场概念，用国家范畴代替政府概念，讨论社会主义市场经济下国家与资本、劳动三者之间的关系。

从马克思主义政治经济学的角度看，政府与市场，或者说国家与资本之间的关系，不是新自由主义所坚持的对立、互相否定，也不是凯恩斯主义视域下的平行、互为补充，而是政府"提高驾

① 列宁.第二国际的破产[M]//中共中央马克思恩格斯列宁斯大林著作编译局.列宁全集：第21卷[M].北京：人民出版社，1972：219.
② 中共中央马克思恩格斯列宁斯大林著作编译局.列宁选集：第三卷[M].北京：人民出版社，1972：183.

驭社会主义市场经济能力"①，或者说国家要驾驭资本，在现阶段平衡资本与劳动之间的力量。当前的讨论过于强调国家作为公共服务提供者的作用，忽视了从生产关系角度看，国家是统治阶级"共同事务的委员会"。

当前阶段要充分利用资本促进生产力发展，同时国家要驾驭资本，处理好国家与资本、劳动三者的关系，应遵循以下三个原则：

①遏制过度市场化倾向，资本的发展空间进行管制

市场的本质是资本主导下的劳资关系，在市场中发挥作用的主要是资本主义经济规律，要防止资本主义经济规律在社会主义市场经济的发展中占据支配地位，就必须对市场化的程度加以控制，遏制过度市场化的倾向。

过度市场化的背后实际上是资本主义私有制的发展，导致我国出现资本主义生产关系中的社会矛盾。②2008年国际金融危机之后，我国经济受到很大冲击，一方面是由于外需对我国经济增长的拉动作用大幅下滑，最主要的是国内财富和收入分配差距扩大，富裕阶层的财富和收入不断增加但缺乏消费意愿，而普通居民收入消费愿意强烈却消费能力不足，内需难以提振。贫富差距的不断扩大正是市场经济的固有矛盾，即使是完善的市场经济也不可能解决这一问题。

由于资本追求最大程度的利润，不仅是贫富差距，当前我国关系国计民生的领域出现的许多问题，如房地产领域房价猛涨、

---

① 习近平在中共中央政治局第二十八次集体学习时强调 立足我国国情和我国发展实践发展当代中国马克思主义政治经济学 [EB/OL].[2015-11-24].http：//news.xinhuanet.com/politics/2015/11/24/c_1117247999.htm

② 吴宣恭.坚持和完善社会主义初级阶段的基本经济制度[J].政治经济学评论，2016（4）.

宏观调控失灵，医疗领域健康不公平、卫生服务商业化 ① 等，都与私人资本过度膨胀相关。

关系国计民生的领域应严格控制私人资本的进入，对资本的发展空间进行管制。资本是社会主义初级阶段我们加以利用从而促进生产力发展的工具，不应反客为主，让资本主义经济规律主导我们的社会主义经济建设。

②做强做优做大国企，从资本是生产关系的角度看国有资本的比重

市场的本质是劳资关系，而劳动与资本的阶级地位又是由生产资料所有制所决定的。因此，一方面要控制私人资本的发展空间；另一方面，要加强和巩固公有制经济。习近平总书记几次着重指出"理直气壮做强做优做大国有企业" ②，正是着眼于从国家层面发展公有制，坚持人民主体地位，"充分发挥工人阶级主人翁作用，维护好职工群众合法权益，积极构建和谐劳动关系" ③。

正确理解"做强做优做大国有企业"，应坚持整体和个别相结合，从整体上做强做优做大国有资本、从单个上搞活国有企业。在单个企业层面，要着力解决国企现代企业制度尚不健全的问题，加强和改进公司法人治理机制。同时，不能片面将对做强做优做大的理解停留在单个企业层面，要从整体上做大做强国有资本来谈国企改革。做强做大国有资本，应从资本是生产关系的角度看

---

① 李玲，江宇. 推进健康中国需要一场根本变革 [J]. 经济导刊，2016 （10）.

② 习近平对国有企业改革作出重要指示强调理 直气壮做强做优做大国有企业 尽快在国企改革重要领域和关键环节取得新成效 [N/OL]. 人民日报，2016-07-05（1）. http：//paper.people.com.cn/rmrb/html/2016-07/05/nw.D110000renmrb_20160705_2-01. htm

③ 习近平在吉林调研时强调　保持战略定力增强发展自信 [EB/OL].[2015-07-18]. http：//news.xinhuanet.com/politics/2015/07/18/c_1115967338.htm

国有资本的比重。不应以资产占比等使用价值角度衡量国有资本
比重，资本实际上代表一种生产关系，应从全社会在国企业中就
业人数占比来测算国有资本比重。在公有制经济整体层面，要坚
持加强国有资产监管，提高、国有资本运行效率，贯彻党中央关
于"有利于国有资本放大功能、保值增值、提高竞争力"的方针，
大力振兴公有制经济，理直气壮地发展壮大国有企业，控制私营
经济的发展，提高公有制经济比重，从而对生产资料所有制进行
结构性调整。

③落实国有企业劳动关系，体现国企社会主义性质

社会主义市场经济下，公有制经济与私有制经济互相竞争、
共同发展，但在与私人资本的竞争中，国有资本的资本性质越来
越突显。出于逐利需要以及社会对国企以利润为唯一效率衡量标
准的影响，国企员工收入待遇降低并开始雇佣大量劳务派遣工等
非正式员工。

当前国有企业改革思路由"管企业"向"管资本"转变，而
国有企业的社会主义性质不在于资本运营层面，在于劳动关系方
面。在现实中，我们看到，社会主义国家存在大量国有经济，资
本主义国家也有国有经济，为什么资本主义国家的国有经济不具
备社会主义性质，而社会主义国家的国有经济就具有社会主义性
质呢？经济成分的社会性质，国有经济是资本主义性质还是社会
主义性质，应从其内部经济关系入手来进行分析。恩格斯曾指出，
资本主义国有经济、股份制企业没有改变资本与雇佣劳动间的关
系，只要生产资料是私人占有，其资本主义性质就不会改变。对
于社会主义条件下的国有经济，不是说政权掌握在工人阶级手里，
国有经济就具有社会主义性质；社会主义性质体现在企业内部的
劳动关系上。国有企业工人有主人翁的权利，企业经营体现工人

的利益，真正让企业的工人当家作主，这才能体现国有企业的社会主义性质。

社会主义条件下的国有企业，劳动者与公有生产资料相结合，作为生产的主人出现，这才具有社会主义性质。这个问题如果不解决，就调动不了劳动者的生产积极性。我们不应放弃对劳动者的重视，要充分尊重工人、发挥工人的创造力，全心全意依靠工人阶级发展国有企业，这是国有企业的改革底线。

③ 处理好实体经济与金融发展之间的关系

20 世纪 70 年代末以来资本主义国家经济出现金融化趋势，金融资本在经济运行中的重要性和地位在不断提升。金融化的原因是什么、金融化是不是规律、金融资本发展的界限在哪，从马克思主义政治经济学的视角厘清上述问题，对于认清中国是否出现金融化、如何发挥金融资本的作用有重大理论和现实意义。

（1）资本主义国家金融化的原因及本质

金融化是资本不断虚拟化的过程，金融部门相对于实体经济不断扩张，在国内生产总值中所占比重不断上升，在非金融企业拥有的资本中，金融资本相对产业资本的比重也在上升，金融部门在国内利润中所占比重、来自金融业的利润在企业利润中比重均在不断上升。

从最根本的层次来讲，金融化的原因在于资本追逐最大程度利润的本性。从现实角度看，金融化趋势是资本积累的必然结果。一方面，随着资本积累的发展和资本有机构成提高，实体经济的利润率下降，过剩资本不得不从产业部门投向流动性更高的金融部门。金融部门虽然不创造价值，但可以依靠吸收更多资本投入形成金融泡沫而获利，于是金融部门受到了这些逐利资本的青睐。

另一方面，只有在金融资本这一形态上，资本才完全摆脱了物质形态的束缚，获得了最大限度的自主性和灵活性，才能最充分地表现出其最大限度追求价值增值的本性。

金融化是资本主义经济下的必然规律。资本主义经济中，资本扩张包括两个相互交替进行的阶段：物质资本扩张阶段和金融资本扩张阶段。当物质资本扩张阶段中实体经济部门的资本积累超出了一定规模的时候，投资报酬递减，资本利润率下降，物质资本的扩张开始向金融资本的扩张阶段演进。

金融化发展的界限在于，金融资本的发展不能超过实体经济的生产、流通产生的对资本的需求量。金融等虚拟经济是为实体经济的发展服务的，金融化的发展程度必须和实体经济发展相适应；如果金融化脱离实体经济相对过度膨胀从而形成金融泡沫，一旦泡沫破灭，将给金融和实体经济发展带来极大的冲击。要实现经济稳定持续发展，必须保证金融化和实体经济发展的同步性。

（2）中国经济是否出现金融化

中国实行社会主义市场经济体制，但市场经济在经济运行方面与资本主义国家的市场经济也存在一定共性。因此，资本主义经济中存在的金融化问题在中国也可能出现。

近年来，中国经济"脱实向虚"问题成为关注的焦点。所谓"脱实向虚"，指的是资金和人才脱离实体经济，大量流入到金融业和房地产业等虚拟经济中，导致虚拟经济的增长速度过快，造成虚拟经济的泡沫与实体经济的萎靡。

企业在运营过程中，如果其他条件不变，经营成本上升，利润率就会出现下降。数据表明，2007年以来中国土地成本上升趋势明显，以制造业为代表的实体经济的生存发展空间受到了以金融业和房地产为代表的虚拟经济的挤压，部分企业难以获得社会平均投资回报率，影响了实体经济健康发展。尤其是房地产业吸纳大量社会资源，拉高了市场利率水平，推高了制造业成本，导致企业利润率迅速下降。企业为了应对利润率下降，一般采取两种方式：一是改变资本投资领域，脱实向虚，投资金融业或房地产业；二是加杠杆，扩大生产规模，提高利润总量。

因此，当前中国经济正经历金融化。着力振兴实体经济，如何摆正与虚拟经济特别是金融资本的关系，是一个不容回避、亟待处理好的问题。

（3）认识和发挥金融资本的作用

首先应明确，实体经济是我国经济发展的基础，"振兴实体经济是供给侧结构性改革的主要任务，供给侧结构性改革要向振兴实体经济发力、聚力。不论经济发展到什么时候，实体经济都是我国经济发展、我们在国际经济竞争中赢得主动的根基。我国经济是靠实体经济起家的，也要靠实体经济走向未来"[1]。

金融资本的发展源于实体经济，最初表现为闲置货币的资本化。金融资本本身不直接创造价值，但可以优化资源配置、动员储蓄转向直接投资，提高实体经济创造价值的能力。金融资本的利润来源于实体经济部门，因而金融业的持续发展依赖于新价值的不断流入。当产业资本越来越多地参与金融活动即金融资本相对独立膨胀时，新价值创造的基础被削弱，进而整个金融化过程及国民经济将逐渐陷入停滞。

习近平总书记强调，金融是实体经济的血脉，为实体经济服务是金融的天职，是金融的宗旨，也是防范金融风险的根本举措。[2]

---

① 中共中央文献研究室. 习近平关于社会主义经济建设论述摘编 [M]. 北京：中央文献出版社，2017：116.

② 习近平. 习近平谈治国理政：第二卷 [M]. 北京：外文出版社，2017：279.

金融是现代经济的核心，对社会总资本的整个运动过程起着"第一推动力"的作用，掌握金融才能掌握资源配置的支配权。因此，既要肯定金融资本对经济发展的积极推动作用，又要充分认识到金融资本过度发展可能带来的严重影响。

防止资本过度流向虚拟经济而造成实体经济空心化，合理发展金融业、着力振兴实体经济，必须加强党对金融工作的领导，坚持稳中求进工作总基调，遵循金融发展规律，紧紧围绕服务实体经济、防控金融风险、深化金融改革三项任务，创新和完善金融调控，健全现代金融企业制度，完善金融市场体系，推进构建现代金融监管框架，加快转变金融发展方式，健全金融法治，保障国家金融安全，促进经济和金融良性循环、健康发展。

认识和发挥好金融资本的作用，要把握好以下重要原则：第一，金融要回归本源，服从服务于经济社会发展。金融要把为实体经济服务作为出发点和落脚点，全面提升服务效率和水平，把更多金融资源配置到经济社会发展的重点领域和薄弱环节，更好满足人民群众和实体经济多样化的金融需求。我国金融发展历史较短，金融监管手段方式有待提高，高水平的金融监管人才匮乏，金融机构抗风险能力较差，因此，金融的发展应坚持渐进式原则，金融深化和金融开放以能否与实体经济发展相适应，能否有效促进实体经济发展，金融监管水平能否达到等为尺度，严格控制金融业的膨胀规模和膨胀速度，防范金融风险和泡沫经济的产生。

第二，优化结构，完善金融市场、金融机构、金融产品体系。要坚持质量优先，引导金融业发展同经济社会发展相协调，促进融资便利化、降低实体经济成本、提高资源配置效率、保障风险可控。在加强对金融业的宏观调控与监管基础上，鼓励适合我国的金融创新业务的发展。金融创新可以提高金融体系的运作效率，增强金融业对实体经济的促进作用，我国作为资本项目未对外开放、金融深化自由化程度较低的发展中国家，相对于实体经济的快速发展，金融业仍有较大的发展空间。增加股票指数期货、金融期权等金融交易和服务品种，建立有效的金融机构体系和金融市场体系，为企业提供多种防范和转移风险的工具，无疑会提高企业乃至整个经济的运行效率。

第三，强化监管，提高防范化解金融风险能力。要以强化金融监管为重点，以防范系统性金融风险为底线，加快相关法律法规建设，完善金融机构法人治理结构，加强宏观审慎管理制度建设，加强功能监管，更加重视行为监管。

第四，市场导向，发挥市场在金融资源配置中的决定性作用。坚持社会主义市场经济改革方向，处理好政府和市场关系，完善市场约束机制，提高金融资源配置效率。加强和改善政府宏观调控，健全市场规则，强化纪律性。

④ 形成国内强大市场，构建新发展格局

唯物史观认为，对外贸易必须以国内社会再生产内部的比例关系平衡为前提。这是因为，在国际贸易平等交换的前提下，对外贸易在实质上是以外国商品的使用价值物品替换本国商品的使用价值物品，不能直接改变本国用于外贸商品的总价值量，从而不能改变国内社会再生产两大部类已经形成的产品价值的结构关系。假定国内社会再生产的比例关系出现严重不平衡，企图依赖外贸来解决，那么一方面，即使国内过剩商品都能卖给外国，这些商品换回的货币在国内也可能成为闲置的货币而沉淀下来，不能在国内买到所需要的商品并完成商品流通的全过程；另一方面，即使能到国外买到国内社会再生产所短缺的商品，由于货币流到

了国外，这可能使国内的一些商品卖不出去。这些情况都会影响再生产的持续稳定运行。因此，离开国内社会总产品的产品价值构成试图形成比例平衡关系，盲目发展对外贸易，反而有可能加剧国内产业结构失衡。

应当把发展外贸和利用外资纳入宏观经济计划调节。首先，应重视对外贸的宏观计划调节。对外贸易最基本的就是出口本国商品和进口外国商品。然而资本主义经济主导的世界市场，既不能保证对本国出口商品的稳定需求，也不能保证对本国进口商品的稳定供给。同时，中国作为发展中国家，在世界市场与发达资本主义国家的竞争中，总体上处于劣势地位；如果照搬新自由主义国际贸易自由化的主张，放任民族企业各自分散地进入竞争激烈的国际市场，那么，绝大多数企业势必沦为发达国家跨国公司和垄断企业弱肉强食的对象，那就难以通过对外贸易增进本国民族经济的整体利益。而要趋利避害，国家政府就有必要对外贸从质上和量上进行宏观计划调节，科学运筹，扬长避短，作为全国对外贸易的总指挥，率领民族企业投入国际市场竞争，从总体劣势中争取局部的绝对优势，不断增进本国的民族经济利益，最终在总体上转化为竞争优势。对进出口商品，都应有宏观计划调节，不能认为进出口商品越多越好，"对外贸易依存度"越高越好；而应当把进出口的商品纳入社会总产品的产品价值结构，从而保证宏观经济运行遵循马克思揭示的社会再生产按比例发展客观规律。

其次，重视对利用外资的宏观计划调节。值得重视的是对直接利用外资的宏观计划调节。这是因为，其一，直接利用外资，引进的主要是外国产业资本，它们一旦在本国落地，就会在原材料购买、劳动力使用、产品销售等环节，进入本国民族总资本的循环运动，成为本国宏观经济运行的构成部分。如果不把引进外资纳入宏观计划调节，不能合理控制外商直接投资的数量和分布，甚至让它们进出自由，那么势必就会导致国民经济产业结构缺乏稳定的比例关系，进而削弱公有制的主体地位，使引进外资成为必然削弱民族经济的重大因素。其二，外资与中国民族资本虽有合作的一面，但更有对立的一面。不应当忘记老一辈国家领导人陈云的重要提醒，"外国资本家也是资本家。他们做买卖所得的利润，绝对不会低于国际市场的平均利润率"。① 资本的本性是追求利润，实力雄厚、占有科技优势的外资为了扩大在中国的市场占有率，势必要挤压中国民族资本。其三，外资并不是像有的舆论所说，它们虽然从中国取走了利润，却把资本留给了中国。马克思的《资本论》揭示的资本积累原理（剩余价值资本化）揭示出，如果只看一次生产过程，资本家的投资似乎是他的私人基金或所谓"原始积累"，但是，如果分析连续进行的资本再生产过程或资本积累过程，就可以透过这种假象认清真相：资本的简单再生产过程显示出，资本家的全部原始投资都是工人创造的资本化的剩余价值；而资本的扩大再生产则显示出，资本家总是凭借对雇佣工人过去的无酬劳动的所有权，不断地占有雇佣工人创造的新的无酬劳动。② 在这个意义上，进入中国的外资越多，中国工人阶级无偿为外商提供的剩余价值就越多。

可见，直接利用外资必须要在合理调控上下功夫，引进外资必须要为我所利用，质上要选择，量上应有度。引进外资超过了一定限度，就会影响民族经济独立自主地稳定运行。认为外商来华直接投资越多越好的观念，实质是想依赖外资搞中国经济建设，

---

① 陈云. 陈云文选（第三卷）[M]. 北京：人民出版社，1995：277.
② 中共中央马克思恩格斯列宁斯大林著作编译局. 马克思恩格斯文集：第六卷 [M]. 北京：人民出版社，2009：656-658，668-678.

这是幼稚的，也是错误的。尤其要看到，在公有制主体地位削弱
的经济条件下，一旦宏观经济出现某种困难迹象，私营经济中的
部分人难免会找实力强的外资做靠山，从这个意义上看，过量引
进外资也是不利于国家经济安全、不利于维护我国社会主义基本
经济制度的。

三、现代化经济体系：新时代经济建设的战略目标

党的十九大报告指出，我国经济已由高速增长阶段转向高质
量发展阶段，正处在转变发展方式、优化经济结构、转换增长动
力的攻关期，建设现代化经济体系是跨越关口的迫切要求和我国
发展的战略目标。现代化的衡量标准是什么，现代化经济体系涵
盖了哪些内容，中国是否应该以欧美发达资本主义国家为范本来
建设现代化经济体系，为建设现代化经济体系我们需要出台什么
政策举措，对上述等问题的回答，有助于我们认清现代化经济体
系的科学内涵，既是对过去成功经验的总结和归纳，也为新时代
中国特色社会主义的经济发展指明方向。

建设现代化经济体系不仅要注重生产力和生产关系两方面，
而且要求准确把握"现代化"的定位和方向。当前理论界将发达
资本主义国家的经济制度作为现代化经济体系的特征，整体上缺
乏历史分析和辩证法的视角。遵循唯物史观的反映论，"现代化"
的定位应符合理论逻辑与历史进程相统一。逻辑与历史相统一的
历史辩证法是理解和把握社会经济形态演进的重要方法。理论逻
辑反映的是暂时剥离掉偶然因素的历史必然性，或是将偶然性纳

入必然性范围内的整体考量。在历史进程的具体发展中，理论逻辑的呈现也需要有新的发展。也就是说，历史进程是现实的、根本的，需要在历史演进中丰富并发展理论逻辑。例如，"现代"或"现代化"范畴不应是一成不变的，在不同阶段，"现代"或"现代化"的内涵和标准不同，会随着不同社会经济形态的变化而变化。理论逻辑需要反映历史发展的这一规律。

1. 理论逻辑与历史进程相统一视角中的"现代"

"现代"是马克思在著作中使用频率较高的词汇，如"现代社会""现代生产方式""现代的经济关系"[①]等。有人认为，马克思认为现代化的条件是：存在着土地私有制；在上一条件的基础上出现土地商品化；存在着一种个人本位的城市"市民"文化。[②]这实际上是认为马克思将现代社会等同于资本主义社会。我们要问，马克思是在何种意义上使用"现代"一词？或者说，在马克思那里，"现代"的参照物是什么？

《资本论》中，被马克思冠之以"现代"的主要有"社会""生产方式"和"经济学"等，马克思对这些词的使用是有特定历史含义的。首先，"现代社会"指代的就是资本主义社会。例如，在《资本论》第一版序言谈到该书的写作目的时，马克思指出，"一个社会即使探索到了本身运动的自然规律，——本书的最终目的就是揭示现代社会的经济运动规律，——它还是既不能跳过也不能用法令取消自然的发展阶段。但是它能缩短和减轻分娩的

---

① 中共中央马克思恩格斯列宁斯大林著作编译局.马克思恩格斯文集：第五卷[M].北京：人民出版社，2009，第一版序言15-16.

② 什洛莫·阿维内里.马克思与现代化[M]//塞缪尔·亨廷顿等著，罗荣渠主编.现代化：理论与历史经验的再探讨.上海：上海译文出版社，1993：25.

痛苦。"① 在《资本论》第三卷第 52 章，马克思提到："雇佣工人、资本家和土地所有者，形成建立在资本主义生产方式基础上的现代社会的三大阶级。在英国，现代社会的经济结构无疑已经达到最高度的、最典型的发展。"② 毫无疑问，这里的"现代社会"，就是资本主义社会。

其次，"现代私有权""现代私有财产"就是资本主义私有权、资本主义私有财产。在分析资本原始积累过程中，马克思写道："土地所有者通过立法实行掠夺……他们取消了封建的土地制度，……他们要求对地产的现代私有权（他们对地产只有封建权利）。"③"掠夺教会地产，欺骗性地出让国有土地，盗窃公有地，用剥夺方法、用残暴的恐怖手段把封建财产和克兰财产转化为现代私有财产——这就是原始积累的各种田园诗式的方法。"④与封建权利、封建财产相对而言，资本主义私有权和资本主义私有财产在当时是适应资本主义生产方式的，因而是现代私有权和现代私有财产。

第三，"现代生产方式"就是资本主义生产方式。在对商人资本进行历史考察中，马克思指出，在 16 世纪，由于新航路的开辟和新大陆的发现，世界市场突然扩大，商业和商业资本迅速发展，这对于促进封建生产方式解体、资本主义生产方式产生起到了巨大推动作用，"现代生产方式，在它的最初时期，即工场手

① 中共中央马克思恩格斯列宁斯大林著作编译局.马克思恩格斯文集：第五卷 [M].北京：人民出版社，2009，第一版序言第 9-10.
② 中共中央马克思恩格斯列宁斯大林著作编译局.马克思恩格斯文集：第七卷 [M].北京：人民出版社，2009：1001.
③ 中共中央马克思恩格斯列宁斯大林著作编译局.马克思恩格斯文集：第五卷 [M].北京：人民出版社，2009：831.
④ 中共中央马克思恩格斯列宁斯大林著作编译局.马克思恩格斯文集：第五卷 [M].北京：人民出版社，2009：842.

工业时期，只是在它的各种条件在中世纪内已经形成的地方，才得到了发展。"① 商业资本的作用不能过分夸大，因为商业大发展建立在资本主义生产方式已经存在并有所发展的基础上，只有资本主义工业的发展才能促进商品生产大发展。

第四，"现代经济学"即资产阶级经济学。在分析商品拜物教性质时，马克思指出，货币主义被商品的拜物教性质所迷惑，"而蔑视货币主义的现代经济学，当它考察资本时，它的拜物教不是也很明显吗？"。② 在研究资本主义地租产生的历史过程中，"作为资本主义生产方式的理论表现的现代经济学"③ 在地租研究上存在困难，困难在于剩余价值平均化之后，这种剩余价值的超额部分是从哪里来的。这是由于资产阶级经济学离开了对决定资本主义地租的资本主义生产方式的分析来研究资本主义地租，因此产生种种错误。在讨论剩余价值的来源时，"现代经济学家如拉姆赛、马尔萨斯、西尼耳、托伦斯等人也直接用流通的这些现象来证明：资本在它的单纯物质存在上，与它同劳动的社会关系（正是这种关系使它成为资本）无关，是一个与劳动并列而且与劳动无关的剩余价值的独立源泉"。④ 资产阶级经济学拒绝承认劳动是价值的唯一源泉，将资本与劳动并列作为创造价值的要素之一。

实际上，马克思对于资本主义这个"现代"社会是持辩证批

① 中共中央马克思恩格斯列宁斯大林著作编译局.马克思恩格斯文集：第七卷 [M].北京：人民出版社，2009：371.
② 中共中央马克思恩格斯列宁斯大林著作编译局.马克思恩格斯文集：第五卷 [M].北京：人民出版社，2009：101.
③ 中共中央马克思恩格斯列宁斯大林著作编译局.马克思恩格斯文集：第七卷 [M].北京：人民出版社，2009：884.
④ 中共中央马克思恩格斯列宁斯大林著作编译局.马克思恩格斯文集：第七卷 [M].北京：人民出版社，2009：53.

判态度的，马克思的现代性批判实际上就是对资本主义的批判。[①]
马克思使用"现代"一词，有着特定的、具体的历史背景，以及
历史辩证法的分析思维。总之，在资本主义发展初期，和封建生
产方式、封建经济相比，资本主义生产方式、资本主义经济就是
现代生产方式、现代经济；和社会主义经济、社会主义制度相比，
资本主义经济、资本主义制度就是非现代的。正如马克思在分析
借贷资本家凭借对生息资本的占有而获得利息的行为时，指出这
种获取剩余价值的方式"只要与生产方式相适应，相一致，就是
正义的；只要与生产方式相矛盾，就是非正义的"[②]。我们也无
法抽象地谈论现代和非现代，只有在具体的经济的社会形态中进
行对比才能作出判断。不能将"现代""现代化"的属性、特征
和标准绝对化，不应静止、孤立地看，应在对比中动态地看，是
否现代是相对的，也就是说，随着经济社会的发展，"现代"的
参照物在改变，"现代"的内容和判断标准也随之发生改变。

只有掌握唯物史观的历史分析方法，才不会犯将资本主义社
会作为现代化社会、将资本主义经济体系作为现代化经济体系的
错误。习近平指出："我们建设的现代化经济体系，要借鉴发达
国家有益做法，更要符合中国国情、具有中国特色。"[③] 对于当前
中国而言，"现代"或"现代化"的参照物既是当前中国发展阶段，
也是西方发达资本主义国家。一方面，改革开放以来累积的经济社
会问题日益严重，当前中国社会主要矛盾中的一方就是生产力的不

---

① 陈学明.从马克思的现代性批判理论看中国道路的合理性 [J].马克思主义与
现实，2018（6）.
② 中共中央马克思恩格斯列宁斯大林著作编译局.马克思恩格斯文集：第七
卷 [M].北京：人民出版社，2009：379.
③ 习近平.深刻认识建设现代化经济体系重要性　推动我国经济发展焕发新活
力迈上新台阶 [N].人民日报，2018-02-01（1）.

平衡不充分发展；另一方面，更要看到西方发达资本主义国家在发展过程中呈现一系列问题，充分暴露了资本主义制度的固有矛盾，资本主义经济体系亟待进行现代化，即过渡到新的更高的社会形态。

2. 现代化经济体系与社会主义制度的内在一致性

历史发展的规律是新的更高级的社会形态取代旧的社会形态，社会主义是相对资本主义更高级的社会形态，当社会主义出现后，资本主义制度就无法被称为现代制度，资本主义经济也不是现代经济，社会主义经济才是现代化的经济。

从社会生产力角度看，信息技术、大数据、互联网等现代科技的应用，正在全世界范围内促进生产力社会化的加速拓展。当代资本主义经济体系，在社会生产力方面是处在世界先进水平的。但是这包含几百年社会生产力发展的积累，包含着历代工人阶级和被压迫民族的劳动人民提供的剩余价值。应当说，当今金融垄断资本主义生产关系，更加不能适应先进社会生产力的发展要求了。世界金融、经济危机的周期性爆发证明了这个判断。毫无疑问，我们应当学习和借鉴当代资本主义经济体系的高新技术和某些先进管理经验，但是决不能认为当代资本主义经济体系中的以私有制为基础的生产关系也是先进的。资本主义私有制生产关系始终没有改变私人资本的剥削本性和追求利润无限增长这种生产目的，发达资本主义国家即使采用凯恩斯主义的国家宏观调控，也是以维护资本家阶级整体利益为前提的。这就不可能消除私人生产的自发性，从而社会再生产不可能适应社会化大生产对社会分工比例关系的客观要求，也就势必导致各产业部门在自发的市场竞争中，盲目扩张市场供给。另一方面，社会收入分配关系是生产资料所有制决定的，资本主义私有制必然导致社会收入产生两极分化，这就势必使占人口大多数的雇佣劳动者收入相对缩小，从而市场购买力相对缩小。而市场供给的盲目扩张和市场有购买力需求的相对缩小，必然使商品流通一般所具有的危机可能性变为现实性，形成周期性经济危机这种顽症。这是资本主义私有制和生产社会化之间存在对抗性固有矛盾的必然表现。

公有制占主体地位的中国特色社会主义基本经济制度，本质是科学社会主义制度；只要能够巩固和发展，就能够适应现代生产力社会化的加速拓展。这是因为，在这样的经济基础上，国民经济运动的"主动轮"①是自主联合的劳动者，生产目的是为了占人口大多数的人民群众的经济利益；在收入分配上，以按劳分配为主，这就有可能避免出现资本主义的两极分化。而商品流通的性质是由社会占主体地位的公有制经济决定的。在公有制经济占主体地位、国有经济真正发挥主导作用的条件下，国家宏观经济调控中心，就有条件利用现代信息和大数据技术，从大的方面弄清社会再生产各产业部门的生产比例关系；同时，还可以及时利用市场供求关系反映出的社会分工比例关系变化的信息，克服主观性，从而统筹兼顾，合理安排，着眼于"全国一盘棋"，对社会生产做出科学的计划调节，这就有条件使商品流通服从社会主义生产关系的要求，在促进社会分工和生产力发展的同时，实现市场总供给和总需求的基本平衡，避免发生资本主义那样的金融经济危机，促进国民经济的可持续科学发展。因此，中国特色的社会主义经济制度显然是比资本主义更先进的现代经济制度；它与建设现代化的经济体系具有内在的一致性。

---

① "主动轮"是马克思在《资本论》中的用语。见《马克思恩格斯文集》第五卷 [M]. 北京：人民出版社，2009：683.

③ 渗透唯物史观的现代化经济体系建设路径

以唯物史观为指导建设现代化经济体系，需要重视生产关系对生产力的反作用，特别是生产资料公有制对于经济结构调整的重要意义，建设现代化经济体系以推动高质量发展；需要遵循价值规律，建立符合价值规律的国民经济核算体系；要深入到生产领域而非停留在市场流通层面，从资本流通角度调整政府与市场关系、实体经济与金融发展关系、独立自主与对外开放关系，建立着眼于生产领域调节的经济调控机制。

（1）巩固和完善公有制为主体，促进社会生产力高质量发展

党的十九大报告指出："我国经济已由高速增长阶段转向高质量发展阶段，正处在转变发展方式、优化经济结构、转换增长动力的攻关期，建设现代化经济体系是跨越关口的迫切要求和我国发展的战略目标。"[1] 建设现代化经济体系是进一步推动高质量发展的内在要求。高质量发展是生产力发展的客观要求，生产力的进步需要一定的生产关系和制度环境与之相适应，物质资料的再生产也需要相应的生产关系再生产与之匹配，因此，建设现代化经济体系就是为更高的生产力水平提供其现实载体。[2]

建设现代化经济体系，不仅应最大限度地吸收人类社会生产力在现代条件下已经创造出的先进物质技术成果，而且应明确，它应当是趋向马克思主义揭示的人类社会发展的更高形态的社会主义制度的经济现代化。中国已经建立起社会主义的公有制经济，

---

① 习近平.决胜全面建成小康社会 夺取新时代中国特色社会主义伟大胜利——在中国共产党第十九次全国代表大会上的报告（2017 年 10 月 18 日）[N].人民日报，2017-10-28（1）.
② 张建刚，刘刚.建设现代化经济体系的政治经济学探析 [J].山东社会科学，2018（5）.

尽管现阶段的公有制经济还处在与私有制经济并存的不完善的阶段，处在向消灭了私有制的自由人联合体含义上的社会主义公有制的过渡时期，但是它已经具有广大劳动人民共同占有生产资料的性质，在国家代表劳动人民利益对国有经济进行统一科学管理的条件下，这种以所有制为核心的生产关系，是最能适应生产过程使用现代高新技术，适应生产力社会化发展趋势的，因而是真正能够适应社会化生产的现代化生产关系。如同社会再生产包括社会生产力的再生产和社会生产关系的再生产，高质量的经济发展也包括社会生产力的高质量再生产和社会生产关系的高质量再生产两方面。根据唯物史观基本原理，在一定历史条件下的生产方式中，社会生产力相对于社会生产关系起决定作用，所以，必须抓好社会生产力方面的高质量发展。党的十九大指出，"建设现代化经济体系，必须把发展经济的着力点放在实体经济上，把提高供给体系质量作为主攻方向，显著增强我国经济质量优势"①。这对社会生产力的高质量发展提出了要求，我们有必要从社会生产力高质量发展在建设现代化经济体系中的决定性作用的角度来理解。

同时，我们也不能忽视社会生产关系的高质量再生产即高质量发展。因为同样根据唯物史观，社会生产关系对社会生产力的发展起反作用。从推动建设社会主义现代化经济体系需要人们更自觉地发挥主观能动性的角度来看，促进社会生产关系通过管理体制改革，在社会再生产过程中不断改进和完善，这乃是实现经济高质量发展的极其重要的方面。党的十九大提出"全党要更加自觉地坚持党的领导和我国社会主义制度""坚持党对一切工作

---

① 习近平. 决胜全面建成小康社会 夺取新时代中国特色社会主义伟大胜利——在中国共产党第十九次全国代表大会上的报告（2017 年 10 月 18 日）[N]. 人民日报，2017-10-28（1）.

的领导。党政军民学，东西南北中，党是领导一切的""坚持以
人民为中心""必须坚持人民主体地位""必须坚持和完善中国
特色社会主义制度""必须坚持和完善我国社会主义基本经济制
度和分配制度""坚持人民当家作主"①等一系列要求，这都属
于对社会生产关系高质量发展提出的要求。

简而言之，建设现代化经济体系是经济高质量发展的内在要
求。要实现高质量发展，不但要遵循社会生产力起决定性作用的
要求，增强我国经济质量优势；还必须遵循社会生产关系对社会
生产力的发展起反作用的要求，巩固和发展以生产资料公有制为
基础的社会主义经济制度，促进社会生产关系高质量发展。

（2）建立符合价值规律的国民经济核算体系

2012年11月，党的十八大提出"推进经济结构战略性调整"，
要求"着力解决制约经济持续健康发展的重大结构性问题"。②2016
年12月，中央经济工作会议又指出，我国宏观经济运行出现"重
大结构性失衡"。③2017年10月，党的十九大报告在"贯彻新发
展理念，建设现代化经济体系"这一部分，进一步要求"创新和完
善宏观调控，发挥国家发展规划的战略导向作用，健全财政、货币、
产业、区域等经济政策协调机制"④。创新和完善宏观调控，纠正

---

① 习近平.决胜全面建成小康社会 夺取新时代中国特色社会主义伟大胜利——
在中国共产党第十九次全国代表大会上的报告（2017年10月18日）[N].人民
日报，2017-10-28（1）.
② 习近平.坚定不移沿着中国特色社会主义道路前进 为全面建成小康社会而
奋斗——在中国共产党第十八次全国代表大会上的报告[N].人民日报，2012-
11-18（1）.
③ 新华社中央经济工作会议报道.中央经济工作会议在北京举行[N].光明日报，
2016-12-17.
④ 习近平.决胜全面建成小康社会 夺取新时代中国特色社会主义伟大胜
利——在中国共产党第十九次全国代表大会上的报告（2017年10月18日）[N].
人民日报，2017-10-28（1）.

重大结构性失衡，这是我们当下需要严肃对待的事关全局的重大理论和实践问题。以唯物史观为指导确立对社会主义市场经济宏观调控的科学认识，才能在工作实践中真正坚持以人民为中心的发展思想，标本兼治地解决好宏观经济严重结构性失衡的问题，促进建设现代化经济体系。而科学的宏观经济管理、调控和决策，建立在科学的国民经济核算体系基础之上，国民经济核算体系应遵循价值规律，与以斯密教条为指导的西方国民经济核算体系划清界限。现代化经济体系中的国民经济核算体系要为促进宏观经济按比例、可持续发展服务，应坚持以下做法：应统计包括 c（不变资本）、v（可变资本）、m（剩余价值）在内的社会总产品价值量及其基本比例关系；坚持使用价值是价值前提的规律，从宏观上统计可把握的产品使用价值量及其比例关系；应统计所有制结构，并从资本作为生产关系这一本质层面统计所有制结构。

①统计包括 c、v、m 在内的社会总产品价值量及其基本比例关系

西方资产阶级宏观经济学以凯恩斯主义为理论基础。一段时间以来，为解决我国宏观经济结构失衡问题，不少人搬用凯恩斯主义，提出控制投资、消费、外贸所谓"三驾马车"的宏观经济政策主张。有人认为，凯恩斯主义对社会主义市场经济的宏观调控有指导意义。其实，以维护资本主义私有制为前提的凯恩斯主义，是有着严重弊病的。凯恩斯主义的分析方法主要着眼于市场简单流通层面，强调市场总供求和总需求的平衡；主要围绕"投资等于储蓄"这个恒等式，对宏观经济进行数量分析；把投资、消费和外贸比喻为可驾驭的"三驾马车"，认为采取松紧搭配的财政、货币政策的方法，就可以实现宏观经济的市场供求平衡。

凯恩斯主义主要存在两个严重弊病：一是沿袭了马克思深入

批判过的斯密教条，在宏观经济分析中丢掉了社会总产品价值
$\sum$（c+v+m）中的不变资本$\sum$c；二是提出错误的"储蓄等于投资"
的"恒等式"。因此，搬用凯恩斯主义及其数理分析方法来指导
宏观经济调控实践，不可能标本兼治地解决宏观经济结构失衡等
问题，还会导致问题进一步恶化。所谓斯密教条，就是马克思指
出的"一切商品（从而年商品产品）的价格分解为工资加利润加
地租这个教条"[①]，斯密"把资本的不变价值部分从商品价值中
驱逐出去"[②]（简称"丢掉了不变资本c"）。马克思在其社会总
资本和流通的原理中揭示，要实现社会简单再生产或扩大再生产，
全社会各种生产要素需要在再生产过程中得到价值补偿和实物更
新。这就要求生产资料生产和消费资料生产这两大部类的产品价
值之间形成相互平衡的一定比例关系，从而使社会各类企业生产
的商品能按一定途径相互交换。其中，马克思将不变资本$\sum$c的
补偿视为社会再生产研究中的"最重要的问题"[③]。

　　凯恩斯主义分析宏观经济运动时，沿袭斯密教条，丢掉了不
变资本$\sum$c的补偿，这十分明显地体现在凯恩斯主义对国内生产
总值GDP这一主要指标的运用上。GDP被现代西方宏观经济学
解释为本地生产总值，指一定时期、一定地域内的经济活动所生
产的全部最终成果（包括产品和劳务）的市场价值。GDP的数量
统计方法包括生产法、收入法和支出法等多种。而按收入法统计，
GDP等于本地一定时期的收入即利润、利息、地租和工资相加的

---

① 中共中央马克思恩格斯列宁斯大林著作编译局.马克思恩格斯文集：第六
卷[M].北京：人民出版社，2009：412.

② 中共中央马克思恩格斯列宁斯大林著作编译局.马克思恩格斯文集：第六
卷[M].北京：人民出版社，2009：413.

③ 中共中央马克思恩格斯列宁斯大林著作编译局.马克思恩格斯文集：第六
卷[M].北京：人民出版社，2009：447.

总额，显然，这相当于马克思主义政治经济学中本地一定时期的价值产品$\sum(v+m)$。这就是说，用马克思的商品价值理论分析GDP 的含义可知，它排除了社会总产品价值中体现不变资本$\sum c$的这部分价值。而凯恩斯主义对宏观经济进行数理分析的许多指标都建立在 GDP 基础之上，例如反映宏观经济总量增长速度的指标（GDP 增长率），反映消费对经济增长的贡献率指标（消费的变动率除以 GDP 变动率），反映投资对经济增长的贡献率指标（投资的变动率除以 GDP 变动率），反映货物与服务净出口对经济增长贡献率的指标（净出口变动率除以 GDP 变动率），反映货币流通量与"全部经济交易"比重的指标 [即 M2/GDP，式中 M2（广义货币）= M1（狭义货币，即流通中的现金 + 支票存款 + 转账信用卡存款）+ 储蓄存款（包括活期储蓄存款和定期储蓄存款）]，反映一国对外贸易状况的指标（经常项目顺差与 GDP 之比），反映对外贸易与经济总量关系的指标（"对外贸易依存度"即对外贸易占 GDP 的比重）等，它们都以 GDP 指标为基础，撇开了社会总产品价值中的不变资本$\sum c$，只以$\sum(v+m)$ 为总量进行宏观经济供求关系分析。这显然是片面的宏观经济数理分析方法。凯恩斯主义在宏观经济分析中既然撇开了生产资料生产 Ic 的补偿，也就不可能解决产业结构的严重失衡问题。换句话说，只要搬用凯恩斯主义制定宏观经济政策，就不可能注重在宏观经济运动中如何通过企业之间的实物补偿和价值补偿，解决不变资本$\sum c$的补偿问题，从而不可能科学地解决宏观经济产业结构的失衡问题。

科学地对社会主义市场经济进行宏观调节，需要将$\sum c$纳入国民经济核算体系。中华人民共和国成立后的计划产品经济体制时期，是着眼于社会总产品$\sum(c+v+m)$进行国民经济计划管理。

使用包括$\sum c$在内的社会总产品价值作为国民经济计划管理的总量指标，这个指标本身是科学的。在社会主义市场经济条件下，同样应当使用社会总产品价值的总量指标，而不能迷信、照搬凯恩斯主义。当然，在新的历史条件下，一定要结合社会主义市场经济实际，将马克思从社会总产品出发研究宏观经济运动的科学方法具体化。不仅应把社会总产品理解为社会总商品，而且应当联系商品资本循环的一般公式 W'—G—W…P…W'，探索适用于社会主义公有制为主体的社会生产与市场流通相结合的宏观经济调控方法，并在数理分析方法上努力形成以马克思宏观经济理论为指导的宏观经济指标体系。这是社会主义市场经济在宏观调控实践中要解决的重大问题之一，也是马克思主义政治经济学理论创新的一项紧迫任务。

②坚持使用价值是价值前提的规律，从宏观上统计可把握的产品使用价值量及其比例关系

国民经济核算需要对国民经济运行过程及其结果进行全面核算和描述，客观反映宏观经济信息。国民账户体系（SNA）与物质产品平衡表体系（MPS）不同，是市场价值量的总和。从唯物史观角度看，不能完全脱离使用价值来谈价值。因为满足人类生产生活需要的首先是使用价值而不是价值；社会再生产正常进行，需要在使用价值或实物形态得到补偿，按比例平衡发展，指的是由使用价值决定的、表现在价值上的比例。因此，国民经济核算体系不仅需要统计市场价值量，更要注重背后的产品使用价值量及其比例关系。

首先，生产是人类社会生存和发展的基础，生产的目的是满足人的需要。为了在有限的资源条件下满足日益增长和变化的需要，人们必须不断发展社会生产力、提高资源配置效率，用尽可

能少的劳动耗费生产出尽可能多的使用价值，这是经济发展的最基本规律，马克思称之为生产劳动领域"首要的经济规律"①。但是，在不同的社会，由于生产力和生产关系的状况不同，基本经济规律的内涵和实现形式也不相同。在资本主义社会，生产的直接目的并不是满足人的需要，而是资本最大限度获取剩余价值，人的需要只是实现资本增殖的手段。剩余价值规律是资本主义的基本经济规律，一方面推动了生产力的巨大发展和社会财富的不断积累，另一方面导致了阶级对立、经济危机、资本垄断和生产无政府状态等深刻弊端。而在社会主义社会，随着生产资料公有制的建立和阶级对立的消失，生产的发展不再以服务少数人的利益为目的、服从于资本的增殖。在不断发展生产力的基础上满足人民日益增长的需要、实现人的全面发展和社会的共同富裕，是社会主义基本经济规律。只有在社会主义条件下，是商品的使用价值而非价值满足人们需要这一点才更清晰表现出来。

而商品的使用价值属性满足人民生活需要这个社会主义基本经济规律，就要求在经济统计上，遵循使用价值是价值的前提这一规律。某种产品的使用价值是否为社会所需要，直接决定了该产品所包含的价值能否得到实现。"在这里，社会需要，即社会规模的使用价值，对于社会总劳动时间分别用在各个特殊生产领域的份额来说，是有决定意义的。但这不过是已经在单个商品上表现出来的同一规律，也就是：商品的使用价值，是它的交换价值的前提，从而也是它的价值的前提。"② 这就是说，使用价值是价值的物质承担者，因而没有使用价值即不为社会所需

---

① 中共中央马克思恩格斯列宁斯大林著作编译局. 马克思恩格斯文集：第八卷 [M]. 北京：人民出版社，2009：67.
② 中共中央马克思恩格斯列宁斯大林著作编译局. 马克思恩格斯文集：第七卷 [M]. 北京：人民出版社，2009：716.

要的产品，是不能通过商品交换而使花费在其上的劳动得到补偿的；而耗费的劳动有多少能得到补偿，取决于社会对该商品的使用价值的需求量。因此，社会产品的统计不能只核算生产的产品可能包含的市场价值，需要结合其使用价值这个量的界限来考虑。

其次，社会再生产的实现需要使用价值按比例平衡发展。研究社会总资本的再生产，必须运用劳动二重性原理，着眼于社会总产品的各构成部分如何实现价值补偿和实物补偿。这是因为生产要素首先直观地表现为具有一定自然属性的物，必须在使用价值上相适应；其次，出售的商品必须在价值上进行补偿，只有在当出售的商品的价值在量上积累到一定程度之后，资本家才能购买到所需的生产要素。西方经济学理论分析中没有价值和使用价值之分，在涉及生产资料折旧的补偿时，只是将已出售的、已实现的产品价值的一部分作为价值补偿，而忽略了其物质补偿。马克思从物质使用价值或实物形态角度，把社会年总产品分为生产资料生产部类（第Ⅰ部类）的产品和消费资料生产部类（第Ⅱ部类）的产品，对社会生产部门做出了最基本的划分，只有满足两大部类之间和各部类内部的交换平衡关系，社会再生产才能顺利进行；另一方面，马克思从产品价值构成的角度，把每一部类的产品价值分为 c+v+m 三个部分，c 为不变资本价值，v+m 为新创造的价值。社会扩大再生产有两个前提，一是使体现剩余价值的商品卖出去、货币化，实行"货币积累"，并达到一定数额；二是社会上能提供扩大再生产的物质条件，使资本家能够买到追加的生产要素，实行"实际积累"。如果仅从价值方面实现了货币积累，即将商品售出积累了一定数量的货币，但无法从货币形式转化为有着各自特殊使用价值的生产工具和生产资料，那么社会再生产也就无法进行。因此，经济发展需要保证各生产部门间实现价值补偿和实物补偿，国民经济统计需要客观反映这一关系。

（3）统计所有制结构，并从资本作为生产关系这一本质层面统计所有制结构

马克思指出："任何时候，我们总是要在生产条件的所有者同直接生产者的直接关系——这种关系的任何当时的形式必然总是同劳动方式和劳动社会生产力的一定的发展阶段相适应——当中，为整个社会结构，从而也为主权关系和依附关系的政治形式，总之，为任何当时的独特的国家形式，发现最隐蔽的秘密，发现隐藏着的基础。"① 这是唯物史观的基本观点，强调所有制是整个社会结构的基础。生产资料社会主义公有制，是我国社会主义经济制度的基础。公有制占主体地位，是社会主义基本经济制度的基本规定。社会主义市场经济条件下，公有制占主体地位和多种所有制经济共同发展，在国民经济核算中，需要统计公有制和多种所有制经济所占的比重。

公有制占主体地位，这不是抽象的规定，而是现实的，可以用经济统计指标表现出来的。可是，到底应当如何科学地判断公有制在所有制结构中的最低限度或"底线"？目前，分析中国生产资料所有制结构的现实状况，依据的经济统计指标主要有下述三种：用全国第二、三产业企业法人单位的总实收资本中不同所有制投入的资本所占比重来表示；用全国第二、三产业企业法人单位的总资产中不同所有制企业的资产所占比重来表示；用国内生产总值（GDP）或工业总产值中不同所有制经济所占的比重来表示。以上通常使用的三种指标都是可以反映所有制结构现实状

---

① 中共中央马克思恩格斯列宁斯大林著作编译局 . 马克思恩格斯文集：第七卷 [M]. 北京：人民出版社，2009：894.

态的。但是，它们以资本、资产或产值的占比关系来反映所有制结构关系，都有一个共同的缺点，即都是以物的结构关系来反映所有制结构的。根据唯物史观，所有制的本质是生产关系，也就是人们在物质生产过程中对于生产资料所有权的社会关系。对社会主义市场经济条件下的公有资本，也不能理解为物，也应当理解为生产关系或生产过程中的社会关系。因此，我们只有透过资本的物的形态（或资本的价值形态），用反映人与人在生产中的社会关系形态的统计指标，才能直接反映出所有制结构的本质关系。用全国第二、三产业总从业人数中不同所有制经济从业人数所占比重来表示，可以明白地显示出从业人员在第二、三产业的各种所有制经济中的分布，有多少人处在国有、集体经济中，多少人处在私营、外资或个体经济中，这就可以清晰地直接显示出第二、三产业中不同所有制结构的本质关系——社会关系结构。从这个观点来看，在全国第二、三产业总从业人员人数中，只有国有经济、集体经济的从业人员所占比重不低于 50%，才能说公有制经济占了主体地位。而国有经济生产力水平最高，反映科技水平的资本有机构成最高，在价值构成、人均产值构成上，就必定表现为国有经济的人均企业实收资本、企业资产、国内生产总值和工业总产值，会超过其他所有制经济。这也就意味着，如果在全国第二、三产业中公有制经济（国有经济、集体经济）占主体地位，从业人员所占比重达到 50%，那么，公有制企业的实收资本、资产、创造的国内生产总值和工业总产值占相应总额的比重，就要达到 50% 以上才行。[①]

---

① 何干强.论公有制在社会主义基本经济制度中的最低限度 [J].马克思主义研究，2012（10）.

第五章

正确解释中国共产党经济建设取得的成就

回 顾百年来中国共产党领导中国进行经济建设所取得的成就，可以说成绩斐然。这既是马克思主义政治经济学的生命力的表现，同时也是中国共产党实事求是、将马克思主义基本原理同中国具体国情相结合的结果。中国共产党领导经济建设的成就，是共产党不忘初心、坚持马克思主义所取得的，是在不断抵制错误经济思潮中所取得的。

一、人民对美好生活的向往，就是我们的奋斗目标

2016 年 7 月 1 日，在庆祝中国共产党成立 95 周年大会上，习近平总书记发表重要讲话，全面总结我们党团结带领中国人民不懈奋斗的光辉历程、伟大贡献和历史启示，深刻阐述不忘初心、继续前进必须牢牢把握的 8 方面要求，对全党在新的历史起点做好党和国家各项工作，指明了前进方向，明确了行动指南。在党的十九大报告中，习近平总书记庄严宣告："中国共产党人的初心和使命，就是为中国人民谋幸福，为中华民族谋复兴。"①

中国共产党诞生于中国处于水深火热、中华民族生死存亡的

---

① 习近平 . 决胜全面建成小康社会 夺取新时代中国特色社会主义伟大胜利——在中国共产党第十九次全国代表大会上的报告 [M]. 北京：人民出版社，2017：1.

第五章
正确解释中国共产党经济建设取得的成就

重要时刻，党的成立就是要拯救中国人民于水火，带领中国走上繁荣富强的道路。正如习近平总书记所指出的："人民对美好生活的向往，就是我们的奋斗目标。"① 这是对党的初心的最接地气的表达方式。同时要牢记，不能将对党的初心的解释仅仅停留在让人民过上美好生活的层次上。让人民过上更好的生活、实现中华民族的伟大复兴，是近代以来许多志士仁人的共同心愿，洋务运动、维新变法、孙中山领导的资产阶级革命等，其目的无一不是在推动中国社会的进步。但是他们所走的道路要么是封建地主阶级的改良方法，要么是资产阶级改良方法或革命道路，历史早已证明，这些道路在中国行不通。促进本国发展和民众生活水平提高，也是当前各国资产阶级政党为了获取选票的承诺和执政中不得不采取的措施。历史和社会实践也早已证明，只有共产主义才能救中国，只有共产党才能救中国。中国共产党是以马克思主义理论为指导的工人阶级政党，中国共产党的初心，就是要靠实现共产主义，真正实现中国富强、民族复兴和人民的美好生活，这被写进了党的一大所通过的纲领中。"共产党人的初心，不仅来自于对人民的朴素感情、对真理的执着追求，更建立在马克思主义的科学理论之上。只有坚持思想建党、理论强党，不忘初心才能更加自觉，担当使命才能更加坚定。"② 因此，不能只用宣传性话语甚至庸俗化解释中国共产党的初心，中国共产党不是一般地去实现民族复兴和人民幸福，而是必须通过特定的道路，那就是实现共产主义、社会主义。"坚持不忘初心、继续前进，就要牢记我们党从成立起就把为共产主义、社会主义而奋斗确定为

① 中共中央党史和文献研究院.习近平关于"不忘初心、牢记使命"论述摘编[M].北京：中央文献出版社、党建读物出版社，2019：3.
② 习近平.在"不忘初心、牢记使命"主题教育总结大会上的讲话[M].北京：人民出版社，2020：13.

自己的纲领，坚定共产主义远大理想和中国特色社会主义共同理想，不断把为崇高理想奋斗的伟大实践推向前进。中国共产党之所以叫共产党，就是因为从成立之日起我们党就把共产主义确立为远大理想。我们党之所以能够经受一次次挫折而又一次次奋起，归根到底是因为我们党有远大理想和崇高追求。"①

实现共产主义，马克思主义的科学社会主义理论与空想社会主义本质的不同就在于找到了现实的路径，通过生产资料所有制的改变，消灭生产资料私有制，实现生产资料公有制，解放和发展生产力，彻底消除那种依靠生产资料的占有就可以无偿占有他人劳动的现象，真正推动每个人的自由全面发展。这个过程，就是经济建设的过程，也是中国共产党在领导中国经济发展的一百年之中所努力的方向。

二、中国共产党实现初心的途径：通过公有制经济实现共产主义

中国共产党实现初心，共产主义是必由之路，而只有通过公有制经济的发展，才能真正实现共产主义。因此，中国共产党实现初心的途径，就是坚持科学社会主义基本原理，在生产社会化发展的基础上，逐步消灭私有制，发展公有制经济，以此进一步解放和发展生产力，最终实现共产主义，推动国家富强、民族复兴和人民幸福。

马克思主义是关于无产阶级解放的学说，按照马克思、恩格

---

① 习近平 . 在庆祝中国共产党成立 95 周年大会上的讲话 [M]. 北京：民族出版社，2016：10.

斯所创立的历史唯物主义的理论，无产阶级的解放只能是生产力的发展和生产关系变革的结果。他们认为，阶级对立和社会发展的无政府状态是由生产资料的私有制造成的，因而，消灭私有制是建立未来自由人联合体的根本途径。马克思和恩格斯之所以把自己称作是共产主义者，就是因为他们的主张是以生产资料的公有制为核心的。在《共产党宣言》中，马克思和恩格斯指出："共产党人可以把自己的理论概括为一句话：消灭私有制。"①

恩格斯曾强调："我处处不把自己称作社会民主主义者，而称作共产主义者，这是因为当时在各个国家里那种根本不把全部生产资料转归社会所有的口号写在自己旗帜上的人自称是社会民主主义者……因此对马克思和我来说，用如此有伸缩性的名称来表示我们特有的观点是绝对不行的。"②尽管他们对未来社会的预测非常谨慎而且理论在不断发展，但是，对于未来社会实行生产资料公有制这一点却从来没有变化。他们认为，未来社会"同现存制度的具有决定意义的差别当然在于，在实行全部生产资料公有制（先是单个国家实行）的基础上组织生产"③。在《反杜林论》中恩格斯明确系统地阐述了生产的社会化与生产资料资本主义私人占有这个资本主义生产方式的基本矛盾，并在此基础上说明了生产资料社会占有的必然性。他指出："猛烈增长着的生产力对它的资本属性的这种反作用力，要求承认生产力的社会本

---

① 中共中央马克思恩格斯列宁斯大林著作编译局．马克思恩格斯选集：第一卷 [M]．北京：人民出版社，1995：286．

② 恩格斯．《人民国家报》国际问题论文集（1871—1875）序 [M]// 中共中央马克思恩格斯列宁斯大林著作编译局．马克思恩格斯选集：第四卷 [M]．人民出版社，2012：304-305．

③ 中共中央马克思恩格斯列宁斯大林著作编译局．马克思恩格斯选集：第四卷 [M]．北京：人民出版社，1995：693．

性的这种日益增长的压力，迫使资本家阶级本身在资本关系内部可能的限度内，越来越把生产力当作社会生产力看待。无论是信用无限膨胀的工业高潮时期，还是由大资本主义企业的破产造成的崩溃本身，都使大量生产资料不得不采取像我们在各种股份公司中所遇见的那种社会化形式。某种生产资料和交通手段一开始就规模很大，它们，例如铁路，排斥任何其他的资本主义经营形式，在一定发展阶段，这种形式也嫌不够了：资本主义社会的正式代表——国家不得不承担起对生产的领导。这种转化必然性首先表现在大规模的交通机构，即邮政、电报和铁路方面。"[1] "当人们按照今天的生产力终于被认识了的本性来对待这种生产力的时候，社会的生产无政府状态就让位于按照社会总体和每个成员的需要对生产进行的社会的有计划的调节。那时，资本主义的占有方式，即产品起初奴役生产者而后又奴役占有者的占有方式，就让位于那种以现代生产资料的本性为基础的产品占有方式：一方面由社会直接占有，作为维持和扩大生产的资料，另一方面由个人直接占有，作为生活资料和享受资料。"[2]

　　资本主义国家所有制没有从根本上解决资本主义基本矛盾，但却表明了解决这一矛盾的基本线索，生产资料的社会占有并在此基础上实行有计划的生产将是生产化发展的必然产物。我国的社会主义建设，就是在马克思主义指导下进行的。"中国特色社会主义是社会主义而不是其他什么主义，科学社会主义基本原则不能丢，丢了就不是社会主义。我们党始终强调，中国特色社会主义，既坚持了科学社会主义基本原则，又根据时代条件赋予其

[1]　恩格斯. 反杜林论 [M]// 中共中央马克思恩格斯列宁斯大林著作编译局. 马克思恩格斯选集：第三卷 [M]. 人民出版社，2012：665.
[2]　恩格斯. 反杜林论 [M]// 中共中央马克思恩格斯列宁斯大林著作编译局. 马克思恩格斯选集：第三卷 [M]. 人民出版社，2012：667.

鲜明的中国特色。这就是说，中国特色社会主义是社会主义，不是别的什么主义。"①

同时，"马克思主义必定随着时代、实践和科学的发展而不断发展，不可能一成不变，社会主义从来都是在开拓中前进的。"②我们将马克思主义、科学社会主义基本原理与中国建设和发展实际相结合，走出了中国特色社会主义发展道路，形成了中国特色社会主义理论体系。科学社会主义基本原理与中国具体国情相结合，产生了不同的表现方式。如在土地问题上，全民族抗日战争时期，由土地革命战争时期的没收地主土地改为减租减息，再到解放战争时期的消灭封建制度、平分土地，在不同时期，根据生产力及局势发展需要而进行调整，但最终目标仍然是消灭土地私有制。再如对待民族资本主义的发展，民主革命时期提倡、鼓励发展私人资本主义，全国解放战争胜利前对新中国经济构成的设想也包括国营经济、集体经济和私人资本主义经济几个部分。改革开放以来，中国共产党打破了在所有制构成方面"一大二公"的认识，开始逐步走向更符合中国生产力发展多层次性的所有制结构。"十一届三中全会以来，我们通过改革，实行了社会主义公有制为主体、多种所有制经济共同发展的所有制结构，实行了按劳分配为主体、多种分配方式并存的分配制度，这是科学社会主义的基本经济原理在当代中国的创造性运用。"③"公有制为主体、多种所有制经济共同发展的基本经济制度……是在新的历史条件下体现科学社会主义基本原则的内容"。④

① 中共中央党史和文献研究院.习近平关于"不忘初心、牢记使命"论述摘编 [M].北京：中央文献出版社、党建读物出版社，2019：37.
② 习近平.习近平谈治国理政：第一卷 [M].北京：外文出版社，2018：23.
③ 江泽民.江泽民文选：第二卷 [M].北京：人民出版社，2006：255.
④ 中共中央文献研究院.十八大以来重要文献选编（上）[M].北京：人民出版社，2014：110.

三、中国共产党与中国经济发展之谜的破解

1. 马克思主义政治经济学的中国化

早在 19 世纪末期，已有中国人开始零星地接触马克思主义经济学说。1917 年俄国十月革命爆发后，马克思主义经济学真正开启了其在近代中国的传播启蒙，随后五四运动又推动了这一传播的扩大和升华，其中以李大钊、谭平山、安体诚、张闻天等为代表的先驱们为马克思主义政治经济学在中国的早期传播作出了重要贡献。20 世纪二三十年代，一批信仰马克思主义政治经济学的经济学家从马克思主义经济学的立场出发，运用马克思主义经济学的基本方法探讨了中国社会的性质和发展方向问题，由此揭开了关于马克思主义政治经济学中国化命题的初步探索。1938 年，毛泽东在党的六届六中全会上正式提出"马克思主义中国化"的科学命题，认为"离开中国特点来谈马克思主义，只是抽象的空洞的马克思主义"。[①] 因此，马克思主义政治经济学中国化的过程实际上是马克思主义政治经济学的基本理论与中国实际不断结合的过程。这一结合经历了两个主要发展阶段，形成了两个理论体系：新民主主义经济思想和中国特色社会主义经济理论。在新民主主义革命时期，以毛泽东同志为主要代表的中国共产党人将马克思主义政治经济学的基本原理与中国革命根据地和解放区的经济实践相结合，同时充分吸收了中国学术界马克思主义者的相关研究成果，逐步形成了新民主主义经济思想，标志着马克思主义政治经济学中国化的第一次历史性飞跃，为中国取得新民主

---

① 孙建华. 马克思主义中国化思想通史：第一卷 [M]. 北京：人民出版社，2019：39.

主义革命的胜利提供了重要的思想指导和理论参考。马克思主义
政治经济学中国化的第二次历史性飞跃以邓小平理论的创立为起
点，以中国特色社会主义经济理论的形成与发展为标志。①

②. 在推进中国经济改革与发展的实践中抵制错误理论

2008 年爆发的国际金融危机彻底暴露了新自由主义理论上的
错误及其付诸实践导致的后果。新自由主义无视市场失灵而一味
主张市场化，其目的是为资本的自由化而非个人的自由提供理论
支撑。彻底厘清新自由主义在理论上的错误，才能在推进中国经
济改革与发展的实践中抵制错误倾向，为中国特色社会主义建设
事业的顺利进行提供保障。

新自由主义是一种主张自由市场、崇拜市场万能的意识形
态，② 当这种意识形态借助学术化语言总结为理论学说，并落实
到国家政策时，就成为一种特定经济理论范式或政策框架，③ 如
强调经济政策稳定性的货币主义及其相关理论，④ 或私有化、市
场化、自由化政策。⑤ 新自由主义在国家意志的推动下促使劳资
关系、政府在经济中的地位、产业部门间结构、全球经济体系等

① 顾海良. 马克思主义与马克思主义中国化的第二次历史性飞跃 [J]. 毛泽东
邓小平理论研究，2009（1）：1-8.
② PerryAnderson，"Renewals"，New Left Review 1，January–February 2000，
p.17.
③ Simon Clarke，"The Neoliberal Theory of Society"，In Alfredo Saad-Filho
and Deborah Johnsto （eds）. Neoliberalism：A critical reader[M]. London: Pluto
Press，2005，pp.50-59.
④ Thomas I. Palley，"From Keynesianism to Neoliberalism：Shifting
Paradigms in Economics"，in Alfredo Saad-Filho and Deborah Johnsto （eds）.
Neoliberalism：A critical reader[M]. London：Pluto Press，2005，pp.20-29.
⑤ David Harvey，A Brief History of Neoliberalism[M]. New York: Oxford
University Press，2005，p.2.

方面发生根本性的制度变革，这一系列的制度安排推动资本主义发展阶段或模式的转变，可被称为资本主义的"新自由主义模式"。[1]

理论界关于新自由主义兴起原因主要有国家干预失败论、"金融主导理论"[2]"技术决定论"[3]等，积累的社会结构学派（Social Structure of Accumulation，SSA）则构建了一套介于抽象理论与复杂的具体现实之间的中介概念，用一系列是否有利于资本积累的制度安排即所谓积累的社会结构的更迭来解释资本主义不同模式或阶段间的转变。[4] 实际上，新自由主义作为一种理论学说、思潮，最后上升为国家意识，其产生、发展和兴起都有一定的经济物质基础和历史背景。

首先，新自由主义产生的生产力基础在于社会化大生产的进一步发展，分工不断深化、细化，原本需要在时间和空间上紧密契合的生产流程被分散化，单个企业生产一件需要各种组装部件的产品被各个更加专业化的部件生产组织所代替，资本间分工使得各个资本的自由程度更高。而信息技术与通信技术的发展，使得分散化的专业分工体系之间能够有效沟通，降低了由市场协调产生的成本，为主张自由市场的新自由主义的发展提供了可能。

其次，在生产关系上，资本主义雇佣劳动制度导致工人阶级生活处于相对贫困化状况，而资本主义国家出于资本主义可持续

---

[1] David M. Kotz，The Rise and Fall of Neoliberal Capitalism. Harvard University Press，2015.pp.12-31.

[2] Gérard Duménil，Dominique Lévy. Capital resurgent：Roots of the neoliberal revolution[M]. Cambrige: Harvard University Press，2004，pp.1-2.

[3] Michael Charles Howard，John Edward King，"The Rise of Neoliberalism in Advanced Capitalist Economies：A Materialist Analysis"，in Philip Arestis & Malcolm Sawyerf （eds）The Rise of the Market：Critical Essays on the Political Economy of Neo-Liberalism[M]. Cheltenham: Edward Elgar，2008，pp.38-73.

[4] 蔡万焕.积累的社会结构学派视野中的新自由主义及其危机[J].教学与研究，2016（1）.

剥削、为资本积累创造稳定外部环境的考虑，可能要求提高工人待遇，从而在一定程度上限制了资本的自由。为维护劳资关系中资强劳弱的优势地位，资本以自由化为名，要求政府干预最小化，新自由主义恰为其提供了理论支撑。

最后，战后西方国家民主社会主义运动高涨，工人阶级普遍要求提高待遇；苏联在战后迅速崛起，苏联与东欧国家工人阶级生活状况的对比使得西方国家不得不提高本国工人工资。工资水平的上涨挤压了资本家获得的利润，资本的利润率下降到较低的水平。20 世纪 70 年代末的滞胀危机下，凯恩斯主义失效了，从而为一直以来不遗余力批判凯恩斯主义损害个人自由的新自由主义成为西方国家政策指导提供契机。滞胀危机后，资本家采取各种措施打压工会，以此削弱工人的谈判和议价能力，压低工资，从而提高利润率。新自由主义宣扬工会抑制了工人个人意志、剥夺了工人自由选择的权利，为资本家打压工人力量的行动进行辩护。新自由主义符合资本尤其是大资本的利益，由此得以流行并逐渐成为西方国家政府经济政策制定的指导思想。

（1）资本话语权：利用新自由主义赋予资本以自由

新自由主义推崇自由市场，标榜个人自由，认为个人自由选择的结果是最有效的。然而其宣扬的自由却是资本特别是大资本的自由，对于雇佣劳动、生产力落后国家而言，他们只有被剥削的自由。可以说，市场经济条件下，资本增殖和追求利润最大化的资本逻辑不仅充斥着经济领域，而且资本的话语权会扩展到社会政治文化生活等各方面。① 新自由主义所谓的"自由"就是赋予资本以自由，而新自由主义作为一种理论学说、意识形态，本

---

① 胡敏中，白梅花. 马克思的资本逻辑批判及其启示 [J]. 马克思主义与现实，2016（1）.

质上就是强化资本的话语权。

①将资本的自由泛化描述为个人的自由

新自由主义设想一个完全自由竞争的要素市场和劳动力市场，将经济行为简化为自由市场交易，同时将市场交易视作个人的自由选择的结果。将市场经济活动简化为个人交易行为的联结，显然符合个人主义方法论的基本要求。对于大多数新自由主义经济学家来说，个人主义方法论是一个不需要讨论的基本前提，是经济分析得以进行的基本原则。① 这种方法论的核心，就是传统的"经济人"假说，该假说规定个人行为只包含两重抽象属性，即"自利动机"和"理性权衡"。② 按照新自由主义经济学家的逻辑，在比较优势原理的统摄下，为了增进自身利益，个人理性权衡的自然结果是分工与贸易的出现。也就是说，市场交易行为模式是"经济人"最合理的现实选择。弗里德曼认为，市场交易行为是最基本、最普遍的经济行为模式，那种旨在"将市场因素引入计划经济中"的主张之所以是谬误的，原因不在于其缺乏可行性，而在于这种主张本末倒置地理解了现代经济过程。③

① 值得强调的是，新自由主义经济学的精神领袖哈耶克，恰恰浓墨重彩地论述了个人主义方法论在经济学工具箱中的核心地位。相关具体论述请参阅，[英]F.A.哈耶克：《个人主义与经济秩序》，邓正来译，生活·读书·新知三联书店2003年版；[英]F.A.哈耶克：《致命的自负》，冯克利、胡晋华译，中国社会科学出版社2000年版。
② 卢卡斯等学者强化了经济人的"完全理性"特征，而其他的学者则引入不完全信息、有限理性等条件来对经济人行为做出某种修正，这些工作实质上都是力图恢复个人主义方法论声望的努力。而另一些新自由主义经济学家的工作则拓展了个人主义方法论的应用范围：科斯、诺斯、德姆塞茨等为新制度经济学家，将机会主义倾向的有限理性个人作为经济学分析的起点，以此剖析企业组织与市场制度；而以布坎南为代表的公共选择学派则将政治过程分解为上述个人相互博弈的过程，其公共选择理论也顺其自然地变成"政治过程的个人主义理论"。
③ 米尔顿·弗里德曼.市场机制与中央计划经济[M]//弗里德曼文粹：上.胡雪峰，武玉宁，译.北京：首都经济贸易大学出版社，2001.

实际上，自由平等的市场交易活动仅仅是社会经济过程的表象，这是从商品流通角度得出的结论。商品流通是商品所有者为换取使用价值而进行的交换，是以货币为中介的许许多多商品的形态变化相互交错的全部过程。但是，经济运行不只是商品流通的过程加总，而是包含商品流通在内的资本流通的过程。资本流通是资本作为独立价值，在自行增殖运动中进行的形态变换，是包含生产环节和商品交换环节的统一运动过程，即

$$G—\Bigg\langle {}^{A}_{P_m} \quad W\cdots P\cdots W'—G'$$

。如果深入到资本流通角度则会发现，市场交易行为不仅包括商品所有者即资本家之间的交换，还包括劳动者和资本家之间进行的劳动力商品交换，而所谓"个人自由决策"恰恰掩盖了劳动力商品交换中的不平等，以及劳动者失去个人自由的经济基础而不得不出卖劳动力的事实。劳动力商品是在劳动者或小生产者被剥夺了赖以生存的生产资料、并能自由地出卖自己的劳动力的条件下才出现的。劳动力商品概念本身就体现了资本主义生产关系的性质，因为劳动力商品虽然是商品，但是它比普通商品多了一层体现生产资料所有制关系的规定性，只有不占有生产资料而被迫出卖劳动力的劳动者才是劳动力商品。而劳动力商品的这种规定性，又是导致劳动力无法实现自由流动的原因。因为劳动力既然是商品，出卖之后必然为作为卖者的雇主所支配，只能服从分工，结果造成技能方面的畸形发展或"去技能化"，从而对资本"形式上的隶属"逐渐加深为"实际上的隶属"，无法自由流动。

另一方面，随着资本主义生产力的发展，资本有机构成不断提高，劳动者不断被排挤出生产过程，形成大量产业后备军，产业后备军为加剧工人间竞争、资本压低工资提供了可能，正如马克思所指出的，"产业后备军在停滞和中等繁荣时期加压力于现

役劳动军，在生产过剩和亢进时期又抑制现役劳动军的要求……劳动供求规律在这个基础上的运动成全了资本的专制。"① 大量失业人口即产业后备军的存在使劳动力市场成为买方市场，劳动者完全处于弱势地位，雇主有随意解雇劳动者的自由，劳动者却没有选择的自由。

因此，新自由主义所鼓吹的经济自由，在工会力量削弱、资本所得税税率降低、政府对劳动力市场去监管化时对资本而言的确是自由化的过程，但对工人而言实际上缺失的恰恰是个人自由的经济基础。

②将资本的利益抽象描述为全体社会成员的共同利益

新自由主义认为政府经营的公共事业项目、国有企业不仅是低效的，而且与市场抢夺占用了大量经济资源，最后的好处只被少数人攫取，侵害了民众的利益。因此，新自由主义主张私有化，将国有企业股权出售给私人资本，似乎私人资本代表了全体社会成员的共同利益而与政府经营的项目相对立。

事实上，在私有制条件下，生产资料所有制决定了阶级差别无法消除，私有化过程中国有资产以低价被少数人获得，私有化后生产资料归私人所有，从而导致凭借生产资料所有而无偿占有他人劳动成果形成的贫富差距。资本不仅不能代表全体社会成员的共同利益，而且在根本利益上，资本与劳动是完全对立的。工人出卖劳动力商品而获得工资，生产过程中创造的剩余价值成为资本的利润，产品的新创造价值中，工资和利润是此消彼长的关系。尽管当今发达资本主义国家工人工资的绝对水平整体而言远远高于马克思的时代，工人尤其是其中的"中产阶级"的生活状

---

① 中共中央马克思恩格斯列宁斯大林著作编译局. 马克思恩格斯文集：第五卷[M]. 北京：人民出版社，2009：736-737.

况大为改善，但工人作为劳动力商品的地位并没有改变。因为工人工资的提高是与时代发展所带来的劳动力价值本身的提高相适应的。而工人"贫困化"或者说绝对贫困化的实质，在于工人的收入只能等于劳动力价值。马克思指出："劳动能力表现为绝对的贫穷，因为整个物质财富世界以及物质财富的一般形式即交换价值，都作为别人的商品和别人的货币与它相对立，而劳动能力本身只是工人活的机体中存在的和包含的从事劳动的可能性，但是这种可能性与实现它的一切对象条件，即同它本身的现实性完全分离了，失去了这些条件，与这些条件相独立地存在着。"① 这些实现劳动能力对象的条件包括劳动资料和生活资料，"工人本身，按其概念是赤贫者，是这种自为存在的、与自己的对象性相脱离的能力的化身和承担者。"② "劳动能力表示绝对贫穷，即对象财富被全部剥夺。"③ 工人只能获得相当于劳动力价值的工资用于劳动力的再生产，因此，当代发达资本主义国家的工人，即使是所谓的"中产阶级"，由于不掌握生产资料，他们依然没有摆脱"贫困"。贫困的根源就在于生产资料私有制、资本主导下的雇佣劳动关系。

正如马克思指出的，每一个企图取代统治阶级的阶级"为了达到自己的目的不得不把自己的利益说成是社会全体成员的共同利益，也就是说，这在观念上的表达就是：赋予自己的思想以普遍性的形式，把它们描绘成唯一合乎理性的、有普遍意义的思

---

① 中共中央马克思恩格斯列宁斯大林著作编译局.马克思恩格斯全集：第三十二卷 [M].北京：人民出版社，1998：44.

② 中共中央马克思恩格斯列宁斯大林著作编译局.马克思恩格斯全集：第三十二卷 [M].北京：人民出版社，1998：44.

③ 中共中央马克思恩格斯列宁斯大林著作编译局.马克思恩格斯全集：第三十二卷 [M].北京：人民出版社，1998：190.

想。"① 但从阶级视角进行分析可以发现，只要在资本主义生产资料私有制下，劳动者和资本关于工资与利润间分配的斗争就不会停止，资本与劳动者在根本利益上是相冲突的。资本只能满足本阶级的利益，无法代表全体社会成员的共同利益。

③忽视政府的阶级本质，片面强调政府提供公共服务的职能

新自由主义主张市场化，市场原则成为经济领域的首要原则，同时，市场原则也渗透到社会生活的各方面，体现为社会治理的去监管化、政府公共职能的私有化、社会福利的大幅削减、政府征税对象的转移等。新自由主义认为，政府是内在低效的，而以利润为唯一导向的私营企业是最有效率的。新自由主义鼓吹建立"大社会、小政府""服务型政府""廉价政府"，主张在调节经济行为中，市场关系如市场力量的作用需加强，同时其他关系或机构如政府、企业管理部门、工会和专业协会等的调节作用需弱化。

新自由主义在政府的作用问题上的认识是片面的。当我们讨论政府职能时，不能忽视其作为国家行政机构的本质。国家与政府是一对相近的范畴，但二者层次不同，"国家是维护一个阶级对另一个阶级的统治的机器"，② 国家是作为统治阶级维护对全社会进行阶级统治的工具而产生的，同样会随着阶级的消亡而消亡。③ 政府则是表现国家意志、代表国家行使公共权力的机构。政府最重要的职能是维护统治阶级利益，在这个意义上讲，应以国家范畴代替政府范畴来讨论其与资本的关系。政府作为制定和

---

① 中共中央马克思恩格斯列宁斯大林著作编译局 . 马克思恩格斯文集：第一卷 [M]. 北京：人民出版社，2009：552.

② 列宁 . 论国家 [M]// 中共中央马克思恩格斯列宁斯大林著作编译局 . 列宁选集：第四卷 [M]. 北京：人民出版社，1972：48.

③ Ernest Mandel，The Marxist Theory of the State[M]. New York：Pathfinder Press，1971：11.

实施公共决策、实现有序统治的机构，为整个社会提供公共服务的部门，而其本质是阶级国家实现阶级统治的工具。

一方面，从经济运行的物质内容和技术层面看，为维护资本积累的正常进行，需要保障劳动力再生产的顺利进行，还需要为资本逐利提供稳定的社会环境，因此，国家必须提供公共服务，作为统一的调和因素而维持全面秩序的职能。①

另一方面，表面上看，国家是整个社会的代表，但实际上，它不是超乎各阶级之上使各阶级的利益调和起来的力量，而是统治阶级对其他阶级施行压迫的力量，是阶级和阶级派别之间的关系的总和，是一种集中起来的阶级关系；② 它不是对各阶级一视同仁地来管理社会公共事务的机构，而只是为统治阶级服务，保证他们能对社会进行政治统治的机构。马克思指出："由于每一个自我一致的利己主义者可能和其他的利己主义者不一致，也就是说可能会发生冲突，所以，与这些分散的单独的个人相对立，普遍的意志必须有自己的特殊的表达法，……这种意志叫作国家的意志……为了执行这种普遍的意志，又需要强制手段和公众的权力。"③ 对于资本主义国家的性质，从资本主义生产方式层次上进行讨论可以看出，资本主义社会关系维护着经济再生产，政治关系成为资本主义社会的组成部分，资本主义国家的存在从总体上保证这些社会关系（包括经济关系）的再生产。④ 必须有"理

① 尼科斯·波朗查斯.政治权力与社会阶级 [M]. 叶林，等译．北京：中国社会科学出版社，1982：37-44.

② Nicos Poulantzas，*State*，*Power*，*Socialism*[M]. London: Verso，1980：128-129.

③ 中共中央马克思恩格斯列宁斯大林著作编译局．马克思恩格斯全集：第三卷 [M]. 北京：人民出版社，1960：466-467.

④ Ben Fine，Laurence Harris. Rereading"Capital"[M]. London: The MacMillan Press LTD，1979：94-95.

想的"或"总的"资本家来代表资本家阶级的一般利益，以确保货币制度和财税体制等资本主义生产和利润实现的一般条件这个任务得以实现，执行这个任务的机构即国家。[①]

新自由主义在理论上过于强调政府的公共服务职能，无视政府的本质；但在实践中却坚决捍卫资本家阶级的利益，市场原则对于社会生活的全面渗透无一不为剥削工人从而使资本获利提供条件，充分体现了西方政府作为资本家阶级实现阶级统治的工具的本质。

总之，新自由主义将自由市场等同于个人经济自由，将资本的自由泛化描述为个人的自由，将资本的利益抽象描述为全体社会成员的共同利益，片面强调政府提供公共服务的职能，实际上都是为私人资本的自由创造理论支撑。正如马克思所指出的，"在自由竞争中自由的并不是个人，而是资本。"[②]新自由主义以自由为幌子，实则是要进一步巩固资本对劳动、大资本对小资本的优势地位。新自由主义所谓的自由，不仅对于工人个人是遥不可及的，对于小资本而言也是无法实现的。

（2）社会主义经济改革与发展中应排除新自由主义的干扰

当前我国经济发展中出现的贫富差距日益拉大、国内消费不足、国有企业私有化和国有资产流失等问题的产生，根源就在于没有认清新自由主义理论的错误所在，在改革过程中受到了新自由主义的影响。[③]为进一步完善社会主义市场经济体制，促进中国特色社会主义事业的顺利进行，必须排除新自由主义的干扰。

马克思主义政治经济学揭示出，生产资料所有制是社会经济

---

① 厄内斯特·曼德尔. 权力与货币：马克思主义的官僚理论 [M]. 孟捷，译. 北京：中央编译出版社，2002.

② 中共中央马克思恩格斯列宁斯大林著作编译局. 马克思恩格斯文集：第八卷 [M]. 北京：人民出版社，2009：179.

③ 朱安东，王天翼. 新自由主义在我国的传播和危害 [J]. 当代经济研究，2016（8）.

发展的核心问题。社会主义市场经济条件下要充分利用资本促进生产力发展，同时国家要驾驭资本，处理好国家与资本、劳动三者的关系，经济社会发展中出现的问题必须以所有制问题为中心寻找解决的办法。市场的本质是资本主导下的劳资关系，在市场中发挥作用的主要是资本主义经济规律，要防止资本主义经济规律在社会主义市场经济的发展中占据支配地位，就必须对市场化的程度加以控制，遏制过度市场化的倾向。只有控制了过度资本化和私人资本的过度膨胀，才能真正铲除新自由主义思潮滋生的土壤。

因此，对待新自由主义，要认识其一系列理论学说和政策建议的本质，同时要在实践中排除其干扰。针对在供给侧结构性改革中有人试图用新自由主义的供给学派来进行歪曲的做法，习近平指出，必须明确，"我们讲的供给侧结构性改革，同西方经济学的供给学派不是一回事，不能把供给侧结构性改革看成是西方供给学派的翻版，更要防止有些人用他们的解释来宣扬'新自由主义'，借机制造负面舆论"。①

③ 从唯物史观角度正确看待中国特色社会主义经济发展

中国共产党领导中国的经济建设，取得了巨大成就。当然，也存在一些短时期内难以解决的问题。社会上存在一些质疑的声音，将国外经济发展的经验套用到中国，或者将中国发展中存在的问题都归结为制度的缺陷或弊端，或因为个别问题而否认中国经济改革和发展的道路。这些观点及倾向都是错误的。以所谓的"中等收入陷阱"为例，"中等收入陷阱"是世界银行在2007

---

① 习近平在省部级主要领导干部学习贯彻党的十八届五中全会精神专题研讨班上的讲话 [N]. 人民日报，2016-05-10（2）.

年首次提出，并在国内外广泛流行的一个概念。许多人用它分析当前我国经济面临的主要矛盾和主要问题，并在此基础上提出政策建议。但是，"中等收入陷阱"并不是普遍现象，没有反映客观的经济规律，也没有准确反映现阶段中国经济面临的主要矛盾和主要特征，不加分析地使用这个概念在理论和实践中都可能产生误导作用。我们应该运用马克思主义理论和中国特色社会主义政治经济学的理论体系和话语体系，科学认识中国经济的阶段性特征，把握经济发展的正确方向。在看待中国问题上，应从马克思主义的唯物史观出发，坚持以下三个原则。

（1）不应将个别国家特有的问题总结为经济发展的普遍性问题

应当看到，落入所谓"中等收入陷阱"的国家所面临的问题是复杂多样的，也有具体历史的原因，与所谓的中等收入其实并无直接的必然联系。人均收入这一概念只具有统计学的意义，而不反映任何经济规律。正如恩格斯所说的那样："人们在生产和交换时所处的条件，各个国家各不相同，而在每一个国家里，各个时代又各不相同。因此，政治经济学不可能对一切国家和一切历史时代都是一样的……谁要想把火地岛的政治经济学和现代英国的政治经济学置于同一规律之下，那么，除了最陈腐的老生常谈以外，他显然不能揭示出任何东西。"[①]比如，以现价美元计算，美国人均收入处于3000美元时，是19世纪80年代末，阿根廷是19世纪末20世纪初，而中国则是在2008年。情况完全不同，不可同日而语。在当今世界，处在中等收入水平的国家有100多个，它们的发展阶段、社会制度、经济体制、资源禀赋和文化传统千

---

① 中共中央马克思恩格斯列宁斯大林著作编译局 . 马克思恩格斯文集：第九卷 [M]. 北京：人民出版社，2009：153.

差万别，面临的问题各不相同，很难用一个空泛的"中等收入陷阱"概念加以解释，否则就会抹杀矛盾的特殊性，陷入形而上学的泥潭。

（2）不将经济发展中存在的技术问题歪曲为制度性问题

虽然我国在经济发展过程中也出现了一些问题，但中国的经济政治制度保证了我们不会掉入所谓的"中等收入陷阱"。"中等收入陷阱"掩盖了问题的本质，误导了改革方向，给走西方道路提供了口实。虽然"中等收入陷阱"对我国经济发展具有一定的警示作用，需要引起关注，防止此类问题在我国的发生。"中等收入陷阱"不利于我们认清当前中国的国情，中国社会发展已迈入新时代，我们的社会发展是不断向前、螺旋上升的。当前中国经济发展趋势良好。尽管存在一些问题，但应明确，有些问题是经济发展中存在的技术性问题，并非制度性问题。

所谓的"中等收入陷阱"问题从根本上来说是一个制度问题，资本主义国家会经历贫富分化、劳资冲突、经济危机等问题，社会主义国家则不然。跨越"中等收入陷阱"的实质是如何在资本主义世界体系中摆脱贫穷落后、被动挨打的局面，提高国家的自主发展能力，缩小与发达国家的差距，实现经济和社会的现代化。显然，这并不是什么新鲜的问题，而是近代以来中国民主革命和社会主义革命的主题，也是中国社会主义建设和改革开放的主题。在中国共产党的领导下，中国人民经过长期艰苦的探索、努力和奋斗，已经找到了一条实现现代化、跨越所谓"中等收入陷阱"的正确道路，取得了伟大的成就，其根本之点在于，不断坚持、完善和创新中国人民自主选择的社会制度和发展道路，坚持走独立自主、自力更生的道路，把增强自主创新能力作为国家的基本战略，贯穿到现代化建设各个方面，在积极参与经济全球化和激烈国际竞争的过程中赢得发展的主动权。

（3）不因为个别问题而否定中国经济改革和发展的道路

当前，我国经济发展进入新时代，尽管经济面临一些结构性问题，但我国仍处于发展的重要战略机遇期，有些问题是需要在进一步发展中逐渐解决的问题，不能因为个别问题而否定中国经济改革和发展的道路。我国经济发展长期向好的基本面没有变，经济韧性好、潜力足、回旋余地大的基本特质没有变，经济持续增长的良好支撑基础和条件没有变，经济结构调整优化的前进态势没有变，我们完全有能力跨越所谓"中等收入陷阱"，实现经济的持续稳定发展。

学术界对"中等收入陷阱"问题进行深入讨论和研究，有益于我们澄清相关认识，深化对经济发展规律的理解和运用。但需要强调的是，由于"中等收入陷阱"并不是普遍现象，"中等收入陷阱"概念掩盖了不发达问题的本质，忽视了不同历史条件和社会制度下经济发展的本质差别，无助于我们准确反映现阶段中国经济面临的阶段性特征并制定科学的战略和政策，特别是一些以"中等收入陷阱"为依据而主张中国应当完全照搬新自由主义政策的错误观点，在理论和实践上都有很大误导作用，需要高度警惕。